要素市场扭曲、市场势力与能源企业全要素生产率

彭甲超 著

中国财经出版传媒集团
中国财政经济出版社

图书在版编目（CIP）数据

要素市场扭曲、市场势力与能源企业全要素生产率／彭甲超著．--北京：中国财政经济出版社，2023.6
ISBN 978－7－5223－2191－2

Ⅰ.①要… Ⅱ.①彭… Ⅲ.①能源工业－工业企业－全要素生产率－研究－中国 Ⅳ.①F426.2

中国国家版本馆 CIP 数据核字（2023）第 074513 号

责任编辑：蔡　宾　　　　责任校对：张　凡
封面设计：陈宇琰

要素市场扭曲、市场势力与能源企业全要素生产率
YAOSU SHICHANG NIUQU、SHICHANG SHILI YU NENGYUAN QIYE QUANYAOSU SHENGCHANLÜ

中国财政经济出版社 出版

URL：http：//www.cfeph.cn
E－mail：cfeph@cfeph.cn

社址：北京市海淀区阜成路甲 28 号　邮政编码：100142
营销中心电话：010－88191522　编辑部门电话：010－88190666
天猫网店：中国财政经济出版社旗舰店
网址：https：//zgczjjcbs.tmall.com
北京财经印刷厂印刷　各地新华书店经销
成品尺寸：170mm×240mm　16 开　18.5 印张　298 000 字
2023 年 7 月第 1 版　2023 年 7 月北京第 1 次印刷
定价：56.00 元
ISBN 978－7－5223－2191－2
（图书出现印装问题，本社负责调换，电话：010－88190548）
本社质量投诉电话：010－88190744
打击盗版举报热线：010－88191661　QQ：2242791300

本书受到以下项目资助：

（1）湖北省社会科学后期资助项目，要素市场扭曲、市场势力与能源企业全要素生产率——基于能源全产业链的分析（NO. HB-SK2022YB336）

（2）武汉市曙光计划青年人才项目，新发展格局下科技金融推进区域资源高效配置的实现路径研究（NO. 2022010801020365）

前言

随着我国进入城市化和工业化的中后期阶段，能源供需缺口日趋加大，能源约束进一步引起政府和相关企业的高度关注。尽管改革开放以来能源市场化改革取得相当大的进展，但是电力、石油、天然气、煤炭等自然资源价格的制定仍受到政府的管制，这种政府主导的要素资源初始配置导致能源效率长期低于世界平均水平，即能源行业资源要素存在扭曲，也严重影响能源企业生产水平。传统能源行业面临的环境污染、资源配置方式、市场规制等不同程度地造成要素市场扭曲，而要素市场扭曲带来明显的社会福利损失。源于要素市场扭曲的资源误置抑制了行业全要素生产率的提高，要实现能源经济的高质量发展和能源供给侧结构性改革，一个重要的出路在于提高能源全要素生产率（TFP）。由此，要素市场扭曲对能源行业微观市场主体的生产效率有什么影响？由于能源的特殊性，垄断或寡头垄断在能源市场上较为常见，市场势力对能源企业高质量发展的影响更为深远。能源市场中数家独大的市场势力不但会使垄断企业“不创新也有利润”，还会造成潜在进入企业“创新也无法实现利润”。那么，要素市场扭曲和市场势力对能源企业全要素生产率的双重影响有什么变化？这对能源企业纠正要素扭曲，实现高质量发展至关重要。

本书基于资源错配理论与产业组织理论，结合规模报酬可变的专业化分工理论与新结构经济学企业自生原理，从理论和实证角度探讨要素市场扭曲和市场势力对能源企业 TFP 的影响，重点分析了能源行业上游企业专业化分工及下游企业自生能力对纠正要素扭曲引致的企业 TFP 情形，在此基础上讨论中国在能源市场上推行要素配置措施是否降低了当前能源行业 TFP 损失，研究结果表明：

第一，要素市场扭曲受制于要素价格，特别是资本要素的价格。能源企业面临的市场势力和要素市场扭曲程度越大，TFP损失程度越低。从上下游角度来看，专业化分工会使上游能源企业倾向于扩张核心优势的产品，抢占市场份额，改变企业市场势力，优化资源配置。此外，专业化分工能够促进上游能源企业生产率的提高。而当要素扭曲水平不变时，下游能源行业全要素生产率更高的能源企业边际成本更低，从而面临的市场价格更低；当能源下游行业的全要素生产率水平不变时，更高的加总全要素生产率是由于更高的价格指数造成的，同时也意味着更高的扭曲程度。

第二，能源企业产出增长过程中非要素投入因素发挥了重要作用。TFP对能源企业工业增加值增量的贡献率显著高于资本要素的贡献率，而资本要素的贡献率又显著高于劳动力要素贡献率，要素配置存在严重扭曲。基于行业的TFP研究表明，石油和天然气开采行业的能源企业TFP表现出较高的水平值和增长率，优于传统煤炭开采等行业的能源全要素生产率。从地区层面的比较来看，1998—2014年，中国能源企业TFP在地区之间差异始终存在。

第三，能源行业资本要素扭曲整体存在很大差别，其中扭曲程度最高的行业为煤炭开采业，其次为石油加工与炼焦业。从整体均值来看，能源行业资本扭曲程度较高。劳动力要素扭曲水平最高的仍然为煤炭开采与洗选业，其次为电力生产与供应业和煤气、燃气生产与供应业，而劳动力要素市场扭曲水平值最低的行业为石油加工与炼焦业。相比于劳动力要素市场扭曲，资本要素市场扭曲的均值更高，并且能源行业之间表现出更大的差异，另外，近些年，四大地区内部各省份之间在劳动力价格扭曲方面的差异越来越小，而各省之间的资本价格扭曲方面的差异越来越大。

第四，资本要素市场扭曲程度对能源企业TFP损失程度的影响系数为负，劳动力要素市场扭曲缩小将减少能源企业TFP损失。中国能源行业市场势力均值为0.8473，加入市场势力后，资本要素市场扭曲对能源企业TFP损失程度的估计系数仍然不显著，特别是加入要素市场扭曲与市场势力的交互项后，资本要素市场扭曲的估计系数有所增加，仍未通过检验。劳动力要素市场扭曲程度提升会强化能源企业 TFP 损失等扩张作用；加入劳动力要素市场扭曲与市场势力指数的交互项后，劳动力要素市场扭曲作用为负，而劳动力要素市场扭曲和交互项的估计系数则显著为正，说明能源企业面临的市场势力程度会弱化劳动力市场扭曲对企业 TFP 损失的负向作用。引入资本偏祖的中介效应后，资本要素扭曲的系数显著为正，可以通过显著降低资本偏祖程度，进而作用于能源企业 TFP 损失，资本扭曲虽然在能源市场反映为资本要素配置最优化过程中的一种偏离，但这种偏离改变了能源市场面临的资本密集程度，从而通过资本偏祖的调整重构了资本的可选择性，进而作用于能源企业 TFP。

第五，专业化分工可以通过改善要素市场总的扭曲程度提高降低能源上游企业 TFP 损失的影响，进而提高能源企业 TFP。专业化分工纠正了要素市场扭曲对 TFP 损失的影响，使要素市场扭曲对能源行业上游企业的影响更为集中，一方面纠正了资本要素扭曲对能源企业 TFP 损失的叠加效应，另一方面则减轻了劳动力扭曲对 TFP 损失的直接影响。此外，专业化分工在纠正要素市场扭曲影响能源行业上游企业 TFP 损失过程中还会受制于异质性影响，具体包括企业所有制、行业特征以及企业所在地理位置等。专业化分工与能源上游企业 TFP 损失的影响存在门槛变化，当市场势力高于 0.8386（均值 0.8473）时，专业化分工影响能源企业 TFP 损失的系数并不显著，而仅劳动力要素扭曲系数显著为负，表明专业化分工与能源企业 TFP 损失之间存在非线性关系，伴随能源上游企业市场势力的增强，专业化分工在纠正劳动力要素市场扭曲先减缓后增大。

第六，能源企业自生能力越高，越有助于降低下游能源企业 TFP 损失程度。从整体估计结果来说，能源行业下游企业自生能力能够有效改善要素市场扭曲。相比东部地区，西部地区能源下游企业自生能力对能源企业全要素生产率损失影响为显著负向影响，且绝对值远超东部、中部和东北地区；而东部地区和中部地区的能源企业自生能力对能源企业 TFP 损失的影响虽然为负，但均不显著。火力、水力以及电力工业行业的企业自生能力对企业 TFP 损失的影响显著为负，但核力发电行业企业自生能力对TFP损失的影响不显著，这就表明核力发电行业由国有企业运作，其特殊性决定了企业盈利能力不是主要目标。不同于电力行业中的自生能力影响，煤气和燃气生产与供应企业自生能力对能源企业TFP损失的影响均存在较大差异。煤气行业的企业自生能力并未对企业TFP损失产生显著影响，且燃气的自生能力估计结果不显著。相比国有企业，要素市场扭曲降低了非国有企业自生能力对企业TFP损失的纠偏作用。

基于此，本书从四个方面提出实现能源企业高质量发展的措施：一是提高能源企业TFP，优化要素投入配置和TFP增长模式，协同区域发展政策；二是纠正要素市场扭曲，从加强政府管理能力、推进大市场建设入手，重视能源行业核心要素市场改革，构建有效竞争的能源市场，完善主要由市场决定能源价格的作用机制；三是发挥能源行业分工比较优势，统筹能源行业布局，改善能源产业结构；四是提升能源企业市场获利能力，构建良好的营商环境，确立能源企业市场主体地位。

最后，特别感谢肖建忠教授、易明教授、付书科教授、张莲、万天菊同志为本书顺利成书所做的具体工作。

作者

2023年3月

目　录

表清单

图清单

符号清单

$\alpha, 1-\alpha, \beta$	要素生产弹性系数	ACF	Ackerberg - Caves - Frazer 方法
π	企业利润	AGE	企业年龄
σ	企业替代弹性	$dist_{sit}$	不同行业/企业/时间要素市场扭曲
ω_{it}	可观测企业生产率	$division$	专业化分工水平
ϵ_{it}	随机误差项	$EXPORT$	企业出口
η	技术进步参数	FDI	企业对外投资额
δ	折旧率	K, k	资本及其对数值
γ	半参数待估参数	L, l	劳动力及其对数值
ρ	三阶段多项式待估参数	$lerner$	勒纳指数(市场势力)
θ	可变要素弹性系数	$LONGL$	企业长期借债
λ	拉格朗日算子	LP	Levinsohn - Petrin 方法
λ_i^V	可变要素支出份额	MC	企业边际成本
τ_i	企业扭曲程度	MR	企业边际收益
τ_{si}	资本偏袒程度	$MRPK$	资本边际产品收益
ηK	资本贡献水平	$MRPL$	劳动力边际产品收益
ηL	劳动力贡献水平	OP	Olley - Pakes 方法
ηTFP	TFP 贡献水平	PK	资本生产率
$\mathcal{L}$	拉格朗日函数	PL	劳动生产率
ξ	生产率冲击	ROA	企业盈利能力

e	一阶马尔科夫过程函数
ϕ	包含 k,l 的半参数方程
ϑ	DID 模型待估参数
ζ	DID 模型时间效应
ν	DID 模型个体效应
g	滞后项函数
A	技术进步水平
F	企业固定生产成本
I_{it}, i_{it}	企业投资决策信息集合
M	中间产品市场
n_i	交易产品数量
P	产品价格
R, r	资本价格
s	能源行业类型
U	效用函数
u	残差项
V	可变要素投入
w	劳动力价格
X	控制变量
x	产品供给量
Y, y	产出及其对数值
y_i	最终产品
SCALE	企业规模
SHORTL	企业短期借债
TFP	全要素生产率
TFPQ	产量全要素生产率
TFPR	收益全要素生产率
TOBIN	托宾 Q 值
TOTALL	企业总负债
treat	处理组
viability	企业自生能力
WRDG	Wooldridge GMM 方法

第 1 章

导　论

1.1　研究背景及意义

1.1.1　研究背景

中华人民共和国成立 70 多年以来，国家在能源体制建设方面取得巨大成就[①]，但是也应看到能源市场依然存在部分企业投入不足、要素利用效率低下等问题，制约了行业或市场向“集约型”增长模式转换的步伐，从而掣肘企业高质量发展。同时，对于能源企业而言，它们由于“天然地”市场势力面临垄断竞争“看不见的手”的制约，这种市场势力的存在无疑又迟滞了能源企业改革步伐。2020 年 4 月，中共中央、国务院公布《关于构建更加完善的要素市场化配置体制机制的意见》（以下简称《意见》）。《意见》中明确指出构建统一开放、竞争有序市场体系的必要性和迫切性，同时，《意见》还要求

---

① 先后有多家报纸及政府机关公布自中华人民共和国成立以来能源市场建设的重要成就梳理，具体可参见 http：//www. stats. gov. cn/tjsj/zxfb/201907/t20190718_1677011. html 以及 http：//www. chinacqpgx. com/hy/shownews. php?id = 3503 等。我国能源领域仍然存在很多问题，诸如油价居高不下、油气改革踟蹰不前、煤电矛盾周而复始，这些问题很难归咎于能源技术落后，因此探讨能源制度产生的要素配置意义深远。

完善要素市场化配置体制机制问题①，这对能源市场体制机制改革具有重要的指导意义。随着我国进入城市化和工业化的中后期阶段，能源供需缺口日趋加大，能源约束进一步引起政府和相关企业的高度关注。尽管改革开放以来能源市场化改革取得相当大的进展，但自然资源等相关要素价格制定仍受到政府管制（曹虹剑等，2019；林伯强、杜克锐，2013；刘永健等，2019；张杰等，2011），这种政府主导的要素资源初始配置导致能源效率长期低于世界平均水平（陈诗一，2017；魏楚、沈满洪，2007；Asker et al.，2019；Asker et al.，2014；Baqaee et al.，2020），即能源行业资源要素存在扭曲。所谓要素市场扭曲是指要素边际产品价值偏离要素自身价格，即要素在市场上未得到最优配置。传统能源行业面临的环境污染、资源配置方式、市场规制等不同程度地造成要素市场扭曲（刘宗明、吴正倩，2019；杨冕等，2017；Peng et al.，2019，2020），而要素市场扭曲带来明显的社会福利损失（魏巍贤等，2012；张屹山、胡茜，2019；Lin & Chen，2018；Restuccia & Rogerson，2017；Zhuang，1996）。要实现经济的高质量发展和能源供给侧结构性改革，一个重要的出路在于提高能源全要素生产率（Total Factor Producity，简称 TFP）。此外，2021 年 3 月，中央政府工作报告提出在“十四五”期间实现全员劳动生产率增长超过国内生产总值增长率。这就要求能源企业尽可能实现在现有劳动力投入基础上提高劳动力质量，提升劳动力生产率，实现内生性增长，从而达到扩大内需的目的。这些变化一方面要求企业在关注外部环境变化的同时也需要关注自身，如分工水平及自身盈利等。

已有的理论（框架、模型）与实证经验研究均表明，源于要素市场扭曲的资源误置抑制了行业全要素生产率的提高（常远、吴鹏，2019；陈嘉、谢嘉欣，2019；戴小勇，2018；盖庆恩等，2015；罗德明等，2012；Hsieh & Klenow，2009；Restuccia & Rogerson，2008；Restuccia & Rogerson，2017）。我们知道，只有充分发挥市场价值规律，引导优化生产要素实现最优配置，提高市场中的能源效率，才能进一步实现能源领域内的供给侧结构性改革。因此，从供给方面来看，要素市场扭曲对能源行业企业生产率有何影响？因能

① 2020 年 4 月，中共中央、国务院公布《关于构建更加完善的要素市场化配置体制机制的意见》，指出以习近平新时代中国特色社会主义思想为指导，全面贯彻党的十九大和十九届二中、三中、四中全会精神，坚持稳中求进工作总基调，坚持以供给侧结构性改革为主线，坚持新发展理念，坚持深化市场化改革、扩大高水平开放，破除阻碍要素自由流动的体制机制障碍，扩大要素市场化配置范围，健全要素市场体系，推进要素市场制度建设，实现要素价格市场决定、流动自主有序、配置高效公平，为建设高标准市场体系、推动高质量发展、建设现代化经济体系打下坚实制度基础。

源行业的特殊性，垄断或寡头垄断在能源市场上较为常见，市场势力对能源企业高质量发展的影响更为深远（Asker et al.，2019；Asker et al.，2014；De Loecker et al.，2020；De Loecker et al.，2016）。所谓市场势力是指卖方或买方不适当地影响商品价格的能力（谢伦裕等，2021；Asker et al.，2014，2019；De Loecker et al.，2016，2020；De Loecker et al.，2016），能源市场中存在数家独大的能源企业，比如中石油、中石化以及中海油等，较高的市场势力不但会使这些垄断能源企业产生“不创新也能盈利”的错觉，还会使得潜在进入能源领域内的关联企业即使“创新也无法盈利”的窘境，最终导致能源企业缺乏技术创新动力。那么，要素市场扭曲和市场势力对能源企业全要素生产率的双重影响有什么变化？这对能源企业纠正要素扭曲，实现高质量发展至关重要。

无可置疑的是，要素市场的扭曲将严重影响能源企业TFP的提高，但是从现有的研究来看，研究的重点主要多从城市、省级行政区、经济体等宏观统计数据出发，将能源作为一种投入要素考察其相对资本等要素的扭曲情况（林伯强、杜克锐，2013；Asker et al.，2019；Heinzel & Winkler，2011；Lin & Chen，2018；Melitz，2003），从这点意义上来看，在微观企业层面上研究能源市场面临的扭曲与TFP方面的异质性特征是非常有必要的。同时，在目前综合行业和企业的研究中，研究者注重了要素间的相对扭曲程度（陶小马等，2009）和企业间要素的相对扭曲（龚关、胡关亮，2013），且现有文献研究方法中测算要素市场扭曲要么采用直接法，要么采用间接法①。然而，能源产业链上“产、运、销、储、用”等市场主体及利益相关者各不相同，单一的间接法和直接法难以满足样本分析要求。同时，现有研究均认为企业要素市场扭曲对全要素生产率产生负向影响，但具体到能源这一特殊行业是否还存在这种影响呢？能源产业链上的不同企业是否处于同一市场势力和要素扭曲的影响，这种一致或不一致的要素市场扭曲及市场势力对能源上下游企业全要素生产率的影响结果如何，对此均需要深入研究才能得到明确的答案。

① 直接法研究由特定样本对象产生的扭曲（Asker et al.，2019；Hsieh & Klenow，2009），间接法将扭曲设定为特定模型的偏差进而评估市场或产业间的扭曲程度。

1.1.2 研究意义

1. 理论意义

经济增长中的要素资源配置作为经济学研究的热门主题经久不衰，在早期的经济增长文献中，学者更多的是从宏观层面来找寻增长的驱动力量（Solow，1956）。近年来，随着科研单位对企业级微观数据的开发、应用及经济数理模型的深入推导，关于中国经济增长过程中存在要素扭曲现象逐步扩展到企业层面。更加细分到企业层面的资源误配则是近十年来由华人经济学家谢长泰等引发的资源误配学派的主题（Hsieh & Klenow，2007，2009；陈永伟、胡伟民，2011；陈永伟，2013）。Hsieh and Klenow（2007，2009）、陈永伟和胡伟民（2011）以及陈永伟（2013）等相关文献，依据新古典经济学的资源优化理论进行“反事实”推测，认为在资本和劳动要素无扭曲情形下，工业企业的边际收益应该存在收敛情形。

应该承认，Hsieh and Klenow（2007，2009）等的研究成果对深入了解经济增长过程中生产要素扮演何种角色提供了全新的分析理论。但不可否认的是，Hsieh and Klenow（2007，2009）及其关联文献又引发新的争议，比如，对于面临不同市场竞争类型和处于不同产业链的企业该如何理解要素市场扭曲带来的影响？如何区分异质性在扭曲对 TFP 的影响过程中的具体效应？能源市场经济建设中“看不见的手”究竟能不能对处于不同产业链中的能源企业要素市场扭曲进行调节？我们认为，对于上述这些问题的回答直接关系到高质量经济增长的全面认识，而从微观角度探究能源领域内的高质量增长也是扩展对上述问题答案的有益尝试，因此具有较强的理论意义。

2. 现实意义

关于要素市场扭曲的研究毫无疑问将对能源企业高质量发展提供启示，尤其是上游环节和下游环节的能源企业。一方面，要素市场扭曲意味着目前上游环节和下游环节能源企业生产仍处于低效率生产阶段，TFP 损失情况依然存在；另一方面，为纠正上游环节和下游环节能源企业存在的 TFP 损失情况，纠正要素市场扭曲是当前实现能源市场经济高质量发展的重要潜力。为将纠正后的要素市场扭曲转换为上游环节和下游环节能源企业增长动力，我们就必须清楚目前要素扭曲造成能源企业 TFP 发展的作用机制，以及纠正要素扭曲对TFP的可能手段。然后才能制定有针对性的政策，促使能源企业高质量发展，因此具有较强的现实意义。

1.2 文献综述

以往关注国家之间全要素生产率差异性的文献大多着眼于生产技术的扩散，Ha and Howitt（2007）、Howitt（2000）、Klenow and Rodriguez - Clare（2006）等的文献均说明了从发达国家到欠发达国家之间的技术外溢较慢是造成全要素生产率出现较大差异的重要原因，而Restuccia and Rogerson（2008）的文献首次关注了企业间的要素错配（Resources Misallocation across Firm）对于一国全要素生产率的重要影响。根据Hsieh and Klenow（2007，2009）、Restuccia and Rogerson（2008）、Ha and Howitt（2007）、Howitt（2000）以及Klenow and Rodriguez - Clare（2006）等的研究成果对要素市场扭曲的描述，所谓要素市场"扭曲"是指如果市场经济中所有企业面临的生产技术存在凸性，那么在市场经济价值规律正常发挥作用前提下要素有效配置将是最优的，即市场经济中企业产出均相等生。反之，我们称之为生产要素存在"扭曲"。因此，从概念中可知，市场中企业存在要素市场扭曲就表明能够通过纠正"扭曲"改善总量产出或提升生产效率。由此可见，要素扭曲概念涵盖了资源错配、资源误置等。关于要素扭曲，国内有几种不同的翻译，如蔡昉等（2001）延续了"市场扭曲"的说法，而聂辉华和贾瑞雪（2011）、聂辉华等（2012）在其研究论文中将其翻译为要素"误置"，朱喜等（2011）对"三农"问题的研究中将其概括为要素"配置扭曲"，陈诗一（2017）、陈永伟和胡伟民（2011）、陈永伟（2013）、韩剑和郑秋玲（2014）、常建新（2015）、袁志刚和解栋栋（2011）、王宁和史晋川（2015）、步晓宁等（2019）将其译为"错配"或"误配"，当然，也有如盖庆恩等（2015）、蒋含明（2013）、李言（2020）、林伯强和杜克锐（2013）、罗德明（2012）等将其翻译为"要素市场扭曲"。本书讨论的要素市场扭曲仅包括投入角度的要素扭曲，与产出角度的扭曲或错配存在差别。

1.2.1 要素市场扭曲与 TFP 的理论渊源

1. 理论渊源梳理

由于本书定义的要素市场扭曲虽然与 TFP 损失存在差别，但梳理要素扭曲的理论渊源仍然需要从资源配置入手。古典经济学的基本命题之一是“市场自动调节经济、配置资源”，Adam Smith 认为劳动力和资本是经济增长的基础，而资源要素的有效配置是经济发展的基本命题。在此基础上，Adam Smith 提出有效配置资源要素，才能实现自由竞争的结论，而经济实现自由发展就必须反对垄断竞争。20 世纪 30 年代经济大危机冲击了传统古典经济学的基本理论。虽然“凯恩斯革命”为经济复苏提供了一条增长路径，但其不再强调长期分析和资源最优配置问题，从而成为其他经济学派攻击的重点。而后，新古典经济学派基于凯恩斯的宏观经济理论，融合古典经济学派，以资源配置问题作为经济研究的主题，提出“充分就业、物价稳定、长期经济增长、国际收支平衡、收入均等化和资源最优配置”这六大经济目标，进而实现经济均衡发展。但新古典经济学派代表人物之一 Paul A. Samuelson 关注的资源配置仅仅是盯住能够引起充分就业的相关资源和要素，此后，Samuelson 又提出“市场再发现”命题，力图说明“遍及世界的各个国家正发现市场作为配置资源的一种工具的力量”。按照标准的新古典经济学福利定理，任何对竞争性均衡配置的外部干预将会导致扭曲，都会产生无谓的效率损失。

发展中国家普遍存在扭曲的直接证据是，相同的生产要素在不同部门之间的边际回报存在系统性的差异（Banerjee & Duflo，2003）。因为按照标准的新古典经济学，完全竞争的市场上要素的边际回报是一致的（一价律），这样的配置也是有效率的。不然，低边际回报的部门的要素向高边际回报部门的流动可以改进总的产出，当不同部门的比较产出相等时总产出达到最大。这种原本只是想使个人利益最大化的选择最终导致了社会产出最大化的机制其实就是 Adam Smith 在“An Inquiry into the Nature and Causes of the Wealth of Nations”中推崇的“看不见的手”。

由于 Keynesianism 的理论缺陷和新古典宏观经济学在解释现实问题时效微力乏，New Keynesianism 学派重新解释了劳动市场，提出非对称信息隐含合同和工资粘性，认为实际的均衡合同不会使社会资源配置处于帕累托最优状态。此外，New Keynesianism 的信贷配给论指出，政府推行信贷补贴政策或提供贷款担保，可以降低市场利率，提高借款者的还款利率，改善资源配置，增进社会福利。

新古典综合派衰败以后学派林立，经济学家们寻求共识又无法达成一致。瑞典学派则在沿袭传统的一般均衡价值理论和分配理论的基础上，首创了分析经济现象的一些新概念，并运用了宏观总量的分析方法和动态分析方法，建立起了一个动态经济理论体系。在国际分工及国际贸易领域内，瑞典学派代表人物 Bertil Ohlin 特别强调各国生产要素禀赋的差别。他说："显然，生产要素配置的差异是产生区际分工和贸易的原因，恰如个人生产技能的差异是个人之间生产不同产品的原因。"瑞典学派经济制度理论的主要内容是由瑞典学派第三代代表人物 Assar Lindbeck 提出来的"自由社会民主主义"经济制度理论，探讨提供情报、分配资源和协调经济决策的机制，即在资源配置方面是采用市场调节的方法，还是行政管理的方法。

与瑞典学派兴盛于同一时期的现代货币主义学派（20 世纪 50—60 年代），其代表人物 Milton Friedman 指出价格的具体作用主要表现在传递信息、"刺激效应"和分配收入等方面，如果没有外来的干预，在价格机制的作用下，市场将会体现出最好的资源配置效率来。不同于货币主义学派的价格机制，新古典宏观经济学派（理性预期学派）认为，在决定增加或减少雇佣劳动和产量时，只有相对价格的变动才是至关重要的，因为相对价格变动的特点是长久持续的，它可以起到一种调节资源配置的作用。

脱胎于奥地利经济学家米塞斯信用周期学说，根源于威克塞尔货币理论和奥地利学派创始人之一的庞巴维克资本理论，伦敦学派（奥地利学派）代表人物 Friedrich August von Hayek 认为，生产的迂回程度加深时，意味着有更多的原始生产要素投入资本品而非消费品的生产。此外，Hayek 特别强调，政府在 Keynesianism 指导下所奉行的需求管理政策，是导致资源在极大范围内配置不当的重要原因。由于时代背景的变化，Hayek 认为集体主义在经济上是低效率的，因此，资源的配置将出现不合理的浪费、误配现象，整个经济将由于这些目标的实现而降低效率。

弗莱堡学派代表人物之一 Walter Eucken 沿袭了伦敦学派对集体主义的尖锐批评，认为集中管理的经济是以一种无法精确计算的"物资数量平衡表"为基础做经济计划的，这种方法无法实现资源最优配置。此外，对于竞争秩序论，弗莱堡学派认为，有效维持经济秩序需满足"能够遵循边际成本原则来配置所有的稀缺资源和物品，使生产每种物品的边际成本与边际效用相等”。这也是此后越来越多的经济学家从边际成本角度分析要素市场扭曲的出发点。遗憾的是，Eucken 虽然提出了相关经济秩序原则，但他无法贯彻边际成本原则、实现资源配置最优化的分析过程。Eucken 在对经济政策分析时，讨论了凯恩斯的充分就业政策，认为凯恩斯主义的充分就业政策的弊端在于扭曲了价格体系度量经济上的稀缺性功能，引起资源要素误配。

20 世纪 60 年代以来，在经济自由主义思潮复归过程中兴起了新制度主义经济学派，代表人物有 Oliver E. Williamson、Ronald H. Coase 和 Douglas C. North 等，其中 North 提出的交易费用、产权界定、企业和市场的最优规模与界限、外部性的解决思路等对资源配置效率的影响深远。尽管新制度主义经济学派也像新古典经济学一样注重研究经济社会中的资源配置问题，但其将侧重点放在交易费用为正的前提下研究制度对资源配置效率的影响，而不是像新古典经济学那样抛开制度问题，而且在暗含着假定不存在交易费用的情况下研究资源配置的效率。在他的著作中首先提出、被 Williamson 归纳的“科斯定理”备受推崇，其研究视角是从产权安排对资源配置问题进行制度结构分析。20 世纪 70 年代以来，由于凯恩斯主义经济理论在经济滞胀的形势下陷入了困境，西方经济学界在对凯恩斯主义经济学进行批评的过程中，除了新制度主义经济学派，以 James M. Buchanan 为代表的公共选择学派因其非市场决策的经济研究而独具一格，着重批判了新古典经济学的资源要素配置最优化问题。而被称为“异端”的新制度学派，指责传统经济学的研究范围过于狭窄，使经济学成了关于稀缺资源如何配置的“抉择科学”，并且将经济因素和非经济因素截然分开，从而成为一种“封闭式”的经济学。

除了前述主流经济学对资源要素配置的研究外，其他重要的经济学流派也对要素配置、扭曲等问题作了重要研究，比如 John R. Hicks 的一般均衡理论对相对价格和资源要素配置进行研究，Joseph Alois Schumpeter 对资源配置的创新机制进行研究，Walt Whitman Rostow 的中央计划发挥调节资源配置功能。此外，激进政治经济学家指责传统经济学偏重于在特定偏好条件下的资源配置，忽视了资本主义制度和上层建筑本身派生出来的价值判断标准对人们偏好的影响。激进政治经济学家批判传统经济学家在分析不同生产部门生产要素的分配问题（即资源配置问题）时，往往使用极不完整的分析方法，总是假定消费者的偏好是既定的，从而忽视了资本主义上层建筑产生出的一些价值判断标准通过广告对消费者的影响。同时，新政治经济学在解释扭曲时将其划分为无效率，在无效率的基础上分析价格扭曲（寻租和直接非生产性寻利行为)、国有企业带来的扭曲(庇护和官僚主义)、金融抑制(政治化的信贷配置和对支持者的廉价贷款)、农业市场扭曲(城市优先的偏见)、通货膨胀(民粹主义)以及关税和配额带来的扭曲(游说行为)等。而对原因的分析主要集中在利益集团、寻租腐败和不发达经济体往往会产生过度扩张的政府，或有负面影响的、或剥削性的政府。

按照完全竞争市场经济的观点，各种类型的无效率配置扭曲均可能导致社会收入水平下降。那么，导致无效率配置扭曲的原因何在呢？直观上讲，资源无效配置的原因是资源不能够自由流动使所有部门的边际产出相等，即在完全竞争且完美的市场上的对称性均衡(一价律)不成立，即各个部门的要素回报率之间存在一个“楔子”。Meier(2001)总结认为，如果说第一代发展经济学家是不切实际的并且致力于宏大理论和一般战略，那么第二代发展经济学家几乎是说教式的，并且致力于新古典经济学基础之上的阴沉的现实主义。哈伯格曾指出经济学是作为政策制定技术的新古典分析，政府被劝告不仅仅要“理顺价格”，而且还要“理顺政策”；现在认为不是初始条件的差异而是政策的差异导致了发展中国家的不同表现。一个国家的贫困不是因为贫困的恶性循环，而是错误的政策导致的。在政策制定中，市场、价格和激励应该是关注的中心。资源误配理论则是近十年来由经济学家 Hsieh & Klenow(2009)等的研究论文提出的。

2. 要素市场扭曲对 TFP 的经验研究结果

一直以来，关于经济增长以及贫富差距的原因探究尚未有令人满意和信服的答案(王伟，2002)。Solow(1956)首次构建了基于新古典经济学理论的经济增长模型，并探讨了国与国之间经济增长的差异原因。Solow(1956)首次将技术进步纳入到经济增长的分析框架，认为造成各个国家产生贫富差异的主要原因有三个：资本、劳动和 TFP。在近二十年的经济学理论发展过程中，关于国家之间贫富差距和经济增长的研究取得巨大进步。除了比较熟知的比较优势理论，Solow 的经济增长模型为经济体增长核算提供了基础。Syquin(1984)在一定程度上发展并推广了 Solow(1956)所提出的增长核算模型，发现 TFP 的增长可以被分解为两个部分，其中一部分为要素配置效率，另一部分为 TFP 的增长，这一研究思路在学术界被认为是研究要素配置与 TFP 关系的最初理论渊源。随后，Klcnow and Rodriguez - Clare(1997)、Howitt(2000)以及 Hayashi and Prescott(2002)等的研究成果表明造成各个国家人均产出存在差异的主要原因是各国的 TFP 存在差异。在大量研究的基础之上，经济学家们最终达成了较为统一的结论，即 TFP 的差异是造成国家之间贫富差异的主要原因。

那么，追根到底，究竟是哪些因素导致 TFP 产生差异了？对于这一研究热点，主流文献主要分两个方向进行解答：一个方向是技术层面，从技术进步的角度出发，主要代表性研究有 Hobijn（2011）等，他们均一致认为在采用和吸收先进技术水平的速度方面，TFP 较高的地区快于 TFP 较低的地区。还有一部分学者尝试着从技术效率的角度对这个问题进行解答，这些学者认为一个地方的生产率水平和技术效率是高度相关的，高生产率水平伴随着高技术效率，主要代表性研究有 Fare et al.（1994，1997）、Parente and Prescot（1994）、Srholec（2007）、Bloom and Van Reenen（2007）、潘雄锋等（2017）等。另一个方向是要素配置效率。在已有学者研究的基础之上，还有一部分学者主张除了技术进步和技术效率对生产率产生影响外，由于市场和制度等的不完善所导致的要素错配也是造成生产率存在差异的主要原因之一。关于要素配置效率导致 TFP 产生差异的研究由来已久，国内外学者对此也均选择不同的研究对象或者不同的要素错配决定因素来对此问题进行进一步探索与研究。在实证研究中，诸多学者发现要素配置效率对全要素生产率影响重大，国外代表学者 Baily et al.（2001）、Foster et al.（2001，2008）、Hsieh and Klenow（2007，2009）的研究表明美国制造业生产率增长的 50% 源自于要素配置效率的提高，并且同时指出要素重新配置的基本技术路线是生产要素充分自由地从效率较低的企业重新被配置到效率较高的企业。

随着微观企业样本的大规模开发，已有文献将效率研究从宏观区域或产业转向企业层面，代表性文献包括 Asker et al.（2014，2019）、Dollar and Wei（2007）、Hsieh and Klenow（2007，2009），国内学者如简泽（2011）、袁志刚和解栋栋（2011）、鄢萍（2012）、罗德明等（2012）、王芃和武英涛（2014）、袁晓玲等（2016）、刘宗明和吴正倩（2019）等。Dollar and Wei（2007）基于中国工业企业样本数据“反事实”分析的结果表明，如果中国工业企业改善资本要素扭曲水平，将大规模提高工业企业在资本配置方面的效率，从而提高中国整体 GDP 增量。Hsieh and Klenow（2009）同样利用“反事实”分析方法，认为如果中国和印度的制造业企业按照边际效益的原则纠正要素市场中的资本及劳动力扭曲水平，将分别有助于提高印度和中国制造业企业全要素生产率的 50%～60% 和 25%～40%。国内学者也纷纷对这一问题展开了探讨，代表性文献包括常建新（2015）、陈永伟和胡伟民（2011）、陈永伟（2013）、简泽（2011）、邵宜航等（2013）、聂辉华等（2012）、王芃和武英涛（2014）、袁志刚和解栋栋（2011）、鄢萍（2012）、罗德明等（2012）、袁晓玲等（2016）、刘宗明和吴正倩（2019）等。例如，简泽（2011）以中国工业企业数据为研究样本，分析了产业内代表性企业生产要素市场扭曲和企业间TFP之间的因果关系，结果表明产业内代表性企业的要素市场扭曲引致的地区市场分割是造成企业资本和劳动生产率差异的主要原因，也是造成企业间全要素生产率损失的重要原因。

1.2.2 要素市场扭曲与市场结构关系梳理

要素市场扭曲与市场结构研究离不开对国家整体工业市场结构的分析与梳理。图1-1和图1-2展示了要素市场扭曲与市场结构的突现变化及共现网络。就世界经济发展的工业化进程而言，要素市场扭曲通常影响国家之间的市场结构演变（Aoki，2008；Hsieh & Klenow，2007，2009；Bartelsman et al.，2008；Hopenhayn，2012；Maddison，1952；Masell，1961；Stiroh，2002；Nordhaus，2002；Melitz，2003）。工业化、产业市场结构升级本质上是行业生产力增长、技术进步水平提升以及关键产业交替更新的过程，也是对工业行业吸纳生产要素进行不断优化配置的过程。要素配置影响国家产业市场结构变迁，早期代表性文献及相关理论有Petty-Clark Theorem，Chenery Industrialization Stage Theory，Lewis-Ranis-Fei Model，Hirschman以及Kuznets's Theory of Industrial Structure等。随后如Bartelsman et al.（2008）、Hopenhayn（2012）、Maddison（1952）、Masell（1961）、Stiroh（2002）、Nordhaus（2002）等人运用偏离—份额分析法（Shift-Share Analysis，简称SSA）从实证角度讨论不同产业链下的不同部门间要素配置情况、要素流动程度对产业结构变化和经济增长的影响。相对上述在“瓦尔拉斯”范式下的研究，近年来“摩擦性市场”假设下的资源错配逐渐增多。Melitz（2003）、Hsieh and Klenow（2009）、Bartelsman et al.（2008）、Aoki（2008）、Hopenhayn（2012）、Maddison（1952）、Masell（1961）、Stiroh（2002）、Nordhaus（2002）等从企业异质性、不完全竞争、技术进步、行业间要素扭曲等多个方面实证了资源错配对经济结构变化的影响。20世纪60年代，“新古典综合派”代表人物James Tobin和Dusenberry以微观的市场结构特征解释劳工市场存在的要素失衡现象。由于劳工市场的分散性和市场结构的不断变化，通常的扭曲成分实际上也会存在。从这点来看，对微观能源行业探讨市场结构与要素市场扭曲是有必要的。

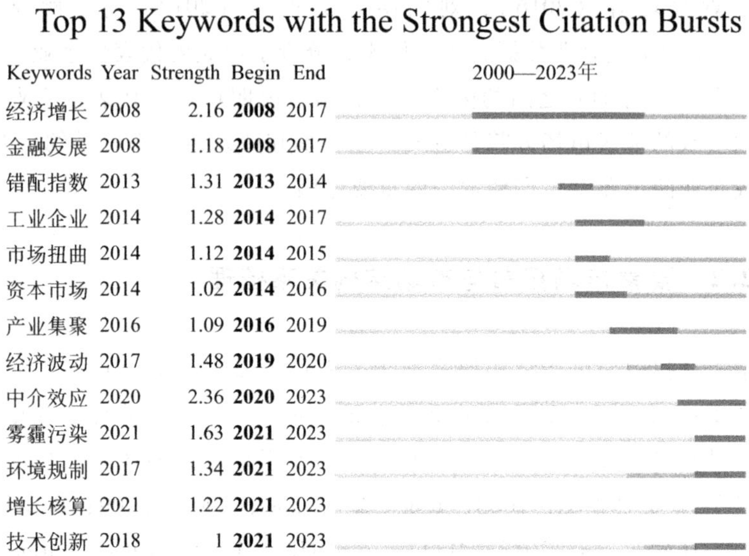

图1-1 要素市场扭曲与市场结构的突现变化

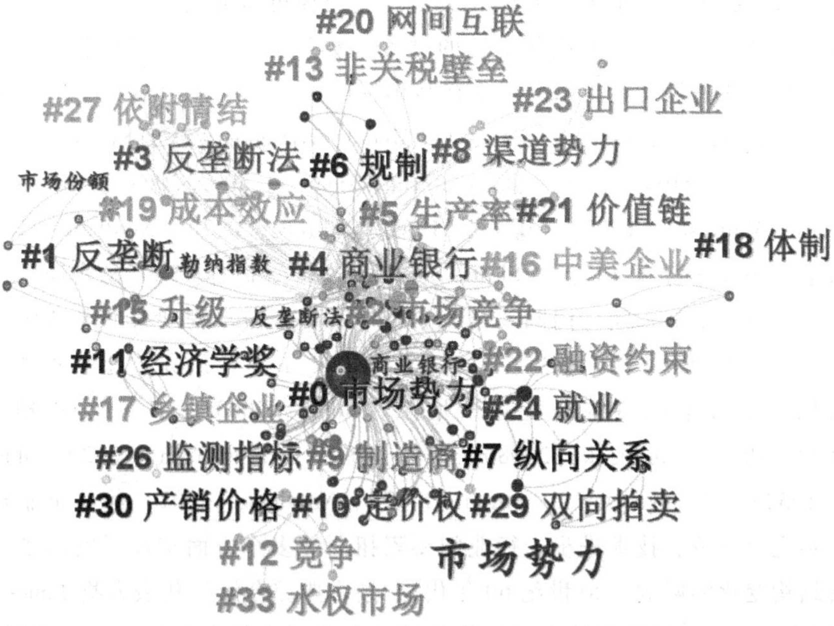

图1-2 要素市场扭曲与市场结构的共现网络

1.2.3 关于要素市场扭曲的原因研究

国内外学者关于要素扭曲的原因研究类型主要可划分为两类（沈春苗、郑江淮，2015；张钟文等，2016）：第一类是对内生性扭曲的概括，内生性扭曲是在非外部性干预情形下由市场失灵等导致的要素错配，即要素市场不完善导致内生性扭曲。现有文献分析金融扭曲带来的影响及原因分析较多（王博峰等，2014；Buera et al.，2013，2020；Dollar & Wei，2007；Ziebarth，2013；Uras，2014），但是对其影响程度大小仍然存在争议（蔡舫等，2001；吴仁水等，2019；Banerjee & Moll，2010；Midrigin & Xu，2014）。还有一些文献从土地（刘永健等，2019；张少辉、余泳泽，2019）、劳动力（Dickens & Lang，1985；蔡舫等，2001；袁志刚和解栋栋，2011；冼国明和徐清，2013）、资本等方面展开分析（Adamopoulos & Restuccia，2014；Bento & Restuccia，2016；Gopinath et al.，2017）。第二类是对政策性扭曲的描述（Skoorka，2000；Restuccia & Rogerson，2008；Tombe & Winter，2015；韩剑、郑秋玲，2014），政策性扭曲主要是指"看得见的手"出于宏观经济政策目标而对市场要素资源进行调控导致扭曲，即政府对宏观经济调控所采取的财政政策或行政政策，或多或少会干预经济发展，进而影响生产过程中的要素投入配置。从当前文献来看，政府推行的调控经济的财政或行政政策中有关税限制政策（新经济体研究，Epifani & Gancia，2005，2011）、税收和补贴优惠政策（错配根源，Restuccia & Rogerson，2017；中小规模企业生产，Guner et al.，2008；跨国生产率差异根源，Bartelsman et al.，2013）、行业管制政策（巴西资本要素研究，Alfaro et al.，2017）、所有制歧视（陈经伟、姜能鹏，2020；陈诗一，2017；罗德明等，2012；杨洋等，2015）等。国内学者基于中国实际国情，更多的文献是将市场带来的内生性扭曲与政策性扭曲"混合"，进而分析扭曲带来的影响。

1. 关于第一类内生性扭曲的研究主要包括：劳动力扭曲和资本扭曲

所谓劳动力扭曲是指实际观测到的失业人员在跨部门配置效率与最优配置效率之间的差距（Song et al.，2012）。关于劳动力要素扭曲的研究最早源自于劳动市场结构性失业，凯恩斯经济学派、新凯恩斯经济学派以及理性预期学派等主流经济学派对劳动力的结构性失业均有论著。Attanasio et al.（1991）基于发达国家劳动力数据研究结果，表明发达国家的劳动力市场在不同部门间工资差异、劳动力流动性和失业率存在紧密联系。此外，Attanasio et al.（1991）的研究结果也表明结构性失业并不能很好地解释随之出现的持续性失业率上升的现象。随后，徐长生和刘望辉（2008）、Alvarez and Shimer（2008）、Cao and Birchenall（2013）等提出了各种在劳动力市场中由于错配导致的失业人员具有明确移动决策的动态模型。袁志刚和解栋栋（2011）的实证结果表明，改革开放以来劳动力错配对 TFP 有着明显的负效应（-2%~18%），并呈逐渐扩大趋势。冼国明和徐清（2013）利用 2004—2009 年中国地级城市面板数据，验证中国城市普遍存在工资低于劳动力边际产出的事实。

所谓资本扭曲是指平均意义上资本边际收益产量的离散程度（Hsieh & Klenow，2009）。作为要素扭曲的关键方面，资本扭曲构成了 TFP 下降的重要方面。相关研究表明，在中国总的 TFP 水平下降中，要素扭曲的影响占到了 30%~50%，其中仅资本扭曲的影响就占到了资源扭曲总影响的 20%。近二十年来，资本扭曲的研究方兴未艾，发展迅速。根据现有的研究文献，资本扭曲主要源自金融摩擦（Wu，2018）。

实证研究方面，Aghion et al.（1992，2008）、Piketty and Saze（2003）等较早研究了金融市场不完善对经济的影响。而后 Aghion et al.（1992，2008）、Banerjee et al.（2003）、Banerjee and Munshi（2004）、Hsieh and Klenow（2007，2009）、Song et al.（2012）、Midrigan and Xu（2010）、Buera et al.（2013，2020）、Banerjee and Moll（2010）等强调了金融发展对资本扭曲的影响，主要研究结论包括：若投资需求越高，则资本带来的生产率就越大，但是由于资本扭曲的存在导致 TFP 出现较大差别（Wu，2018）。Hsieh and Klenow（2007）指出假设规模报酬递增，那么不同企业的资本边际收益应该相等，否则会导致 TFP 损失。Buera et al.（2013，2020）、Midrigan and Xu（2009）等研究了资本扭曲对 TFP 的影响，结论趋于一致：资本扭曲会导致 TFP 损失，但在损失程度上并没有得到一致的结论。比如根据 Buera et al.（2013）的模型，金融摩擦会导致 TFP 损失 40%，但是 Midrigan and Xu（2009）根据韩国企业数据的研究发现，金融摩擦只导致了 TFP 损失 2.5%。Dollar and Wei（2007）使用中国 2002—2004 年 120 个城市一万多家企业数据，发现中国存在系统性的资本扭曲，这导致了不同所有制、地区和部门之间非常不平均的资本边际报酬差异。Song et al.（2012）和龚关等（2013，2015）研究了中国国有和非国有企业 TFP，结果表明：非国有企业使用更多先进的生产技术，但由于金融市场的非完善性导致它们只能通过内源融资进行投资，而国有企业虽然具有较低的生产率，但是能够获得更多的银行贷款，从而能够存活在市场中，而这种状况的持续使中国TFP产生了较大的损失（宋建、郑江淮，2020）。鄢萍（2012）通过研究中国制造业企业的固定资产投资行为，利用模拟矩方法发现不同类型的企业面临差别利率是造成资本误配置的最重要因素。吴仁水等（2019）通过动态随机一般均衡（DSGE）模型，表明宏观经济政策的外生冲击会改变资本在部门间的配置效率，导致TFP发生内生波动，政策冲击对TFP的影响主要由民营企业受到信贷约束所决定。

实际上，部分学者认为内生性扭曲实际上根源于要素市场的摩擦。例如，Buera et al.（2013）的研究结果从理论上论证了金融市场的摩擦不仅会扭曲现有企业之间的资本配置状况，而且会影响企业家的创业行为。因此，各地之间在金融发展上的差别能够解释企业间TFP和产量差异的相当一部分。Kalemli-Ozcan and Sørensen（2014）通过对非洲十国的研究发现金融的可及性对于企业间的资本配置状况存在着重大影响。平均来讲，金融可及性较差的国家，其企业的资本边际产出（Marginal product of capital，简称MPK）要比金融可及性高的国家高45%。Hsieh and Klenow（2009）则指出，错误的劳动力市场政策造成了印度各部门之间劳动力的严重错配，从而带来了5%~8%的TFP损失。从政策扭曲视角出发，纠正扭曲、提升生产率（或TFP）需要关注政府规制以及制度变迁等；从要素市场摩擦角度出发，则需要关注市场化配置。在制度变迁和市场化改革这两股力量的驱动下，分工趋势愈发明显，而分工细化的程度与生产率的高低又有着直接的关系。具体来说，伴随着要素市场一体化建设加深，资本和劳动力等生产要素集聚程度得到提高（唐为，2021）。资本集聚可以促进产业链上的相关企业使用更先进的技术设备，在干中学过程中不断掌握新技术，增强企业创新能力，改善资本生产率和技术效率（赵志耘、吕冰洋，2005，2007）。赵志耘和吕冰洋（2005，2007）、唐为（2021）的研究成果表明劳动要素集聚能够促进学习和交流，增加劳动要素之间的技术与知识外溢，进而影响工资，提高劳动要素的配置效率。Hsieh and Klenow（2007，2009）则提出了纳入资本要素和劳动要素的市场建设，一方面能够提高资本和劳动力要素的协作配置效率，另一方面能够形成规模经济，避免资本和劳动力要素的分散化趋势。

2. 关于第二类的研究主要包括：政策扭曲

政策扭曲指的是政府在干预经济活动或企业生产时影响相关要素变动，偏离原有的配置状态而造成的“不良”后果。例如，中央或地方政府通过出台相关行业政策，鼓励或者减缓某些行业发展，从而引导这些行业所需的生产要素重新配置，常见的财政政策或者行政政策均能够产生这种效果。以政府扶持某种行业为例，短期内通过税收优惠、财政补贴和关税等定点扶持相应行业快速发展，集聚相当多的生产要素，但从行业长期发展来看，政策扭曲带来的行业增长是“虚假的繁荣”，主要是因为受保护的行业中企业所需的生产要素边际产量不等于边际成本，导致企业通过低于行业的生产效率实现生产要素的集聚，最终将导致行业整体无法有效提高生产率，长期被“锁定”在低水平环境。Bhagwati（1969，1980）认为，内生性扭曲可能源于政策扭曲。

在实证研究方面，Guner et al.（2008）研究了基于企业规模的政策会对企业 TFP 造成实质性的影响（Adamopoulos & Restuccia，2014；Melitz & Ottaviano，2008）。Bartelsman et al.（2013）利用跨国企业数据研究了企业规模政策对 TFP 的影响效应（张少华、张天华，2017；Hsieh & Klenow，2007，2009）。Alfaro et al.（2007）用 80 个国家企业样本数据实证分析了企业间要素扭曲是导致收入差距的重要原因。Dollar and Wei（2007）基于世界银行 2005 年调查的相关数据发现国有企业的投资效率大大低于非国有企业，因此如果将国有企业利用政策优势分配得的过多资本重新进行分配，则可以大幅提升投资效率、增加产出。Restuccia and Rogerson（2008）利用美国数据进行校准，发现对生产率不同的企业进行补贴或征税会导致总产出和 TFP 有较大程度的减少。罗德明等（2012）定量考察我国偏向国有企业的政策所导致的效率损失，通过利用不同 TFP 增长随机过程刻画要素市场面临政策扭曲的国有与私有企业的生产行为，结果表明源于政策扭曲的资源错置导致了非常高昂的效率损失。施炳展和冼国明（2012）认为，“对内改革”是“对外开放”的国内背景，中国“对内改革”渐进性诱发的要素市场扭曲是中国“对外开放”面临的独特约束。

3. 要素扭曲的原因研究

仅就中国而言，要素扭曲既有历史原因，也有现实基础。从历史的角度看，中华人民共和国成立初期政府为推动工业化进程而制定了优先发展重工业的国家战略，但其发展建设需要大规模的资金投入，在资源短缺的背景下依靠市场机制显然无法解决这一问题（蔡舫等，2001；陈诗一，2017；陈诗一、陈登科，2017；陈诗一等，2019）。

自 1978 年以来，部分产业的产品价格市场化建设取得长足进步，特别是能源行业（范必，2018），但要素市场化建设踟蹰不前，严重落后于产品价格的市场化改革（陈诗一，2019；张杰等，2011；Yang et al.，2018）。实际上，地方政府仍然追求过高的 GDP 增长，如此，才有可能得到上一级政府的晋升指标，这种“逐低竞争”导致的官员晋升锦标赛使政策“偏袒”、土地、资本、技术以及劳动力等要素通常低于市场化价格，最终形成要素市场扭曲的“恶果”（范必，2018；姚洋，1998；张杰，2011）。需要指出的是，作为国家层面的“偏袒”多来自政府推行的产业或者行业政策，虽然这种“偏袒”在一定程度上可以促进扶持相关产业或行业的高速增长，但仍然会造成部分要素趋利，过度集中至特定行业，从而妨碍市场机制功能发挥作用。张曙光和程炼（2010）基于政治经济学理论，分析研究要素市场扭曲引致的国民财富转移，结果表明体制“惯性”以及政府对生产要素的管制等是造成要素扭曲的重要来源。

1.2.4　关于要素市场扭曲度量方法的研究

现有文献基于日益完善的数据、数理模型和软件，主要通过两种方法测算要素扭曲程度：直接法和间接法。Restuccia and Rogerson（2008，2017）认为直接法研究了由特定可观测来源引起的分配不当的证据，而间接法则将扭曲失真识别为特定模型的偏差或楔形。本案例综述的主要测度方法及代表性文献如图 1－3 所示。

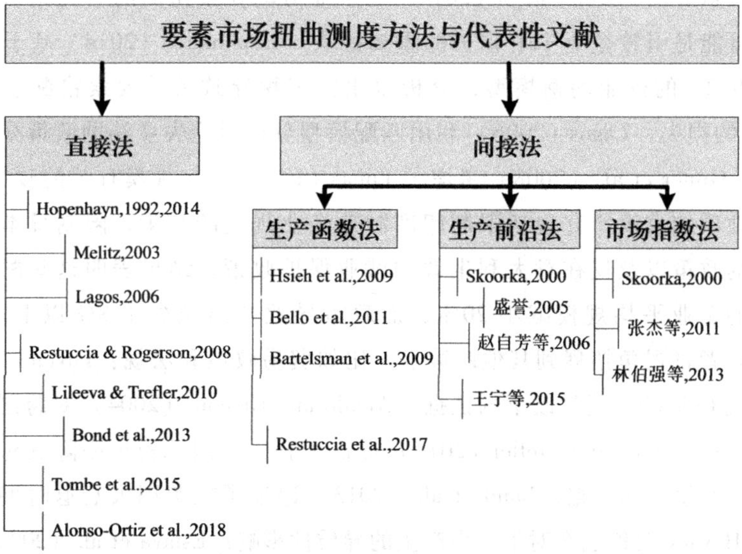

图 1－3　要素市场扭曲主要测算方法及其代表性文献

1. 直接法

直接法测算要素市场扭曲效应是通过识别特定政策（特定因素）和制度所导致的异质性程度。早期的研究成果表明学者选取的特定政策和制度均会导致扭曲，并产生效率损失（Hopenhayn，1992，2014；Melitz，2003；Alcalá & Ciccone，2004；Lagos，2006；Guner et al.，2008），但这些被选取研究的特定政策及制度所导致的扭曲程度结果存在较大的差别。那么如何才能找到那些导致效率损失最大的政策或制度呢？换句话说，使用何种方法能够评估被选取研究的政策或制度能够达到效用最大化？直接法测算扭曲程度的主要步骤包括（Restuccia & Rogerson，2008）：首先，确定一个（或多个）特定的能够导致要素扭曲、被现有统计数据衡量的重要因素；其次，基于异质性生产函数定量测算生产扭曲程度及其导致的 TFP 损失程度。

综合前期研究，国内外研究者利用直接法主要从以下两类讨论要素扭曲（或错配）对全要素生产率的影响：第一类，政策扭曲导致要素错配（或扭曲）进而降低全要素生产率，代表性文献如 Hopenhayn（2014）、Lagos（2006）、Guner et al.（2008）等；第二类，制度扭曲引致要素错配（或扭曲）导致的效率损失，代表性文献如 Pavcnik（2004）、Alcalá and Ciccone（2004）、Lileeva and Trefler（2010）、Bond et al.（2013）、Eslava et al.（2004）、Tombe et al.（2015）、Gancia（2011）以及 Restuccia and Rogerson（2017）等。在政策扭曲的相关文献方面，Hopenhayn（2014）对企业劳动要素扭曲的研究结果表明税收政策可能是引致企业 TFP 损失的重要源头。Hopenhayn（2014）基于 Hopenhayn（1992）的行业均衡模型，分析得出固定税导致劳动要素错配引发企业 TFP 5% 的损失。Lagos（2006）利用匹配模型分析讨论失业补助政策是如何影响 TFP。Guner et al.（2008）考虑了 Lucas（1978）“与规模有关的政策”，基于财产性质的政策研究包括限制印度制造企业规模的政策，限制日本零售企业规模的政策以及仅在意大利生效的就业保护政策，结果表明这些配置导致模型中的企业平均规模减小 20%，而政策导致产出减少了 8% 以上。此外，部分研究者将视角拓展到其他政策上，比如贸易政策和法规：Pavcnik（2004）提供有关 Colombia 贸易改革的证据；Alcalá and Ciccone（2004）对跨国贸易进行的研究；Lileeva and Trefler（2010）提供了有关美国关税税率降低对加拿大公司生产率扭曲的证据；Bond et al.（2013）论证了在美国大衰退时期通过的 Smoot - Hawley 关税法案对生产率产生的异质性影响；Eslava et al.（2004）研究了Colombia 贸易改革在总量生产率中的选择效应。此后，Tombe et al.（2015）

强调了贸易壁垒不仅使落后国家农业生产率下降，更使食品贸易减少。由此，部分学者认为贸易壁垒降低了竞争因此使物价上涨，而由贸易壁垒诱致的涨价是要素市场扭曲的另一个来源。Restuccia and Rogerson（2017）指出，实际上诸如支持小规模生产的税收和补贴政策以及土地分割政策都会降低农业生产率。

已有文献讨论制度的系统特性不匹配造成的扭曲比较常见，但也存在诸如分析金融、劳动力和资本等要素形成的扭曲对全要素生产率的影响。Banerjee and Duflo（2003）总结了微观经济学证据，这些证据表明由于信贷紧缩而导致资本扭曲，这就导致市场失灵成为各国之间生产力差异的重要根源。Buera et al.（2013）以及 Greenwood et al.（1990）的研究表明信贷市场不完善的差异导致了要素配置的扭曲进而产生大量的效率损失。Alonso - Ortiz et al.（2018）研究了各种政策在决定墨西哥非官方部门规模大小中的效应。而对农业部门要素错配的研究提示人们关注农业政策或者政策所带来的潜在效率损失。Adamopoulos and Restuccia（2014）在解释贫困国家的农业生产力低下时，研究了农业部门各农场之间的分配不当问题，认为非正式规则、累进的税收和补贴在农业、土地改革和土地使用权限制中的作用是贫穷国家农场规模扭曲的潜在根源。Restuccia and Rogerson（2017）总结了直接法的局限性：由于要考察某一个特定的政策或者制度导致的要素扭曲所产生的 TFP 损失效应，但现实中，导致要素错配的因素很多，如利率、税收、补贴等，这些影响要素错配的因素很难一一识别。因此，直接法很难估算要素市场扭曲引致的企业生产效率损失。

2. 间接法

直接法的优点是在评估特定政策或制度在通过扭曲产生 TFP 损失方面具备直接性，不需要其他中间变量的影响，只需评估特定政策或制度错配带来的影响。然而这种方法也面临着重要的局限：第一，有许多因素可以通过其他渠道造成错配，而这并不在直接法的研究模型内；第二，直接法的研究过程中在某些情况下，几乎不可能直接测量评估对象的错配程度；第三，没有任何办法知道特定政策或制度是否是影响错配的最重要因素。鉴于直接法的缺陷，间接法试图将重点放在所有可能导致要素错配的因素对生产率或 TFP 产生的净影响上，而不参考特定的潜在因素。间接法的出发点是：任何产生错配的因素都可以被认为是在资源最优化问题的一阶条件下产生的情形。即无法直接衡量要素扭曲的程度，通过引入生产函数观测最优化问题的一阶条件中产生一个“经济楔子”（wedges），因此只需要将重点放在“经济楔子”

上而不是关注产生“经济楔子”的来源上，这使要素扭曲测算起来更为全面和准确。这种方法主要用来测算要素价格扭曲，也有学者将其作为要素扭曲的替代指标。其逻辑为首先测算出各要素的边际产出，然后与对应的要素价格相比，如果比值大于1，说明要素应得大于要素实际所得，要素价格被负向扭曲，反之要素价格被正向扭曲。这一方法的关键在于生产函数的选择，现有研究大多采用科布道格拉斯生产函数（Cobb - Douglas production function）和超越对数生产函数这两种形式，或在此基础上加以改进，如王宁和史晋川（2015）考虑到要素产出弹性随时间的变动，因而以科布道格拉斯生产函数形式为基础建立了时变弹性生产函数模型。

第一，生产函数法。以最基本的科布道格拉斯生产函数为例进行说明。假设生产函数为：

$$Y = A_i^{1-\eta}(L_i^{1-\alpha}K_i^{\alpha})^{\eta} \tag{1-1}$$

其中，资本为 K，劳动力为 L，A 为技术进步水平。那么要素边际产出分别为：

$$MP_L = \alpha\eta A^{1-\eta}L^{(1-\alpha)\eta-1}K^{\alpha\eta} = \alpha\frac{Y}{L} \tag{1-2}$$

$$MP_K = \alpha\eta A^{1-\eta}L^{(1-\alpha)\eta}K^{\alpha\eta-1} = \alpha\frac{Y}{K} \tag{1-3}$$

资本价格为 r，劳动价格为 w，则两种要素的价格扭曲：

$$distK = \frac{MP_K}{r} \tag{1-4}$$

$$distL = \frac{MP_L}{w} \tag{1-5}$$

其中，$\alpha, 1-\alpha$ 的值可根据 $\ln Y = \ln A + \alpha\ln K + (1-\alpha)\ln L + u$ 回归得出。尽管科布道格拉斯生产函数形式简单，但它存在单位替代弹性的强假设，直接使用可能产生估计的偏误。除函数形式外，相关研究在数据选择方面也存在诸多差异。例如，企业层面的测算往往将从业人数作为劳动变量 L，而资本变量为 K 包括了固定资产原值和固定资产净值，产出变量则可根据销售收入、工业增加值、工业总产值等指标进行选择。陈永伟和胡伟民（2011）根据 Hsieh and Klenow（2007，2009）模型简化了计算企业要素扭曲的方法：

$$\tau_i = 1 - \frac{wL}{\alpha\eta A^{1-\eta}L^{(1-\alpha)\eta}K^{\alpha\eta-1}} = 1 - \frac{wL}{\beta_l Y} \tag{1-6}$$

其中，τ_i 为企业面临的扭曲程度，其一阶条件为：

$$\frac{\partial y}{\partial x} = (1 - \tau_i)\alpha\eta A^{1-\eta}L^{(1-\alpha)\eta-1}K^{\alpha\eta} - w \quad (1-7)$$

需要说明的是，K 和 L 价格的计算也有不同的处理方法（陈永伟、胡伟民，2011；Hsieh & Klenow，2007，2009）。

Restuccia and Rogerson（2008）扩展了 Hopenhayn（1992）中的简单模型版本，考虑企业的各种因素，给定特定税率 γ 变化情形下分析是什么影响异质性对总的全要素生产率的影响大小以及这种影响差异有多大。在该框架下，研究者会面临两个问题：第一，在给定扭曲条件下，该要素扭曲对全要素生产率会产生怎样的影响？第二，在实际经济中，要素扭曲程度有多大？在一定程度上，Restuccia and Rogerson（2008）对上述问题一的答案表明了扭曲的重要作用。在随后的工作中，Restuccia and Rogerson（2017）和 Bello et al.（2011）假设生产率为正态分布，在受到企业家努力程度的影响情况下，投入要素增加将会放大了扭曲对 TFP 损失的影响。Hsieh and Klenow（2007，2009）也研究了要素扭曲对生产率的影响，从生产函数角度证明了不同国家制造业的生命周期演变是不同的，其研究结果也表明各种政策使用不当会使制造业产生更大扭曲。由此，Hsieh and Klenow（2009）的研究论文被认为是间接分析要素扭曲对 TFP 的关键论文。除了评估错配在解释中国之间的全要素生产率的横截面差异方面的作用，Hsieh and Klenow（2009）的研究还表明随着时间的推移，扭曲的变化是中国和印度加总 TFP 增长的重要来源。但是要素市场扭曲水平多大仍无定论。回答这个问题需要关注 Hsieh and Klenow（2007，2009）的相关研究成果。Hsieh and Klenow（2007，2009）的实证估计方法为要素错配（或扭曲）研究提供了基础理论框架，并由此影响了后续的一大批学者。

间接法的另一篇重要论文是 Bartelsman et al.（2013）的研究成果。他们使用不同的方法来衡量要素资源扭曲程度，对包含美国和七个欧洲经济体（包括中欧和东欧一些转型经济体）的 1992—2001 年期间的样本进行分析，在考虑了选择效应情况下，评估经营型企业的 TFP 分布在不同经济体之间的差异程度。与 Hsieh and Klenow（2009）相比，其国家样本中 TFP 总量的分散程度要小得多。但是，他们发现由于特质畸变的存在，对总的 TFP 产生了巨大影响，并预测通过改善机构之间的资源分配，某些国家的产出可提高 TFP 多达 15%。

此外，间接法除了使用生产函数测算外，还有通过参数或非参数方法计算要素之间的扭曲，主要包括：

（1）生产前沿分析法。该方法的操作思路是通过对最优要素生产可能性曲线与实际要素生产可能性曲线之间的差距测度进行比较，从效果方面衡量要素市场的扭曲程度，它可以被直接用来进行要素市场扭曲程度的比较。生产前沿分析法的主要内容包括了：一是参数化的随机前沿分析法（Stochastic Frontier Analysis，简称 SFA）；二是非参数化的数据包络法（Data Envelopment Analysis，简称 DEA）①。SFA 是在对生产函数和随机项的概率分布进行设定的前提下来充分考虑环境变化和随机因素对生产行为的影响；DEA 虽不需要对生产函数进行任何假设，但它忽略了随机因素对生产行为的影响，也存在一定的弊端。

Skoorka（2000）采用估计生产可能性边界的方法首次关注了整个市场（包括产品市场和要素市场）的扭曲程度，以 61 个国家的市场扭曲程度为实验样本，测算后发现产品市场的扭曲程度整体上会大于要素市场的扭曲程度。盛誉（2005）使用了 SFA 方法，对中国要素市场在 1998—2001 年期间的地区结构特征和行业结构特征进行了比较研究，实证结果显示在经济增长过程中我国的要素市场扭曲严重，并影响了中国对外开放所应获得的福利。赵自芳和史晋川（2006）采用 DEA 方法着力于研究全国 30 个省市的要素市场扭曲对技术效率损失的影响，其在文中选取了 1999—2005 年间制造业相关的数据样本，实证结果显示在投入保持不变的情况下，如果不考虑要素扭曲对技术效率损失的影响，则我国制造业的总产出至少能提高 11%。

（2）市场化指数法。该方法如果基于樊纲等人编制的《中国市场化进程指数报告》（2010）中的主要思想来看的话，是指以要素市场化进程得分间接反映其扭曲程度。例如，张杰等（2011）依据樊纲提出的各项指数设置了四个测度指标②，并深入分析要素市场扭曲与我国企业出口的关系，实证结果表明推进要素市场市场化进程有利于提升企业出口效益。林伯强和杜克锐（2013）认为，张杰等（2011）的方法会抹平地区间要素市场的相对扭曲，因此进行改进并将各地区要素市场发育程度与样本中要素市场发育程度最高者

---

① SFA 的优点是能够把扭曲分解成配置扭曲和技术扭曲两种，但它只能估算要素市场的整体扭曲程度，无法对各类要素扭曲进行区分。并且采用 SFA 和 DEA 两种方法得出的结论往往不一致，甚至差别很大。

② 樊纲指数分别是（各省级地区产品市场市场化指数 - 要素市场市场化指数）/产品市场市场化指数、（各省级地区总体市场市场化指数 - 要素市场市场化指数）/总体市场市场化指数、各省级地区要素市场市场化指数/产品市场市场化指数以及各省级地区要素市场市场化指数/总体市场市场化指数。

之间的差距作为扭曲的代理变量，即

$$dist_{it}=\frac{\max(factor_{it})-factor_{it}}{\max(factor_{it})}\times 100\% \tag{1-8}$$

其中，$dist_{it}$为各省市的要素市场扭曲程度（由于樊纲指数主要是针对31省市编制，因而其主要研究对象是31省市），$factor_{it}$为要素市场发育程度，max（$factor_{it}$）为各省市要素市场扭曲水平的最大值。市场化指数法不仅能够对要素价格扭曲进行分析，还包含了要素流动障碍的相关信息，能够综合反映我国各地区要素市场的扭曲程度。但与生产前沿法类似，其只能估计要素市场整体扭曲程度，并且对于市场化指数的依赖程度较高。

除以上三种方法外，相关文献还涉及一般均衡法和影子价格法。例如，Zhuang（1996）采用了可计算的一般均衡模型对要素市场进行研究，发现中国资源配置方面存在大量扭曲，其中多数非农部门中劳动价格高估，而资本价格低估。由于可计算一般均衡模型假设要求严格，且需要大量数据运算，因此应用较少。总的来说，从现有的关于要素扭曲研究文献来看，学者选取的直接法测算的特定政策或制度导致的扭曲程度及效率损失明显小于间接法（王希，2011；潘雄锋等，2017）。

1.2.5　关于要素市场扭曲对TFP的影响研究

已有文献讨论认为当前阶段，生产要素市场扭曲不仅会影响相关企业生产和投资行为，还会波及宏观经济社会的发展及稳定。当前，关于要素市场扭曲的文献主要从四个方面论证生产要素市场扭曲对企业及宏观经济社会产生的影响。

1. 全要素生产率损失

近年来，关于TFP的一个研究热点为探索资本、劳动力要素错配（或扭曲）带来的损失效应，其中最具影响力的当属Hsieh and Klenow（2009）。Hsieh and Klenow（2009）基于中国、美国和印度制造业企业数据，通过“反事实分析”和标杆方法发现，如果以美国2007年制造业企业要素配置水平为基准，中国制造业企业生产要素配置程度将有助于实现30%～50% TFP增长。随后，国内学者纷纷以该模型为基础，就资源要素错配（或扭曲）对行业、经济整体全要素生产率的影响展开研究。部分学者发现资源错配显著抑制了TFP的提升（刘宗明、吴正倩，2019；李俊青、苗二森，2020；邵宜航等，

2013；王芃、武英涛，2014）。要素市场扭曲的根本性原因在于要素价格机制的市场失灵。一方面，要素市场扭曲会使企业面临不同的要素成本，低成本要素企业选择增加要素投入，直至边际产出与要素价格相等，这种粗放的经济增长模式同时也不利于企业进行技术研发投入，还会导致在位企业间边际产出的差异，即狭义的资源错配；另一方面，由于“寻租”行为的存在导致的要素扭曲还会影响到企业的市场进入和退出决策，其中，政治关联企业获得市场要素更为容易。高效率的市场潜在进入者因过高的要素成本无法顺利进入市场，而生产效率和技术效率相对较低但因存在政治关联的企业由于享有要素价格补贴而在市场竞争中继续存活。以上两方面因素的存在都明显地抑制了要素市场整体 TFP 的提升，即广义的要素市场扭曲。

部分学者从实证的层面来展开具体研究，分析要素市场扭曲与技术效率提升之间的关系。毛其淋（2013）研究指出，要素市场扭曲不仅会抑制单个企业生产效率的提高，还会显著降低不同企业间的资源要素配置效率，通过推动贸易自由化有利于转变市场要素扭曲的情况。盖庆恩等（2015）基于1998—2007 年十年间的工业企业数据样本，研究指出在位企业间的资源错配是导致资本市场扭曲进而影响市场全要素生产率的主要原因，而劳动力市场扭曲对全要素生产率的抑制则主要在于其对企业进入、退出的影响。但是在实证研究的过程中，一些学者发现实证研究过程存在一些不足，比如模型设定依赖于较强的结构性假定、缺乏对企业进入和退出决策的细化考虑等。部分专家学者围绕这两个方面对 Hsieh and Klenow（2009）的模型进行了拓展。一方面，部分学者在 Hsieh and Klenow（2009）原有模型假设基础上放松了相关的结构性假定。如，龚关和胡光亮（2013）考虑了规模报酬可变的情形，并对资本和劳动要素分别进行测算。朱喜等（2011）将土地要素引入生产函数中，研究指出如果不考虑要素扭曲对农业生产的影响，则农业全要素生产率将提高二成以上。另外，此前的学界研究均假定 TFP 是外生的，但事实上，资源配置扭曲会改变企业的进入、退出决策从而进一步放大资源错配带来的全要素生产率损失（陈永伟、胡伟民，2011；陈永伟，2013；盖庆恩等，2015，2019；王芃、武英涛，2014；Restuccia & Rogerson，2008，2017）。上述研究主要是立足于分析企业间的资源配置效率与总量生产率的关系，也有一部分研究是从行业的角度来探讨要素扭曲引致的全要素生产率问题（陈永伟、胡伟民，2011；文东伟，2019；Yang et al.，2018）。Brandt et al.（2013）基于行业内的资源错配模型，测算分析了中国非农部门和国有部门的要素扭曲对全要素生产率的影响，估计结果表明，若要素有效配置能够提高 TFP（20%），但他并没有指明要素有效配置的程度。Inklaar et al.（2017）的实证结果表明：若消除要素错配，即不存在要素扭曲情形可有效增加 TFP（60%以上）。Uras（2014）单独分析了资本不存在扭曲，可纠正美国的化学和石油工业 TFP（113%）及纺织业 TFP（75%）。Tombe and Winter（2015）虽然测算分析了环境政策与要素扭曲及其对 TFP 和产出的影响，但 Tombe and Winter（2015）从消减能源消费进行反事实分析，其实证结果表明能源强度政策会减少经济产出（0.8%~1.72%）。

国内学者基于 Hsieh and Klenow（2009）模型，虽然取得一定共识，但并未突破 Hsieh and Klenow（2009）模型对生产结构的设定。王芃和武英涛（2014）在 Hsieh and Klenow（2009）模型基础上，通过价格与边际成本改进 Hsieh and Klenow（2009）模型，首次通过中国工业企业数据库筛选能源行业企业样本，结果表明能源行业和能源企业、中国能源产品和要素市场均存在显著的相对扭曲。通过“反事实”模拟，王芃和武英涛（2014）发现纠正要素间相对扭曲能够实现能源产业 TFP 增长（43.51%）。邵宜航等（2013）虽然在 Hsieh and Klenow（2009）模型基础上有所改进，但其基本结果与 Hsieh and Klenow（2009）模型的结论相似。陈永伟和胡伟民（2011）以中国工业企业数据为研究对象，将要素市场错配纳入 Hsieh and Klenow（2009）核算框架中，结果发现中国工业行业子行业间的要素错配大约减少了 15% 的经济总量产出。朱喜等（2011）研究了农业资源错配，其“反事实”分析结果表明，若 K 和 L 实现有效配置将有助于提高农业全要素生产率增长。其他代表性文献还有韩剑和郑秋玲（2014）、聂辉华和贾瑞雪（2011）、陈诗一和陈登科（2017）等。

2. 能源产业全要素生产率损失

根据三次产业的划分内容可知工业在三产中占有举足轻重的位置，但通过已有文献的研究结果，发现将研究对象直接设定为能源产业的文献更加稀缺，对于此方面的学术文献尚待充实。代表性文献如下：

陈琳（2012）基于 1998—2010 年中国能源行业五大部门的面板数据，使用 C-D 生产函数对中国能源工业 TFP 进行估计，结果表明中国能源工业整体的 TFP 呈缓慢上升趋势，资本配置效率的改善对促进 TFP 的增长发挥的作用最高。王芃和武英涛（2014）直接选取 1999—2007 年能源产业四个子行业作为研究对象，结果表明，要素配置扭曲是造成市场扭曲的主要原因，通过模拟得到如果矫正市场扭曲可以促进能源产业总体 TFP 增长 43.519%。袁晓玲等（2016）通过改进 Hsieh and Klenow（2009）理论框架，从产出扭曲、要素扭曲、要素和产出扭曲交互相互作用检验资源错配对中国工业企业 TFP 的影响，发现能源强度政策是造成能源错配的重要因素。周杰琦等（2018）从中国要素市场"内生化"扭曲的角度切入，验证外商直接投入（FDI）、要素市场扭曲及两者交互作用对能源效率的影响，结果表明消除要素市场扭曲可以显著增加 FDI 积极的能源福利效应，部分结果验证了林伯强和杜克锐（2013）的研究结论。Asker et al.（2019）提供了一种用于评估要素资源扭曲程度的替代框架，并将这种方法应用于全球石油开采行业，有效解决了跨时间错配的问题，通过国与国之间估计受限制生产的竞争性解决方案来为纠正扭曲提供下限的方法。研究结果表明，全球石油开采行业生产效率低下，这在经济上占很大比重，主要原因在于全球石油开采的市场势力（Asker et al.，2014，2019；Medlock et al.，2014；Melikoglu，2014）。

3. 技术进步迟缓

在经济实践中，国家的技术进步一是借助自主创新，二是依赖于国际技术溢出。其中，市场经营主体（企业）是自主创新的主要力量。正如前文提及的，市场要素扭曲会抑制企业的研发资金投入，进而阻碍企业自主创新能力的发展与提升。同时，国际技术溢出也是发展国家科技水平的主要方法。发展中国家在消费发达国家的高科技产品同时，鉴于国内经济发展的需要，通过对发达国家的产品技术进行吸收、复制、改进进而创新成为新的市场消费产品（张杰等，2011）。这一过程离不开跨国公司对发达国家产品的运输，通过产品流通带动产品技术学习。发达国家出售产品获取利润，东道国以外的国家则进行消费获取自己所需产品，同时对先进产品进行拆分、制造，乃至于再创造。冼国明和徐清（2013）研究指出，劳动力市场扭曲不利于市场工资水平的增长，同时也会导致劳动力就业意愿降低、资本边际产出降低、企业市场投资风险增加，这些副作用的存在很大程度上不利于 FDI 的流入（王文珍、李平，2018）。此外，部分地区要素市场建设还不够完善，对市场主体的保护机制还不够健全。如，政府出于保护本土企业的目的，倾向于为本土企业提供廉价市场要素，也就导致了外资企业在当地市场环境中进行投资生产会受到市场不公平竞争，长期发展下去会进一步抑制外商的投资动机。除抑制 FDI 流入外，要素扭曲还会阻碍国外高技术产品的进口（Bustos，2011；王文珍、李平，2018；张杰等，2011；施炳展、冼国明，2012；许家云等，2015）。李永等（2013）通过实证研究发现，要素扭曲不利于国际技术溢出机制的正常发生。

4. 产业结构升级乏力

现今，中国产业结构不合理、产业升级成效不明显。其中，不合理主要表现为区域产业结构雷同、产能过剩严重、增长方式粗放等（陈永伟、胡伟民，2011；陈永伟，2013；戴小勇，2018）。究其根源，这些问题的出现是由于资源配置不当，使生产要素集中于某些特定行业（甚至是落后的产能领域）。相应地，新兴产业和高新技术由于资源投入不足，难以得到有效发展和使用。鞠蕾等（2016）研究发现，产业政策布局不合理以及地方政府竞争性的招商引资倾向均会扭曲市场要素价格，不利于市场激励机制的正常发挥，还有可能导致企业投资过度集中，最终引发产能过剩问题。过剩产能占用有限的资源要素限制了新兴产业的深入发展，造成产业结构的低端“锁定”。林伯强和杜克锐（2013）通过分析发现，要素扭曲对落后产能退出和企业研发投入的阻碍共同导致了产业粗放增长模式的锁定效应，因而不利于能源使用效率的提升。

我国产业升级迟缓的问题主要表现在工业转型升级不足、重工业占比偏大以及第三产业发展滞后等方面。该问题的出现一方面是由于要素扭曲阻碍了技术的进步，另一方面是要素扭曲对不同行业的影响机制和影响程度不同所致。计划经济时代，政府通过行政干预手段介入工业领域，举全国经济资源优先投入工业产业，并严格管控全国工业领域市场价格来推动工业发展，服务业发展不足。进入21世纪，随着经济社会快速发展，人们的需求逐渐多样化，服务业开始得到国家相关部门的重视，才不断发展起来。谭洪波（2015）指出工业相比于服务业对土地、资金、能源等生产要素需求更敏感，故而能够从扭曲的要素价格中获取更多的收益。夏晓华和李进一（2012）通过重工业总产值占工业总产值的比重来度量产业结构扭曲程度，通过回归分析发现资本、劳动、能源的价格扭曲均会导致产业结构扭曲，其中以能源价格扭曲为甚（陈彦斌等，2015；王玉梅等，2016）。

1.2.6 现有研究的不足及进一步改进空间

能源产业的发展对于全面建成小康社会、实现经济高质量发展具有举足轻重的作用，这就要求能源产业在市场化和环境保护趋紧的约束下实现高质量发展。现有文献讨论要素扭曲带来的影响主要从宏观角度出发，如王芃和武英涛等。实际上，世界上大多数国家，在经济运行的过程中均存在着大量的市场扭曲，这是许多学者已经完成验证的研究成果。当然，像中国这样的发展中国家也并不例外（张曙光和程炼，2010）。对于这一问题，部分学者的研究成果指出，电力、煤、石油、天然气等市场价格受到严重扭曲，主要是因为政府深度参与上述行业的定价行为，最终将对会经济发展产生的负面影响（张向达，2006；罗浩，2007；林伯强、杜克锐，2013；Lin & Chen，2018）。邵忍丽和贾明德（2006）、袁晓玲等（2016）的研究成果取得一些基本共识：一是政府对能源产业的规制可能导致上游环节和下游环节的相关能源产业出现供应及市场需求之间的失衡状态，且伴随政府对经济体制的深度改革，部分对能源行业过度干预的政策会出现扭曲，最终使能源市场市场化改革落后于其他产业。因此，纠正要素扭曲，是中国能源行业寻求可持续发展和高质量发展的必经之路。

除此之外，现有文献从价格角度分析要素扭曲配置，代表性文献如钱伟民和汤建光（2006），该文献指出上游环节部分能源产业已初步实现产品价格市场化，主要包括原油、炼油、煤炭等，而下游环节相关能源产业产品价格仍受管制。钱伟民和汤建光（2006）认为，这种政府管制长期实施将不利于行业节能减排，同时还会导致相关产业出现低效率水平，从而损失社会福利。陶小马等（2009）以超越对数成本函数为基础，估算 1980—2007 年中国工业部门能源价格市场扭曲水平，结果表明，样本期内中国工业部门的能源价格扭曲程度较高，而根源在于政府对能源要素的价格管制及能源市场发育迟缓。结合现实，现阶段中国能源行业（上游环节或下游环节）的要素及产品市场化改革缓慢，能源市场化改革制度也不够完善，经济增长目标下对能源产业发展形成的桎梏也越来越严重，比如“双碳”目标等，能源市场环境严重影响产业整体发展。与其他行业相比，中国能源市场同时面临行业和企业层面的双重扭曲：①行业层面，煤炭、石油、天然气、电力行业之间因其关联性，要素市场扭曲容易传导，市场化改革“牵一发而动全身”；②企业层面，上游环节或者下游环节不同能源企业之间可能面临不同的外部市场环境，资本扭曲、劳动要素扭曲或政策扭曲均会导致企业之间存在着不同程度的全要素生产率损失。而这方面的文献研究着墨不多，研究内容有待扩展，即如何在微观企业数据层面研究要素扭曲和市场竞争框架下分析上游及下游的能源效率损失？

此外，虽然部分国内外学者从不同视角着手研究能源市场要素错配，但相关研究的结果表明能源行业相较于其他产业，依然存在生产要素和产品层面的扭曲情形。众多的研究成果表明中国能源产业也面临着劳动力要素扭曲，由于中国政府是土地、电力等一些自然资源价格的制定者，这些自然资源的价格一般受行政命令，然后在中国能源行业也可能面临产品市场扭曲，这些要素市场价格或多或少会受到政府行政式干预（陈永伟、胡伟民，2011；陈永伟，2013；Adamopoulos & Restuccia，2014；Melitz & Ottaviano，2008；Bartelsman et al.，2013）。那么在“反事实分析”——纠正资本及劳动力要素扭曲情形下，能源行业全要素生产率能够提高多少？

不可否认，要素扭曲对能源 TFP 的提升具有极其重要的影响，面对要素扭曲和能源行业独特的市场竞争环境现状，衡量要素扭曲和市场势力对能源上游企业和下游企业 TFP 的影响，同时纠正资本及劳动力要素扭曲。部分文献的研究结论对能源市场高质量发展提供了一定的借鉴意义。从文献综述可以看出，近几年才兴起关于上游环节和下游环节能源企业要素扭曲与 TFP 损失的相关研究？国内外关于能源方面的研究多集中在能源产业及城市效率方面，代表性研究有魏楚和沈满洪（2007）、师博和沈坤荣（2008）、孙广生等（2011）、陈关聚（2014）等。所采用的效率评价方法主要包括 DEA 方法，如李兰冰（2015）、李小胜等（2017）、马晓君等（2017）、秦炳涛等（2016）等；SFA 方法，代表性文献如白俊红和卞元超（2016）、陈关聚（2014）、盛誉（2005）等；也有一些学者尝试着对能源这一投入要素相对于其他投入要素的扭曲情况进行研究，代表性文献如杭静等（2021）、林伯强和杜克锐（2013）、张杰等（2011），但是关于要素市场扭曲与上游环节和下游环节能源企业全要素生产率损失的研究不丰富，尤其是从微观能源企业角度对要素市场扭曲影响全要素生产率研究的文献着墨不多。因此，本书从能源企业视角研究能源行业或市场要素扭曲对全要素生产率的影响，基于能源企业独特的市场特征，通过理论与实证相结合来研究要素扭曲和市场势力对能源上游企业和下游企业 TFP 之间的数量关系，并且探究造成能源产业要素扭曲的主要原因，这将有助于实现能源企业高质量发展。

1.3 研究对象与内容

1.3.1 研究对象

本书的研究对象为能源企业，数据库为1998—2014年内中国工业企业数据，由于涵盖范围较大，本书主要通过行业四位数代码筛选能源企业①。本书最终选择企业所在的能源行业如附表A所示，主要包括“B06煤炭开采和洗选业、B07石油与天然气采选业、B11能源开采辅助业、C25石油加工、炼焦和核燃料加工业、D44电力生产和供应业、D45煤气燃气生产与供应业”共16个四位数代码细分行业约11万个能源企业。

1.3.2 研究内容

本书从现有研究要素市场扭曲的核算框架出发，基于能源市场的市场势力作用及能源企业全产业链分布特征，在稳健测算能源企业全要素生产率的情况下，主要讨论要素市场扭曲、市场势力对能源企业TFP的多方面影响。首先，基于异质性理论，从工业企业微观数据分析要素扭曲对能源企业TFP的影响，对比早期经验研究结论，为避免内生性问题，在分析异质性视角下的要素市场扭曲、市场势力对能源企业TFP损失的影响，利用“反事实”研究要素扭曲以及市场势力对TFP收益的实际影响效应。其次，基于能源企业微观数据，区分能源企业的上游和下游样本，通过理论模型和实证应用，从微观角度构建的相关指标，引入规模报酬可变的杨小凯专业化分工模型，在此基础上考察能源市场要素扭曲、市场势力对上游企业TFP损失的影响，并讨论专业化分工视角下市场势力在能源上游市场要素扭曲的门槛情况对能源

---

① 对应到《国民经济行业分类》（GB/T 4754－2002）与《国民经济行业分类》（GB/T 4754－2011），个别行业的细分分类在2011年后发生了变化，比如：《国民经济行业分类》（GB/T 4754－2002）中采矿业门类下的“石油和天然气开采业”包含“与石油和天然气开采有关的服务活动，即指为石油和天然气开采提供的服务活动”，而《国民经济行业分类》（GB/T 4754－2011）中的“石油和天然气开采业”并不包含这一部分统计，单列“能源开采辅助业”。

TFP 损失的纠正程度。然后，基于新结构经济学企业自生能力原理，讨论要素市场扭曲、市场势力对能源下游企业 TFP 损失的影响。再次，从提升能源企业 TFP 角度出发，通过区分关键、重点、前提和核心，提出提高能源企业全要素生产率的系统实现路径和政策方向。最后，总结本书的主要研究结论，基于研究结论提出相应对策建议和研究不足及未来展望。具体内容包括：

第 1 章，导论。本章通过研究背景指明研究意义，对要素市场扭曲、市场势力和能源企业全要素生产率等作详细的概念界定，在此基础上综述要素市场扭曲、市场势力以及能源企业 TFP 等相关研究。分析现有文献的不足和成就，设计具体的研究思路和可能的创新点。

第 2 章，政策回顾与总结。本章主要回顾中国能源市场化体制机制改革历程，并总结改革过程中存在的规律、特征与症结。分别从煤炭、石油、天然气和电力行业角度讨论市场化改革引发的要素扭曲问题，进而讨论上游和下游环节可能存在的问题，为理论模型构建提供政策支撑。

第 3 章，数理模型理论分析框架。本章基于资源错配理论、产业规制理论以及新结构经济学企业自生理论，通过引入并改进 Hsieh and Klenow (2009) 模型，利用边际成本和边际收益讨论要素市场扭曲、市场势力和能源企业 TFP 的作用机理。在区分能源企业所属的上下游产业链基础上，分别针对能源上游企业和下游企业提出具体的理论模型，并进行初步的数理关系判断及相关研究假设。

第 4 章，测算分析能源企业 TFP。本章通过分析和整理能源 TFP 相关文献，构建包含能源企业的投入、产出指标等在内的能源企业 TFP 评估指标体系。利用半参数方法测算能源企业 TFP，并通过多种方法的横向对比讨论结果的精确和稳健性。在此基础上通过概述能源企业 TFP 基本特征事实。

第 5 章，讨论要素市场扭曲、市场势力对能源企业 TFP 损失的异质性影响。本章基于测算的能源企业 TFP 及要素扭曲和市场势力，在避免内生性的情况下，分析要素扭曲对能源企业 TFP 损失影响特征，实证计量市场势力如何在要素扭曲的情形下影响能源企业 TFP 损失。通过能源企业异质性特征事实，在异质性视角下研究要素市场扭曲、市场势力对能源企业 TFP 损失的多角度影响，综合评估可以较为清晰地了解核心变量对能源企业 TFP 变化的实际意义，进而为提升能源企业高质量发展提供事实依据。同时，本章还给出基于能源企业异质性的要素扭曲和市场势力分布特征。

第 6 章，解读上游能源企业要素市场扭曲、市场势力对 TFP 损失的影响。

由于能源上游产业的分布很大程度上取决于资源的地理分布，行业专业化集中度高。不同于异质性视角，本章分析上游能源企业 TFP，在借鉴杨小凯规模报酬可变的专业化分工模型基础上，选取专业化分工的相关统计指标分析要素扭曲和市场势力对能源上游企业 TFP 损失的影响，实证计量并探讨专业化分工视角下能源企业该如何纠正扭曲、实现高质量发展。

第 7 章，检验企业自生能力能否改善要素市场扭曲、市场势力对能源下游企业 TFP 损失的影响。能源企业长期受制于规制经济环境下的国家政策性负担与行业体制性障碍，能源下游企业的市场定价更多地承担政府政策性角色，且能源市场上寡头垄断和垄断竞争等市场势力特征显著造成了我国能源下游企业普遍缺乏自生能力的现状。本章结合新结构经济学的企业自生能力原理探讨要素市场扭曲、市场势力对能源下游企业 TFP 损失的影响。

第 8 章，评估能源市场生产要素配置对上游环节和下游环节能源行业全要素生产率损失的影响。全要素生产率的最终目标是实现高质量发展，纠正要素扭曲、减轻市场势力的干扰对能源上下游企业实现高质量发展至关重要，而纠正扭曲势必需要能源企业转型或者改革。基于第 4、5、6 章的实证结论，本章通过政策评估分析方法探讨 2014 年 11 月颁布的能源发展战略行动是否能减少 TFP 损失、提高能源企业 TFP。

第 9 章，总结研究结论、政策建议与研究展望。本章总结理论分析和实证分析中的主要结论，并针对性地提出适应上游环节和下游环节能源企业高质量发展的对策建议。同时针对本书的研究讨论相关局限以及未来可能改进之处。

1.4 研究思路与方法

1.4.1 研究思路

基本主要章节及其对应的相关内容，本书绘制如图 1－4 所示的技术路线图，以期厘清相关章节之间的逻辑关系。提出问题与研究假设主要对应本书第 1 章、第 2 章和第 3 章内容，基于能源行业市场化配置的特征事实，构建本书的数理分析框架；实证分析验证研究假设主要对应第 3 章、第 4 章、第 5 章、第 6 章、第 7 章，通过理论框架构建研究假设，并分别对应地进行实证分析；解决问题对应本书第 8 章和第 9 章内容，讨论实证分析的相关结论是否验证了相对应的政策实施。

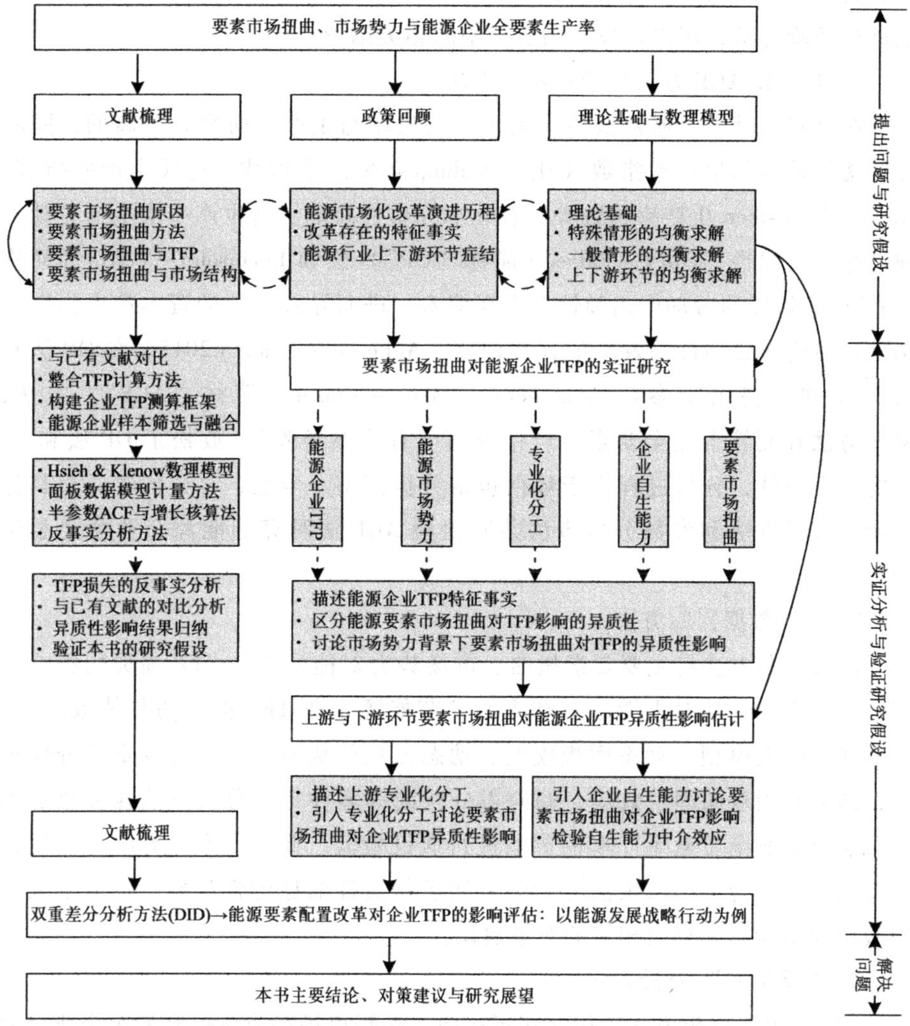

图 1-4　本书研究思路

1.4.2　研究方法

(1) 文献比较分析方法

通过传统定性分析方法研究中国能源市场化改革进程的文献资料梳理，

如文献资料法和比较分析法讨论中国煤炭、石油、天然气以及电力行业的市场化改革，并基于案例分析法讨论中国能源市场化改革存在的特有症结。当然，我们也使用文献分析法对国内外能源企业全要素生产率及要素扭曲的文献进行经验总结，用以比较本书实证中的相关结论。

2. 半参数 ACF 方法与增长核算方法

在已有文献中，通常认为决策单元的效率与生产率研究是分离的，同时多数文献采用的生产率指数（比如 Malmqust 生产率指数、迪氏生产率指数、Hicks - Moorsteen 生产率指数等）存在非完整性缺陷。若生产率水平与劳动力弹性存在共线性，Olley - Pakes（简称“OP”）法和 Levinsohn - Petrin（简称“LP”）法估计的劳动产出弹性会出现偏差，进而导致估计的资本产出弹性不精确，最终导致估计的效率值存在偏差。Ackerberg et al.（2015）在 OP 法和 LP 法基础上提出半参数 Ackerberg - Caves - Frazer（简称“ACF”）方法，ACF 方法在测算企业全要素生产率方面已有成熟经验①，放松了 OP 法和 LP 法的假设条件，分析过程优于数据包络分析模型。当然，本文同时通过其他非参数分析方法和参数分析方法共同检验 ACF 法测算的能源企业全要素生产率。

3. 面板数据回归方法

面板回归方法将主要要素扭曲、市场势力对能源企业 TFP 损失的影响效应，并分别讨论其对上游环节和下游环节能源企业 TFP 损失的具体效应上。借助静态面板模型、动态面板模型、动态面板门槛模型、面板双重差分模型等，结合利用双向固定效应、倾向得分匹配等多种定量分析方法探究核心因素对能源企业全要素生产率的影响进行假设检验。此外，本研究综合利用最小二乘法、混合最小二乘法等检验方法进行实证的稳健性检验，进而根据理论假设和检验结果提出相应的对策建议。

4. “反事实”分析方法

“反事实”分析方法应用在纠正扭曲、减轻市场势力对提升能源企业全要素生产率的过程中。通过“反事实”分析方法，可以得到能源不同行业选择改革及转型的实施效果以及可能改进 TFP 的配置程度，为能源行业高质量发展提供对策建议。

---

① 实际上，ACF 方法的工作论文在 2006 年已公布在互联网上，但正式发表年份为 2015 年。

1.5 主要创新点

针对本书的主要研究内容，主要创新点包括：

第一，改进 Hsieh and Klenow（2009）模型，引入市场势力因素，构建要素市场扭曲和市场势力对能源企业全要素生产率分析的理论框架。关于要素市场扭曲与企业（行业、区域、国家等）TFP 之间的关系，Hsieh and Klenow（2009）理论模型分析应用广泛，而对能源企业面临的市场势力着墨不多，现阶段由于能源企业独特的市场作用，因此在 Hsieh and Klenow（2009）模型加入市场势力重新分析要素扭曲对能源全要素生产率具有积极意义。本书基于资源误配理论、产业规制理论、专业化分工理论和新结构经济学企业自生理论，拟改进分析 Hsieh and Klenow（2009）模型提出的数理框架，围绕现阶段能源企业面临的市场一体化“渐进式”改革等现实问题，结合要素市场扭曲的特定事实形成改进后的 Hsieh and Klenow（2009）模型，丰富生产要素错配理论。

第二，结合中国能源市场情景，建立专业化分工、企业自生能力等要素配置优化的独特分析视角，研究要素扭曲、市场势力对能源全要素生产率的不同影响效应。本书在能源企业全要生产率测算结果的基础上，从异质性、专业化分工以及企业自生能力的研究视角探究要素扭曲、市场势力对能源上下游企业全要素生产率的影响，有效弥补现阶段文献中使用单一理论模型无法解释要素扭曲带来的影响不足的现状，同时基于能源企业产业链分布特征，丰富对能源企业高质量发展研究的文献。

第三，通过政策评估等“反事实”手段对比分析能源行业要素配置改革对 TFP 的实施效果，提出提高能源企业全要素生产率的系统实现路径和政策创新方向。针对要素扭曲、市场势力对能源企业全要素生产率的影响特征，提出要素配置机制体制、实现能源企业高质量发展的对策建议，从而有效提升能源企业全要素生产率。以往的研究成果中虽然也涉及了一些政策建议，但通常是广泛而缺乏针对性的，导致了政策的可操作性不强。本书中所提出的对策建议，结合能源企业面临的市场化条件及空间联系和当前全要素生产率发展特点，建议具体且具有很强的针对性和可实践性。

第2章

中国能源市场化体制改革历程与症结

中国能源企业面临的要素市场扭曲一直存在，中央政府也积极致力于纠正能源行业要素市场扭曲及其错配情形，提高能源企业 TFP。本章简要回顾了近年来中国能源行业——煤炭、电力、石油和天然气等领域渐进式改革历程，总结市场化体制机制改革进程中存在的规律性问题，为理论建模和实证分析提供依据。

2.1 引 言

经济发展是解决我国一切问题的基础和关键（步晓宁等，2019；姚洋，1998；Lin，1992），随着中国经济由追求“高速发展”向“高质量发展”迈进（步晓宁等，2019；范必，2018；师博、沈坤荣，2008），中国能源行业也必然要从追求总量稳步增长向质量逐步提升的新阶段，如此才能满足能源生产和消费领域内的“四个革命、一个合作”[①]。针对目前能源行业存在的一些问题，仍需在纠正能源资源要素市场扭曲、转变能源经济增长方式、调整优化能源结构、提高能源开发利用效率、推动能源企业现代化管理等多方面进行改革实践，进而做好为中国经济转型提供安全、可靠能源保障的艰巨任务。当然，要实现上述转变就离不开对能源行业现状进行调整，实现其市场化

① 习近平总书记在2014年6月13日提出了事关国家能源安全发展战略的“四个革命、一个合作”总体要求，具体包括：①推动能源消费革命，抑制不合理能源消费；②推动能源供给革命，建立多元供应体系；③推动能源技术革命，带动产业升级；④推动能源体制革命，打通能源发展快车道；⑤全方位加强国际合作，实现开放条件下能源安全。

改革。

20 世纪 80 年代以来，我国能源行业不断开拓、探索，按照先易后难的“渐进式改革”模式[①]在相关企业已经进行了相关试点活动。具体来看，主要内容紧紧围绕着放宽企业投资限制、放松价格管制、实行政企分离、培育市场主体等多方面，并在这些方面已经进行了一系列的市场化改革。改革实现了一定程度的进步，但相较于其他行业，不论是市场化改革步伐，抑或是改革力度，能源行业在此次改革进程中显得谨小慎微，甚至裹足不前（范必，2018）。针对这些问题，我国自 2012 年起，加大改革力度，推动资源行业全面深化改革，并将着力点放在了经济体制改革方面，其核心是构建“有为政府”，发挥“有效市场”（林毅夫，2018，2019）。依旧是采取“渐进式”改革方式，但此次全面深化改革，我国政府在完善能源价格形成机制、推进市场竞争等方面都采取了一些新的举措，相关的渐进式改革速度和效率明显加快。

下文将回顾能源行业市场化改革历史，从现有的能源行业“渐进式改革”入手，对能源行业上游、下游的特征规律展开研究，选定影响能源要素市场扭曲和企业全要素生产率的相关指标。进而通过对中国能源市场现有的“渐进式改革”进行讨论来为理论模型提供支撑。

2.2　能源行业“渐进式改革”演进历程

一直以来，我国能源行业（煤炭、石油、天然气、电力等）均属于资本密集型产业。中华人民共和国成立后为促进国内经济发展，国家作出了“优

---

① 一般而言，“渐进式改革”是指在一个宏观经济相对平衡稳定的国家里所进行的市场化改革（林毅夫等，1993；陶一桃，2020）。它实施的前提条件就是该国具有一定的工业化基础，同时具备宪法等制度环境；且宏观经济运行环境没有恶性通货膨胀，又没有较高的政府预算赤字，更没有潜在或已发生的债务清偿危机等。在现实中，“渐进式改革”突出表现为改革国家充分利用自身已有的要素资源，发起、推进市场化改革的进程。其具有在相当长的时期内双轨共存并生的过渡以及强制性制度变迁中的诱致性的特点，并从一开始就呈现出改革路径与进程的某些显著特征：第一，从改革的策略上来看，呈现出几乎贯穿于全过程的由局部到总体的改革步骤与节奏；第二，从改革实施的方式来看，表现为具有存量保留的体制内改革与具有增量推动的体制外促进相结合的前进中的缓冲性（陶一桃，2020）；第三，从改革逻辑来看，展示出以先行的经济市场化改革促进政治体制乃至全面改革的突出特征；第四，从改革的理念来看，体现为改革、发展、稳定相协调，增长、繁荣、开放相协同的基本原则。

先发展重工业”的战略定位。计划经济时代，在“优先发展重工业”的战略背景下，为满足社会对能源行业的需求，我国对能源行业进行了行政管控，通过各种政策补贴的方式集中社会优势力量来建设发展能源各个产业。但在当时，我国尚处于经济社会发展初期，国家发展基础薄弱、资本相对匮乏，在我国发展资本密集性质的能源行业并不具备比较优势。如果在追求竞争的市场环境下发展，我国能源行业因缺乏自生能力，发展前景不容乐观。尽管长期以来政府仍然以补贴方式支能源行业发展，并逐步建立比较完善的能源工业体系，但随着改革开放推进，我国经济发展对能源的需求日益增长，持续高速增长的经济发展方式配置大量能源生产要素与产品用于社会生产和消费。随后，在相当长的一段时间里，我国能源行业的首要任务是满足社会发展对能源产品的迫切需求，及时、有效地进行能源供应，保障经济的顺畅运行。日益发展的经济增长与能源供应以及能源市场要素扭曲之间存在不可调和的矛盾，因此对能源领域的各种问题进行深入的改革十分必要。接下来本节梳理我国煤炭、电力、石油和天然气市场化“渐进式改革”的演进历程，并讨论可能存在的主要问题。

2.2.1 煤炭行业及其上下游环节问题

煤炭在中国已探明和开采的可用燃料中储量最高，其地理分布也是最广泛，并且煤炭的开采成本远低于石油、天然气以及可燃冰、页岩气。中华人民共和国成立以来，中国煤炭行业投资主体多元化，改革开放后政府逐步放开煤炭开采权，同时鼓励乡镇煤矿发展以满足经济建设的需要。煤炭行业最早开始进行市场化改革（1984 年），随后分别在 1992 年和 1994 年逐步开放除电煤以外的煤炭计划价格。之后，政府在 1996 年开始实施煤炭价格“双轨制”，并一直持续到 2013 年。长期存在的“双轨制”严重影响煤炭资源配置，此后，中国煤炭市场在 2014 迎来煤炭资源税费改革。煤炭行业主要“渐进式改革”如图 2－1 所示。

具体来说，中国煤炭市场在 1993—2002 年是“渐进式改革”的一个重点阶段，初步形成了独具中国特色的煤炭市场化价格：1993 年，国家开始实施指导性煤炭的市场定价，但部分电力企业不同意电煤价格上涨，以缓解煤炭企业和电力企业的矛盾，国家在 1994 年取消除电力企业用煤之外的煤炭计划价格。1996 年，国家开始重点改革电力用煤的价格，最终形成了以政府指

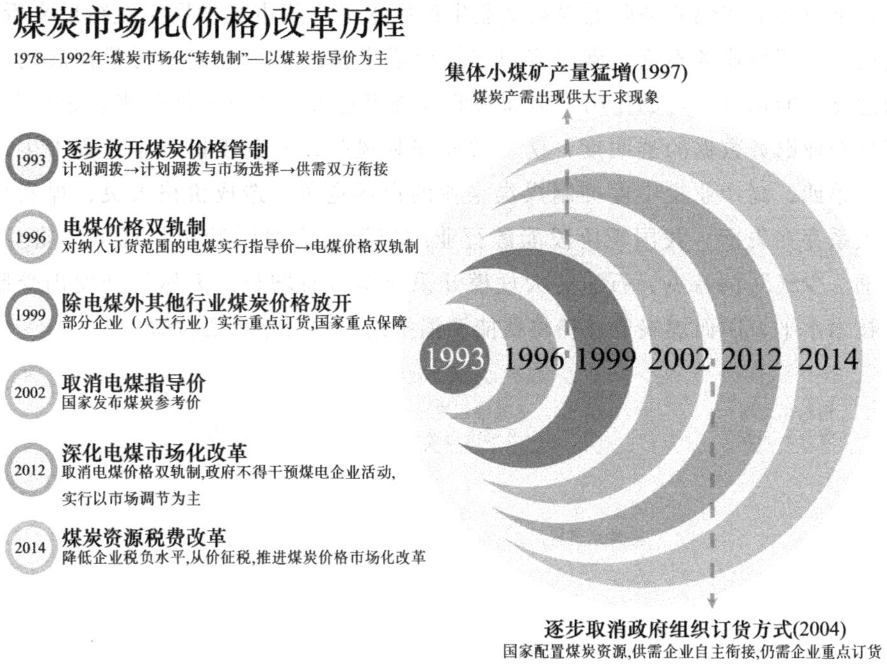

图 2-1　煤炭市场化“渐进式改革”演进历程

资料来源：本图根据我国 1978—2014 年已有的煤炭行业体制机制市场化改革政策绘制。

导价为主、市场交易价为辅的协商“双轨制”定价。2001 年，由于煤炭企业和电力企业难以调和的矛盾，国家实施煤炭参考价。2002 年，国家宣布取消电煤政府指导价，2003 年至今，煤炭行业“渐进式改革”取得突破性进展阶段。2004 年国家发改委继续推动煤电联动，深化煤炭市场化改革。从第 5、6、7 章的实证结果来看，煤炭市场化改革显然取得一定效果。

参照图 2-2 煤炭行业上下游划分标准，我们发现，煤炭行业尽管经过一系列的“渐进式改革”，但仍存在一些问题尚待解决：第一，上游环节煤炭资源配置改革忽略了相关企业获取较高财务回报的使命。逐渐放开的煤炭资源管制，在利好煤炭企业供需紧张情形下，由于能源资源管理部门对市场配置的认识不足，未及时作出相应制度安排，导致煤炭开采企业忽视高财务回报目标。同样，“双轨制”的存在也压缩了煤炭企业的高财务回报目标。第二，上游环节中的煤炭企业进入壁垒仍然存在。虽然煤炭在经过一系列“渐进式改革”，市场化程度得到改善，但国营企业贸易以及特许经营的存在限制了其他企业进入，尤其是获得勘探权和开采权的煤炭企业，其寻租空间较大。第三，下游环节非煤业务降低煤炭企业生产率水平。从市场发展实践结果来看，适度开展贸易业务不论是满足客户多样化需求抑或是增加企业对价格波动的敏感度方面都有一定的作用。但如果业务规模过大，就有可能带来资金风险，降低企业财务数据的透明度，诱发关联交易风险，不利于提升企业资本生产率。第四，高产业集中度抑制煤炭企业的市场竞争，造成价格失灵，煤炭供求关系存在失衡。我国现阶段能源行业的资源要素禀赋结构呈现出“富煤、贫油、少气”的特点，石油的大规模开采成本日益增长，天然气开发仍受制于技术水平，因而煤炭资源仍将在能源消费结构中占据重要位置。

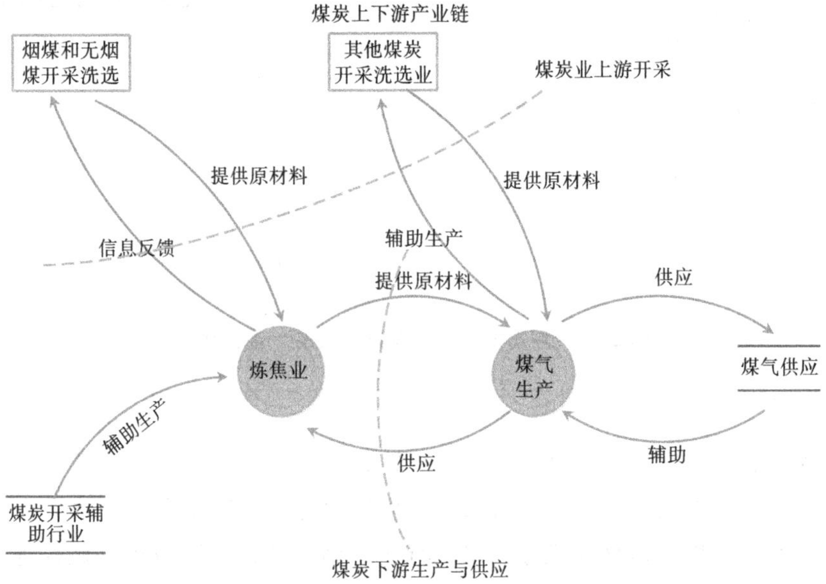

图 2-2 煤炭行业上下游环节划分

资料来源：根据 Mu et al.（2018）及与该作者的有益探讨整理汇总。

2.2.2 石油和天然气行业及上下游环节问题

计划经济时代，我国重点建设了大庆油田、胜利油田等石化基地；近年来逐渐在四川盆地和沿海扩大天然气开采能力。随着经济高质量增长需求，大规模的石油和天然气短缺现象日益严重，现行的油气市场化改革已不能完全满足社会发展需要。目前油气行业已有的市场化改革如图 2-3 所示，其中石油行业市场化改革历程如图 2-3（A）所示，而天然气行业市场化改革历程如图 2-3（B）所示。

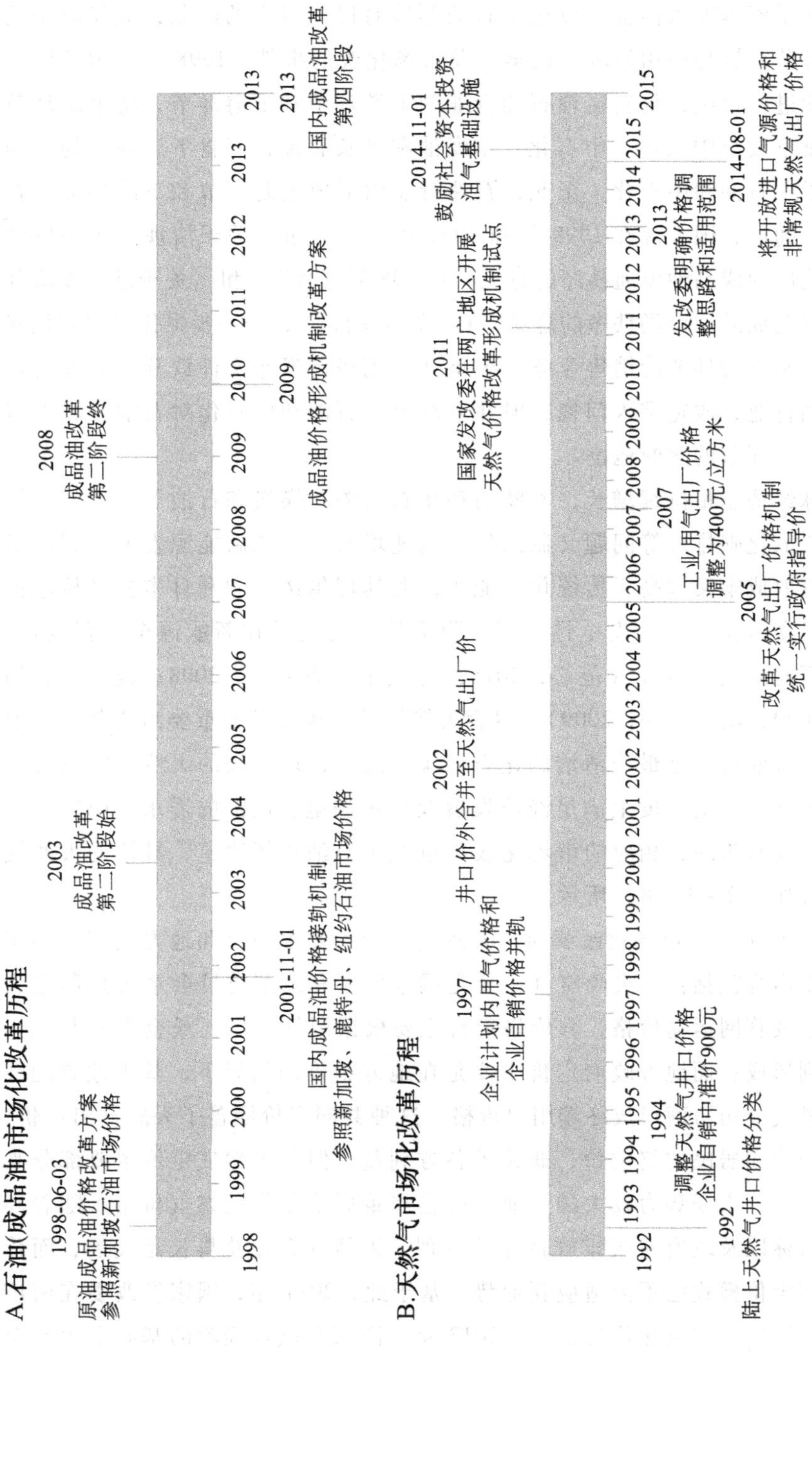

图 2－3　石油和天然气市场化“渐进式改革”进程

资料来源：作者根据我国 1990—2015 年石油行业和天然气行业体制机制市场化改革的相关政策梳理绘制。

石油行业“渐进式改革”主要历程如图 2－3（A）所示：1992 年，石油行业扩展了资本准入门槛，放松了石油领域对民间资本的限制，但仅限于批发零售环节，这是使用领域内最早触及市场化改的事件。1998 年，国务院对石油行业进行重组，重新梳理石油行业的上游环节和下游环节，将上游环节业务分批下放至中石油、中石化、中海油和延长石油，而将下游环节的石油业务授予中石油和中石化。至此，石油行业内形成上游环节和下游环节的企业垄断。随后，国务院在 1999 年和 2001 年先后发布《关于清理整顿小炼油厂和规范原油成品油流通秩序的意见》（“38 号文件”）和《关于进一步清理整顿和规范成品油市场秩序的意见》（“72 号文件”），进一步强化了中石化和中石油垄断下游环节的销售业务。2006 年，商务部发布文件放开下游零售环节的石油行业，放宽准入门槛，但并未改变中石油和中石化对石油领域上游环节及下游环节的垄断地位。

全球经济总量持续增长，不断消耗化石能源，煤炭和石油等造成的空气污染、二氧化碳排放等问题又制约经济高速增长。能源新能源发展受到技术阻碍，获取成本又远高于传统化石能源，尤其切尔诺贝利和日本福岛核电泄漏后，民众对新能源的安全性存疑。而天然气无疑是在新能源全面普及前，替代化石能源最优选择（范必，2018；鲁成军、周端明，2008；钱伟民、汤建光，2009；陶小马等，2009）。尽管天然气是一次能源的重要组成部分，但是天然气目前仍然是最为清洁的化石能源。此外，现阶段的天然气储量极为丰富，能够在一定程度上满足经济发展及居民用电、用能的需求。中国天然气市场建设起步晚，相应的市场化改革也晚于石油市场改革，具体的天然气改革历程如图 2－3（B）所示。

2013 年天然气市场化改革前，天然气定价主要由中央和地方政府共同定价。主要内容包括：中央政府（主要是国家发展和改革委员会牵头）制定天然气出厂及管网运输价格，其价格定价主要根据用气大户（或企业）与燃气公司谈判形成；而地方政府定价主要是在地方物价局指导下，基于地方配气企业与燃气公司协商形成终端用户价格。这种共同定价涵盖了天然气出厂价、管网运输价和居民的终端价，兼顾了各方利益。但是天然气定价主要部分来自协商方式，市场势力较大的企业可能会严重影响最终的燃气价格。随着环境增长目标以及政府对碳排放目标的管理，天然气企业获得长足发展，而传统的共同定价模式已不能适应新形势。基于此，2011 年，国家发改委在两广地区实施天然气市场化价格试点。2013 年，国家在试点经验的基础上出台全国范围内的天然气价格调整方案①。

参考图 2－4 石油和天然气上游环节与下游环节的划分，可以发现：第一，对上游环节而言，由于石油与天然气公司业务结构有所不同，市场化体制机制改革对石油和天然气产业链的影响存在明显差异。以中石化为例，现阶段中石化掌握天然气市场上游环节和下游环节的多数核心资产，虽然石油市场化体制机制改革对中石油的冲击最大，但这种冲击不仅影响市场份额，而且将会影响企业收益情况，造成部分油气企业资本投资效率不高。第二，对下游油气企业来说，首先，部分地区油气企业在稳定的上游供应情况下，其发展会受制于企业投资政策及企业进入退出情况；其次，部分企业在没有可靠油气供应情形下会面临较大的市场不确定性，企业之间的市场竞争将会加强；最后，在石油行业上游环节市场化改革推进后，下游环节中相应能源企业的分销配送环节市场化改革仍然面临严重的垄断属性，但企业之间的市场势力会降低，在一定程度上有利于提高企业自生能力水平。

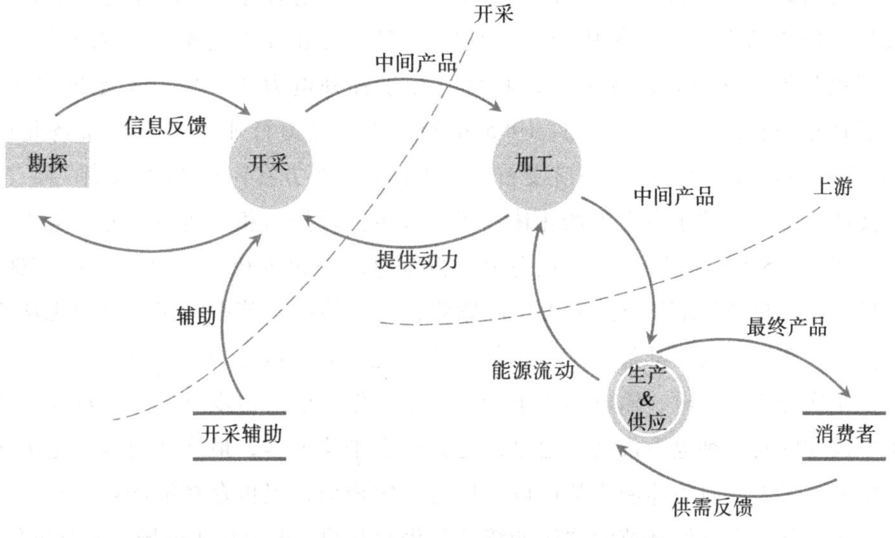

图 2－4　石油和天然气行业上下游环节划分

资料来源：根据中国能源体制机制改革的主要政策绘制。

① 2013 年实施的新方案区分存量气与增量气，增量气价格一步调整到与燃料油、液化石油气（权重分别为 60% 和 40%）等可替代能源保持合理比价的水平；存量气价格分步调整，力争“十二五”末调整到位。

2.2.3 电力行业及上下游环节问题

通常而言，电力行业的生产经营依据上游环节和下游环节的特征属性，可以划分为发电、输电、配电和售电四个环节（范必，2018；郑世林，2021；谢伦裕等，2021）。其中，分属上游环节和下游环节的电力行业企业在发电、售电方面主要上承煤炭等发电材料市场，下接居民消费者市场，其市场化程度高于发电行业的其他环节（范必，2018；钱炳，2017；谢伦裕等，2021），而处于中间环节的输电和配电则带有强烈的垄断属性。在计划经济时代，中国电力行业政企合一；改革开放以来，社会经济发展对电力需求旺盛，缺电现象频繁，严重制约了经济增长。社会各界对电力市场化改革的呼声日益高涨，因而，加快对电力行业的市场化改革显得尤为必要。电力行业市场化改革的主要历程如图 2 -5 所示。

由图 2 -5 可知，1985 年，国家开始逐步放开电力行业中的发电环节，通过鼓励包括私人资本、集体资金、地方国有股份和外国资本等在内的资金，按照规范程序投资兴建发电厂，其目的在于弥补电力建设资金不足的窘境，满足日益增长的用电需求。自 1985 年始，我国电力行业正式开启市场化改革。2002 年 4 月 12 日，国务院发布《电力体制改革方案》（“5 号文件”），“5 号文件”详细构建了电力市场化体制机制改革的设想与相应实施步骤。电力体制改革的“5 号文件”提出厂网分开、拆分电网公司等相关设想，然而，2002 年后，新一轮经济增长导致电力供应紧张，电力体制改革中的相关设想无法直接实施，而试点也不具备条件。但自 2002 年电力体制改革以来，电力价格逐渐形成层次分明的发电、输电和售电价格，市场化价格已初步形成。2005 年，国家发改委针对三种电力价格，通过核定其社会平均成本，最终制定确定电力价格的统一标准。电力体制改革可以说取得一定成效，但也存在很严重的行政垄断，上游环节和下游环节的“统购统销”仍然制约了电力行业市场化改革进程。

已有文献讨论了电力行业“5 号文件”对资源配置或生产率的影响，代表性文献包括 Du et al.（2009）、Du et al.（2013）、钱炳（2017）、Gao and Biesebroeck（2013）、Zhao et al.（2012）、谢伦裕等（2021）以及郑世林（2021）等。钱炳（2017）重点评估了 2002 年电力市场行业开始实施的“5 号文件”改革效果，结果表明，电力行业“厂网分开”仍然存在“上游竞争、下游垄断”的纵向市场化特征（范必，2018；谢伦裕等，2021；Zhao et al.，

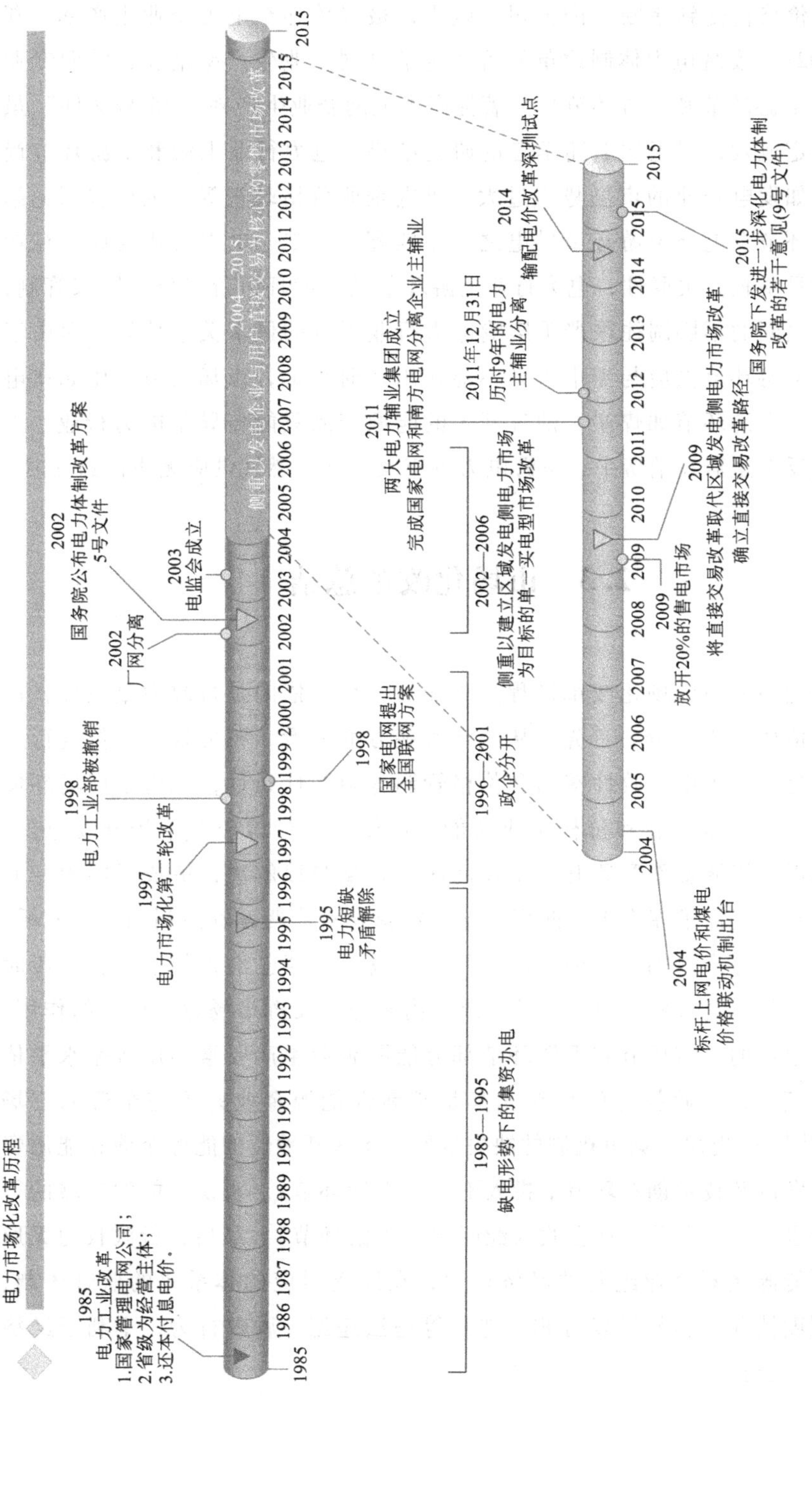

图 2－5　电力市场化“渐进式改革”进程

2012)，这种纵向市场化特征强化了地方发电企业的市场势力，而这种地方企业的发电价格仍受到垄断电网公司的歧视，最终传导至电力企业生产率。郑世林（2021）发现电力体制改革显著促进了电网企业生产率增长，纵向专业化经济（上游环节和下游环节）显著提高了电网企业生产率。“5号文件”虽然取得一定成效，但正如上述学者的研究结果，电力行业上游和下游环节尚存症结，如发电企业的市场势力过大，供电企业价格歧视等。主要包括：第一，上游环节发电与下游环节供电之间不匹配。第二，电力行业与煤炭行业下游环节具备较高关联性，电力行业上游环节及下游环节价格仍受国家管制，行业机制之间的不协调往往严重影响电力行业下游的供求关系传导，而由于电力行业下游环节供应与需求关系不能作出及时反馈，市场失灵。比如在电力行业中，上游环节如煤炭、油气开采的能源产品只能传导至电力行业，无法过多地反馈至居民消费中，下游电力供应及煤气、燃气供应无法得到反馈。

2.3 市场化改革总结

中国能源领域市场化改革进程严重滞后，目前依旧是行政力量主导，市场机制价值体现不充分。首先，从经济发展方面来看，相关政府单位进行行政干预，进而衍生出行政性垄断和价格管制等限制性条件，阻碍了市场环境下能源产品的竞争机制和价格生成功能，也使我国能源资源市场开发总量、开发结构以及资源要素配置开始出现问题且长期难以解决，造成了能源行业的生产端与市场需求端产生不匹配情况，资源要素浪费，资源利用效率较低，能源市场改革呼声迫切。目前，能源行业市场化改革已经推行了很长一段时间，虽然取得一定成效，但不完整的改革尚未充分发挥市场竞争机制的作用，处于垄断地位的上游环节和下游环节部分能源企业生产要素利用效率水平依然较低。其次，行政权力的存在尤其是垄断性能源企业并不完全遵循市场“优胜劣汰”的规律，竞争机制的缺失也使处于垄断地位的能源企业在能源资源勘探开发以及技术创新环节上投入不足（上游环节）。再次，能源领域的行政性垄断也导致了严重的社会收入配问题（下游环节）。最后，行政权力无形中赋予了能源垄断企业绝对的经济权力，在缺乏对应的体系化的监管体制、机制、制度情况下容易诱发寻租、造租等违法违纪、腐败行为，不利于经济社会公平、公正发展。主要问题包括：

第一，“渐进式改革”依然导致能源市场价格扭曲现象严重。国家在石油、天然气和电力领域都展开了行政性垄断，市场也就无法生成竞争性的价格，市场机制作用被限制。行政性质的价格管制介入，并对各种能源产品进行定价，本质上依旧是计划定价。“成本加成”所产生的管制价格不但不足以反映市场中不断变化的供求关系，更无法反映资源的稀缺性、有限性、有价性的基本特点，其后果是严重阻碍了稀缺资源的有效配置。但是，市场发展遵循经济规律，任何经济活动都不可能违背经济规律而独自运转。商品价格发生变动，市场上的消费和生产行为也会随之改变。行政力量介入下的价格管制导致了能源行业产品价格扭曲，进而使市场上人们的生产、消费行为也扭曲了，这也将直接促使能源行业资源要素配置低效、节约集约化发展缓慢，进而影响企业生产效益，国家资源利用不足。当前，价格管制限制下，能源要素市场价格总体过低。这一方面刺激着国内能源行业的过度消费，对稀缺的能源资源的大量需求也不利于稀缺资源的保护和可持续发展。过度开发也造成了一系列严重的环境污染和资源浪费行为，更无法推动能源资源高效、节约利用，单位 GDP 能耗居高不下。另一方面，过度抑制能源要素供给，又导致能源产品生产成本偏高，企业投资意愿较低，油荒、气荒、电荒、煤荒等资源性能源短缺现象难以消除。事实表明，改革开放以来，除亚洲金融危机期间，其余年份全国各地都不同程度存在拉闸限电的情况。2004 年以来，则有近半年份出现油荒现象，天然气供应也持续性紧张。究其根源，各种能源“荒”出现的背后并非是能源资源供给能力不足所致，更多的是企业主体为减少价格管制而催生的相应管理不当行为。

第二，能源行业上游环节缺乏专业化分工。当前能源行业的市场化改革在上游环节仍然存在诸如企业“大而全”“小而全”“吃大锅饭”等效率不高的问题，这种缺乏专业化分工的能源企业往往缺少自我约束机制，且市场集中程度高，抑制了竞争，造成要素配置扭曲及价格失灵，从而使上游环节和下游环节能源企业供求关系失衡。

第三，能源行业下游环节存在企业自生能力不足问题。当前能源市场化改革在下游环节并没有完全做到市场化[①]，而且非市场因素越来越多。目前，中国石油、天然气、电力市场的价格依旧是以政府计划调控为主（如图 2－6

---

① 图 2－6 反映了当前石油、天然气和电力行业市场化改革模式和主要机制，结果表明当前没有任何一种能源行业实现了完全市场化运作。

所示），“渐进式改革”经验尚未上升至整个能源行业。同时，我国实施的新一轮推进能源和市场化改革的相关举措，主要集中在形成完善的能源价格机制以及指导能源价格调整方面，问题较大的环节如：能源行业的高市场集中度、较强的行政垄断性较少触及，能源行业市场化改革任务依旧艰巨。政府“偏袒”造成的能源企业垄断，生产要素、产品价格受到政府监管共同导致了我国上游环节及下游环节能源企业存在自生能力不足、技术创新进步缓慢现象，最终导致企业生产效率低下。因此，行政性垄断和价格政府监管是中国能源市场未来发展面临的主要问题，也是能源体制机制存在问题的根源所在。当然，如何破除上游生产环节或下游生产环节能源行业的行政性垄断和价格政府监管问题，也是中国未来能源要素市场化配置改革的主要突破方向（范必，2018；钱炳，2017；吴立波，2015）。

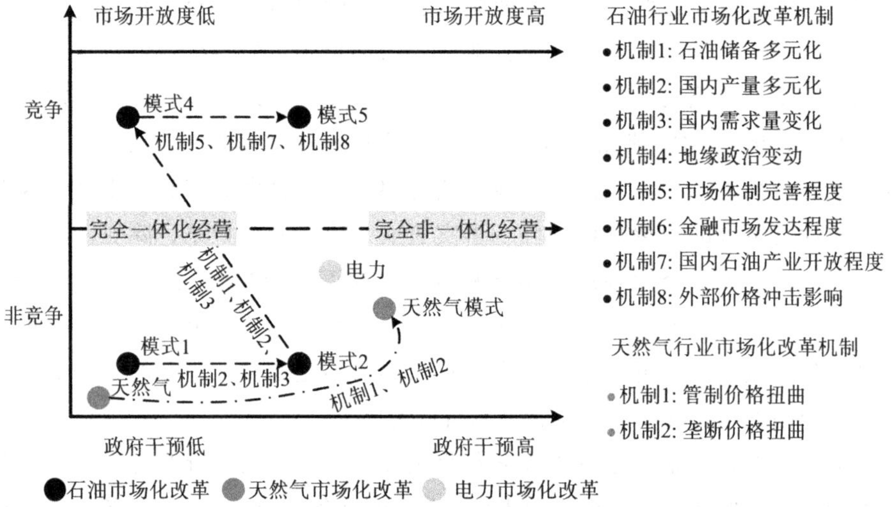

图 2-6 中国主要能源行业市场化改革模式及机制

资料来源：根据吴力波（2015）讲稿《新常态与新业态——中国能源市场化改革新机遇》及本章主要内容整理而成。

2.4 本章小结

市场在资源配置效率环节具有独特的压倒性优势。借助市场这只“无形的手”，丰富的市场要素资源在全球范围内流动、传播、循环，并将稀缺资源流转到高效率使用者手中，市场遵循着“优胜劣汰”“价高者得”的规律，促使多种资源要素得以有效、集约配置。其中，市场的自由准入原则又为各方经济主体参与市场活动提供了渠道，各方主体在市场这个平台上进行着激烈的竞争，在竞争的过程中充分反映着资源的稀缺性和有限性的特征，产品价格也转向了由市场定价为主。目前，我国能源资源要素中不同的要素资源在价格市场定价改革中进程不一。其中，煤炭资源市场化定价机制基本实现，电力资源市场进展最慢，油气市场居于中间发展水平。虽然能源行业市场化改革仍然存在一定弊端和不足，但改革不可能一蹴而就，上游环节存在的专业化分工问题及下游环节企业自生能力不足等也在一定程度上影响能源市场化改革，从而影响能源要素资源市场化配置速度与质量。

第3章

理论框架

第2章回顾了中国能源市场体制机制改革的演进历程，尽管一系列的改革纠正了能源市场的供求失衡，但目前中国能源市场仍然遵从垄断特征的市场，且煤炭、石油、天然气和电力行业上游环节及下游环节在经过一系列“渐进式改革”后仍然存在特有症结，因此本章首先论述与之相关联的理论基础，然后结合这些特有症结构建数理模型，为实证研究提供支撑。能源市场化改革后的企业仍然具有自然垄断的性质，改革开放以来的40多年时间里，中国能源产业实现了长时间改革中发展，但能源企业生产效率依然“尾大不掉”，并未有较大程度提升，学术界也涌现出越来越多关于对企业效率的研究成果。本章将首先对产业经济发展的相关理论进行梳理，之后综述能源行业和企业特有的规制理论，为下文分别结合能源市场化改革及数理研究提供理论基础。

本章主要结构安排如下：3.1节综述与本书相关理论基础，3.2节构建包含三种代表性企业类型和一般企业类型的能源市场理论模型，分析能源企业面临要素扭曲引致的其他企业边际收益变化，讨论边际收益变化引起的企业全要素生产率变化，并分析引入要素市场扭曲和引入市场势力后的TFP变化情况；同时在区分能源行业上游环节和下游环节市场的要素市场扭曲变化基础上，分别讨论专业化分工及企业自生能力对TFP损失的纠偏理论影响。

3.1　相关理论基础

3.1.1　市场绩效理论

市场绩效是指在一定的市场结构下，通过一定的市场行为使某一产业在价格、产量、费用、利润、产品的质量和品种以及在技术进步等方面所达到的现实状态。根据产业组织理论中的市场绩效定义，其涵盖的具体内容应该包括在如图 3-1 所示的相关体系中：企业规模、企业自生能力、市场势力与供求关系、劳动分工以及产业技术进步（广义“技术进步”——全要素生产率）①。实际的经济活动中，不仅需要对产品的生产和分配问题进行决策，还需要对资源配置的信息展开收集、传递和利用活动。本书认为对经济现象进行分析时，传统的分析方法将对效率问题的研究建立在完全信息假设的基础上，这种前提假设根本就不是社会所面对的那种经济问题②。Hayek 认为个体或经济体生产效率理论不仅要考虑对商品和服务在生产方面的“硬约束”，也要考虑对其在产业组织机构以及政府施政手段带来的“软约束”。在传统效率的经济分析中，经济学家只考虑生产和交换方面的因素，一般不大重视组织机构等方面的因素。一些经济学家如 Harvey Leibenstein、Williamson 认为企业效率应当被看作是内生的。由此可见，企业市场运行效率一直以来作为重要的研究课题影响理论，而经济理论的发展对经济效率产生两方面的扩展：一是企业内部效率；二是市场配置效率。

不管判断市场绩效的内容如何多元化，但实现资源高效配置始终是产业的市场绩效核心命题，也是市场经济体制的最高目标。市场资源配置一方面表现为整体经济效率，另一方面表现为要素配置、资源优化等。产业组织理论内涵丰富，主要包括了配置效率、生产效率和动态效率三个主要的效率概

---

① 产业组织理论主要是从行业或产业和国民经济层次上来测度经济绩效，绩效目标具有多元性。通常把增进社会福利作为总目标，又由若干子目标构成：效率、公平分配、经济增长等。

② Hayek 在《Capitalism and the Historians》指出知识或信息在协调经济活动的过程中具有极其重要的作用，特别是在价格和市场体系中尤为如此。获取信息以及传输信息本身就是费用很高的活动，并且要受到技术和资源限制所施加的约束条件的制约。市场和价格体制的功能就是互通散布各个经济行为者中间的信息，以协调经济活动。

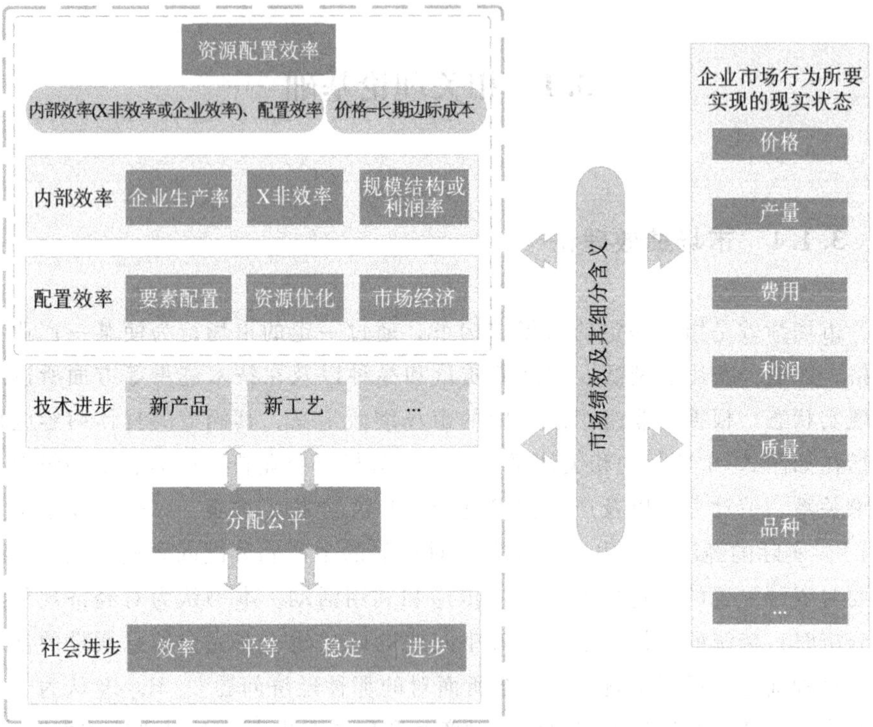

图 3－1 市场绩效及其含义内容

资料来源：根据产业组织理论中的市场绩效相关理论资料整理绘制。

念。其中，配置效率是指给定资源约束条件下的产出最大化；生产效率是指这些产出要在给定的技术水平上，以最经济的方式生产出来；而动态效率是指产品和生产技术随时间而进行的改进①。而资源优化配置则是指在市场经济条件下，不由人的主观意志而是根据市场平等性、竞争性、法制性和开放性的一般规律，由市场机制通过自动调节对资源要素实现的配置。

与市场资源最优配置相对应的则是要素扭曲。由于市场调节具有自发性、盲目性、滞后性等弱点，所以在公共产品和公共服务的提供方面、社会供求的总量平衡以及经济社会的可持续发展、公共环境问题等环节还需要由国家“看得见的手”参与进来，进行宏观调控。资源的自由、充分、有效流动有利于达到帕累托最优的条件，实现“有效配置”，而要素配置的扭曲会造成资源

---

① 全要素生产率能够较好地满足这些含义，来源包括技术进步、组织创新、专业化和生产创新等，也较好地涵盖了市场绩效中的内部效率和技术进步等方面。

要素的浪费和低效使用，不利于达到这种理想的状态。导致要素配置扭曲的因素很多，其中不健全的市场化机制是主要诱因之一，严重地制约着社会市场主体生产效率的提高（Ackerberg et al.，2015）。正如1.2节所描述的那样，“扭曲”既包括企业边际产出的偏离，也涵盖了企业边际产出相等（如图3-1所示），但仍可以实现通过要素重新配置促进产量提升的情况。资源错配理论经过谢长泰等学者的实证研究，其内容逐渐涉及宏微观领域的各个方面，既有土地、资本，也有劳动力、技术等，这些均涉及要素市场扭曲。在微观层面，不同产业或企业不同的生产环节之间存在边际产出不相等的情形，而边际产出不相等是要素市场扭曲的最主要表现。很显然，这一现象违背了经济学原理中市场经济实现的最优资源分配格局下不同单位间的边际产出应该相同的基本原理。现实生活中，资源错配是普遍存在的。全球化背景下不同国家之间的全要素生产效率也存在着较大的差距，这种差距很难完全归因于技术壁垒，更多地可以说是由于不同的资源配置模式所致。我国在计划经济时期，经济产出效率低效的现实表明，资源配置的合理性与有效性对生产经营活动意义重大。

3.1.2 垄断产业规制理论

在信息完全公开的情况下，生产经营者能够确保实现配置效率和成本效率。但在信息出现不对称的情况下，产品经营的配置效率和成本效率也将深受影响，即垄断行业规制并不能获得足额配置效率与成本效率以及降低成本的信息优势。实际生产经营实践活动过程中，信息的不对称情况难免存在，它也使规制变得复杂，但同时也为市场生产经营主体提供了策略性行动并增加了其收益的可能性。

对规制体制进行改革，核心在于解决信息不对称下的最优激励这一问题。Baron and Myerson（1982）等学者较早对不完全信息下的规制体制设计进行了分析，重点分析了在逆向选择情况下的规制体制设计情况。Laffont and Tirole（1986）基于逆向选择和道德风险等经济学理论模型，研究结果表明企业若存在道德风险，单一的生产要素或产品价格合约将被抛弃。该情况进而导致了20世纪80年代，对规制经济学发展的主流研究在于通过运用激励理论来分析规制体制的设计问题。解决低产出问题的方法之一是赋予市场经营主体一定的社会剩余索取权。Baron and Besanko（1984）提出了一个不完全信息下的事后审计模型，Harold Demsets（1968）最早提出特许权竞标体制，Shleifer（1985）提出标尺竞争理论。

3.1.3 劳动分工理论

劳动分工问题是市场经济发展的关键环节，在经济学研究中也被广泛运用。古希腊哲学家柏拉图曾就分工问题进行了论述，认为分工对增进社会福利具有积极作用。在古典经济学时期，Adam Smith 在 An Inquiry into the Nature and Causes of the Wealth of Nations 中就明确指出分工有助于增长社会财富；随后，Alfred Marshall 以资源配置问题取代了对分工问题的研究，经济学的研究重心也进而转变为探寻如何实现最大的经济效用问题。Allyn Abbott Young 的 Increasing Returns and Economic Progress 是对 Smith 关于分工思想的重大发展，并以分工和专业化为基础建立了经济学的框架体系①。杨小凯在 Smith 和 Young 的分工思想的基础上，将专业化生产、交易费用、消费者、生产者等因素结合起来，对许多微观和宏观经济现象进行了重新阐释。

杨小凯强调了交易费用在市场经济活动中的重要价值。其中，交易费用与市场分工水平具有负相关关系，交易费用越低，市场分工水平就越高，相反可知。而交易费用可分为外生和内生两种情况②。外生情况下，劳动分工呈现为外生演进状态；而分工的内生演进是指一种动态机制在外生交易费用既定的情况下分工会随着时间的流逝而自发演进，这个自发演进并不是一种物理或机械的过程，而是每个自利的人动态最优决策交互作用后自发产生的一种所有人都不得不接受的后果。在分工的演进过程中存在的一个两难冲突，即分工所产生的加速学习的动态效果与交易费用之间的冲突。在全能的经济条件下，人们选择把有限的时间分配到许多经济活动中去，由于分配到各个

---

① 杨格认为，分工问题首先是通过观察个别产业和个别企业的规模变化效应，是弄不清楚报酬递增机制的，因为产业的不断分工和专业化是报酬递增得以实现过程中一个基本组成部分，必须把产业经营看作是相互联系的整体。其次，报酬递增取决于劳动分工的发展，现代形式的劳动分工的主要经济，是以迂回或间接方式使用劳动所取得的经济。最后，劳动分工取决于市场规模，而市场规模又取决于劳动分工。经济进步的可能性就存在于上述条件中，人们除了从获取新知识取得进步外，也有取得这种经济进步的可能性，不论他们所追求的是经济利益或非经济的利益。

② 前者是指在交易过程中直接或间接发生的那些费用，它不是由于经济决策主体的利益冲突导致经济扭曲的结果，因而外生交易费用对经济主体的决策不会产生超预期的影响；而后者则是由于机会主义行为，比如道德风险产生的交易费用，这显然与有形的外生交易费用不同。不管内生交易费用还是外生交易费用对分工水平和经济发展都有重要的影响。

活动中的时间和精力有限，人们对知识的积累进程也比较慢；况且每个人都可能在重复着别人已经做过的事情，社会知识的积累也是十分缓慢。如果每人专于一职，则熟能生巧，短期就既能积累显著知识又可以很好地避免大量重复性学习，以更快更好地累积社会知识。但这一过程会增加专业化分工后的交易费用。因而，杨小凯总结指出，社会专业化分工水平与人们能够承受的交易费用成本紧密相关。

3.1.4 企业自生能力理论

按照新结构经济学对企业自生能力的定义（林毅夫，2019；林毅夫、刘培林，2001；林毅夫、付才辉，2019；Lin & Tan，1999），在自由、开放、竞争的市场经济环境下，没有外部保护补贴但具有正常管理能力的企业也能够获得市场所预期的正常利润。该定义是基于行业分析的层面，在行业中企业是活动与资源的结合。因此，企业的活动是否符合企业资源所决定的比较优势也就成为了评判该企业是否具有自生能力的关键。Lin and Tan（1999）在 *American Economic Review* 一文中首次提及"企业自生能力"这一概念。随后，专家学者围绕该理论又进行了补充完善，不断丰富着该理论的内涵。林毅夫（2019）、林毅夫和刘培林（2001）、林毅夫和付才辉（2019）、Lin and Tan（1999）等着眼于社会主义市场经济体制下国有企业改革问题，结果表明国有企业改革根源在于企业缺乏自生能力。此外，部分文献还讨论了企业自生能力对国家、产业和区域经济收敛的影响效应（林毅夫，2002）、居民和社会收入分配（陈斌开、林毅夫，2013）、国际经济与贸易（林毅夫等，2017）、社会主义市场经济体制的基层治理创新（杨文欢，2019）以及农村居民服务合作社等（王图展，2017）。目前，学界关于企业自生能力对能源市场发展的研究相对较少。

3.1.5 理论基础分析框架

根据3.1.1~3.1.4节的相关理论，本书整理了理论框架，如图3-2所示。

1. 市场绩效理论对本研究的启示

从上文对市场绩效理论包含的核心思想阐述中可以看出，探讨要素市场扭曲对能源企业全要素生产率的影响效应，离不开对要素资源配置及扭曲水

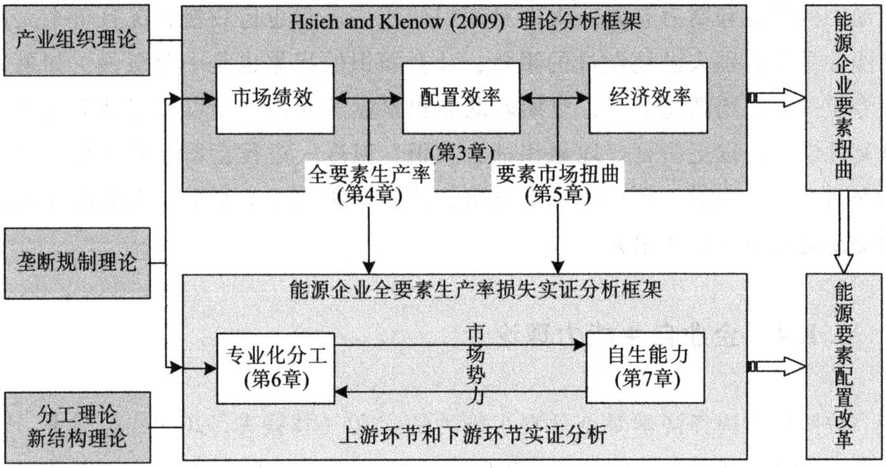

图 3-2 本书的理论框架

平的阐释，而能源企业全要素生产率又是市场绩效最具代表性的指标。不过，正如 Hsieh and Klenow（2009）和 Banerjee and Duflo（2005）指出的，要素市场扭曲影响企业全要素生产率的影响非常复杂，早期的经验结果均表明要素市场扭曲严重造成 TFP 损失，这其中以 Hsieh and Klenow（2009）的文献最具代表性。事实上，Asker et al.（2019）就指出，全球石油开采、生产的扭曲部分应归因于市场势力，也就是说对于能源行业而言，要素市场扭曲并不一定导致了 TFP 损失，这意味着，对于能源行业而言，要素市场扭曲对能源企业 TFP 产生可能产生不同作用方向的效应。此外，Du et al.（2020）在能源经济领域顶级期刊 The Energy Journal 发文指出，资本扭曲对能源企业 TFP 的抑制作用的边际贡献正在逐渐递减①，而王芃和武英涛（2014）也认为能源行业资本扭曲对 TFP 存在先抑制后提升的拐点。基于此，本书认为，探讨要素市场扭曲影响 TFP，特别是能源企业，我们不应对市场绩效理论顾此失彼。为了尽可能较为全面地揭示要素市场扭曲对能源企业 TFP 的影响，本书依据市场绩效理论关于内部效率和配置效率，将文献中主要涉及的理论框架归纳为可能存在的正向效应和负向效应。

2. 垄断产业规制理论对本研究的启示

本书研究的能源产业属于垄断产业，从上文对垄断产业规制理论的论述

① 感兴趣的读者可参考 Du W, Li M J, Lin J. Impact of Energy Market Distortions on the Productivity of Energy Enterprises in China, 2020. DOI: 10.5547/01956574.42.4.wdu.

可知，其主要涉及两种经济效率。一是配置效率，即上游生产环节和下游生产环节的能源产业或企业供给可以满足不同的异质性偏好，从而使资本和劳动生产要素配置更加有效。二是成本效率，指的是相对于行业总体，不同的能源子行业可以用更小的成本，或在相同成本约束下提供更多的资源数量和更好的要素质量，即要素资源的投入产出效率更高。需要指出的是，垄断产业规制对企业所面临的市场势力有很大影响。Musgrave（1959）和 Oates（1972）指出，垄断行业所面临的市场势力对效率存在较强影响，其逻辑是：垄断行业不需要额外考虑企业生产竞争压力，不过度“盯住”企业要素最优配置，拥有较高的市场势力意味着能够吸引更多的资源要素，而这必将影响生产效率。事实上，根据垄断产业规制理论的阐释，要使垄断产业推动保护本行业的市场竞争力，以有效地配置要素资源，通常需要建立一套良好的激励约束机制，包括正向的激励等。从这点来看，要素市场扭曲对企业 TFP 的影响也会涉及垄断产业规制理论。

3. 劳动分工理论对本研究的启示

从上述理论阐述中可以看到，杨小凯的专业化分工讨论的多集中于理论推导，更多地引入交易费用，但实际上，企业或者行业的交易费用无疑也是当前制度经济学从理论走向实证的最大“拦路虎”，从这点来看讨论专业化分工的实证影响有必要弱化交易费用。此外，从第 2 章能源行业所存在的特有症结来看，专业化分工无疑是有效研究上游能源企业要素市场扭曲对 TFP 的影响的关键。当前能源行业的市场化改革在上游环节仍然存在诸如企业“大而全”“小而全”“吃大锅饭”等效率不高的问题，能源行业每个工人的积累过于缓慢，且存在重复现象，这种缺乏专业化分工的能源企业往往缺少自我约束机制，且市场集中程度高，抑制了竞争，造成要素配置扭曲及价格失灵，从而使能源供求关系失衡。因此，对上游行业的研究需要引入劳动分工理论，进而讨论劳动分工对改善上游行业要素市场扭曲的改善情况。

4. 企业自生能力理论对本研究的启示

应当承认，能源行业下游环节存在企业自生能力不足问题。当前能源市场化改革在下游环节并没有完全做到市场化，而且非市场因素越来越多。从所有制结构探讨要素市场扭曲对 TFP 的相关研究仍有待扩展。诚然，所有制结构确实存在一定的影响，但这不是问题的根本。企业的所有制是内生的，主要是因为企业缺乏自生能力，才需要将其进行国有化改造，进而降低企业倒闭的可能性（林毅夫，2002）。历史表明，如果将着力点放在改革企业所有制上，很有可能引发通货膨胀和经济倒退。因此，下游能源企业寻求发展新契机需要从企业自生能力层面来分析其要素扭曲的问题。增强企业自生能力，获得社会可接受的正常利润水平，增加技术进步投入资金，缓解生产成本上升对企业利润的负面影响。

3.2 数理模型分析

Banerjee and Duflo（2005）在总结 Banerjee et al.（2003）关于印度南部地区资本错配的实证分析基础上，首次提出发展中国家经济增长中产品或要素市场的扭曲导致了资源错配现象，这种错配（或扭曲）在经济增长过程中资本要素配置过程中表现得尤为明显（Banerjee & Duflo，2005；Hsieh & Klenow，2007，2009）。Banerjee and Duflo（2005）认为要素市场扭曲阻碍了要素优化过程，从而影响宏观层面的 TFP，这也就解释了作者认为的“困境”：相对于富裕国家，发展中国家的资本总生产率较低，且 TFP 较低，非总体增长模型似乎有可能解释为什么贫穷国家仍然贫穷。其核心思想是强调要素市场扭曲对国家层面的 TFP 损失有重要影响。此后，Hsieh and Klenow（2009）在 Banerjee and Duflo（2005）等一系列研究成果及其核心思想基础上，通过引入 Foster et al.（2001，2008）提出的产量全要素生产率（Total Factor Productivity Quantity，简称 TFPQ）和收益全要素生产率（Total Factor Productivity Revenue，简称 TFPR），创新性地提出企业要素扭曲导致的全要素生产率错配的理论分析框架，并基于可得数据测算了中国、印度和美国制造业因要素扭曲导致的 TFP 损失。Hsieh and Klenow（2009）文献开创性地贡献了资源错配理论分析框架，基于规模报酬不变的科布道格拉斯生产函数，延伸了几组经济学概念，比如劳动力扭曲和资本扭曲、产出扭曲等。Hsieh and Klenow（2009）定义的要素扭曲主要是指要素资源在不同企业间配置时通常不按照边际产出相等的经济学原理，这就必然导致要素并未真正实现最优配置，从而产生错配。

Hsieh and Klenow（2007，2009）逐步完善了资源错配理论框架，且 Hsieh and Klenow（2009）对要素错配（或市场扭曲）和资源配置清晰界定，尤其是推导严谨的资源要素配置分析数理分析模型对后续要素市场扭曲产生了深远影响，国内学者的资源错配或要素市场扭曲实证分析基本是在 Hsieh and Klenow（2009）的理论模型基础上的扩展和借鉴。然而，随着计算机技术和可得数据的扩展，Hsieh and Klenow（2009）的理论模型存在以下改进之处：第一，Hsieh and Klenow（2009）理论分析框架成立的首要前提是企业生产规模报酬不变，而一旦该假设失效，传统文献使用全要素生产率的离散度（或方差）来衡量要素市场扭曲导致的错配的模型就会失去其原有价值，这对特殊行业的实证分析并不能满足此要求；第二，Hsieh and Klenow（2009）理论分析框架仅考虑了最终产品市场，并没有纳入产业链市场中的上游市场和下游市场区分，尽管目前并没有经验证据表明上下游市场对要素市场扭曲引发的错配具有差异化的解释力，但是也不应该对其忽略，尤其是对能源行业上下游市场的讨论，对促进能源行业健康发展至关重要；第三，Hsieh and Klenow（2009）理论分析框架是针对整个制造企业进行分析的，并未区分单独某个行业的特殊情形，对能源行业而言，存在明显垄断特征的产业上下游市场地位（竞争）与其他行业存在本质区别。

正如前文所言，由于能源的特殊性，垄断或寡头垄断在能源市场上较为常见，市场势力对能源企业高质量发展的影响更为深远（Asker et al.，2019；Asker et al.，2014；De Loecker et al.，2020；De Loecker et al.，2016），能源市场中数家独大的能源企业拥有的市场势力越大，越容易造成能源行业类知名垄断企业形成不创新也有盈利的局面，同时还会使潜在进入能源市场的企业出现创新也无盈利的窘境，最终导致上游和下游环节的能源企业技术创新动力。本章在对 Hsieh and Klenow（2007，2009）的理论框架模型进行拓展，除了放宽规模报酬不变的假设外，还将市场势力融入到能源行业要素市场扭曲分析框架中，同时针对能源行业上下游不同产品市场，分别纳入专业化分工和企业自生能力，讨论能源企业要素市场扭曲引起的企业 TFP 损失的影响机制。

3.2.1 特殊情形下能源市场均衡求解分析

能源具有行业和要素双重属性，从行业属性来看，能源行业是我国国民经济的重要组成部分，是集自然资勘探、开采、生产、加工、运输、存储与供应于一体的工业，能源产品则包括“一次能源”和“二次能源”①。从要素

① 能源行业主要包括煤炭、石油、天然气和电力，其中煤炭行业、石油行业和天然气行业属于一次能源，电力属于二次能源。一般来说，电力行业需要消耗煤炭、石油和天然气等的投入。

属性来看，能源是工业生产和居民生活的重要投入要素。本书讨论的能源行业主要包括煤炭、石油、天然气和电力行业，涉及的能源企业也均归属于上述四大能源行业。因此，本章为区分这种能源产业关联性划分，首先构建包含三种代表性企业类型的 Hsieh and Klenow（2009）理论分析框架，分别为企业 1、企业 2 和企业 3，同时参照 Hsieh and Klenow（2009）模型，假设企业 1 面临产出扭曲，企业 2 和企业 3 不存在要素扭曲情形。下文将分别给出包含三种代表性企业类型的基本设定。

1. 模型设定

参考 Hsieh and Klenow（2009）、Asker et al.（2014，2019）的相关模型设定，由于能源行业是存在垄断竞争的，为符合行业主要特征，本节模型设定的经济环境是存在垄断竞争的，因此在求解能源行业中企业资本和劳动力要素的最优价格以及边际收益产品均需要符合垄断竞争环境。同时，能源产品的最优化问题需要借助中间产品市场（王芃、武英涛，2014；刘宗明、吴正倩，2019），但主要考虑最终产品市场。

本节假设在最终能源行业的产品市场中存在一类代表性企业，该代表性企业类型以垄断竞争的方式存在中间产品市场，包含能源企业 1、企业 2 和企业 3，其相对应的能源产出分别为 Y_1、Y_2、Y_3，生产的最终能源产品为 Y。参照陈永伟和胡伟民（2011）、常建新（2015），设定企业按照固定替代弹性生产函数进行生产，假定能源行业规模报酬递减，则能源市场最终产品 Y 表达式如公式 3－1 所示：

$$Y = \left(Y_1^{\frac{\sigma-1}{\sigma}} + Y_2^{\frac{\sigma-1}{\sigma}} + Y_3^{\frac{\sigma-1}{\sigma}} \right)^{\frac{\sigma}{\sigma-1}} \tag{3-1}$$

其中，σ 为能源企业 1、企业 2 和企业 3 之间的产出替代弹性，且 $\sigma > 1$。

令 P 表示能源市场最终产品 Y 的价格，延续 Hsieh and Klenow（2009）、林伯强和杜克锐（2013）的设定，将能源市场上最终产品的价格 P 视为货币价格，设定为 $P = 1$。代表性能源企业 1、能源企业 2 和能源企业 3 出售总的产品数量为 Y，其中能源企业 1、能源企业 2 和能源企业 3 分别对应的中间产品①数量设为 Y_1、Y_2、Y_3，且满足公式 3－1 的常替代性生产函数形式。此外，假设能源行业完全竞争市场中对应的中间产品均衡（市场出清条件）价格分别为 P_1、P_2 和 P_3。由此可得代表性能源企业的利润最大化问题为（如公式

① 这里的中间产品市场实际是指单个企业生产的产品。以煤炭、石油和天然气为例，其各自产品市场的产出可能是电力市场的投入品，而最终均可以转化为电能，所以这种设定符合实际情况。

3-2所示)：

$$\max_{Y_1,Y_2}\pi = Y - (P_1Y_1 + P_2Y_2 + P_3Y_3) \tag{3-2}$$

利用利润最大化一阶条件求解公式3-2，可得到能源市场三种代表性企业类型的中间产品 Y_i 以价格 P_i 的投入需求函数，分别如公式3-3、公式3-4、公式3-5所示：

$$Y_1 = \frac{1}{P_1^{\sigma}}Y \tag{3-3}$$

$$Y_2 = \frac{1}{P_2^{\sigma}}Y \tag{3-4}$$

$$Y_3 = \frac{1}{P_3^{\sigma}}Y \tag{3-5}$$

2. 能源市场中间产品生产情况

如前所述，延续Hsieh and Klenow (2009)、Asker et al. (2014, 2019) 等认为能源中间产品市场通过科布道格拉斯生产函数参与生产的设定，能源中间产品市场中的代表性企业 $i(1,2,3)$ 主要通过投入资本要素 (K) 和劳动力要素 (L) 产出产品 Y_i，表达如公式3-6所示：

$$Y_i = A_iK_i^{\alpha}L_i^{1-\alpha} \tag{3-6}$$

其中 A_i 代表能源企业 i(1, 2, 3) 的全要素生产率 (TFP)，α 代表能源企业 i(1, 2, 3) 资本投入要素的生产弹性系数，$1-\alpha$ 则为能源企业 i(1, 2, 3) 劳动力投入要素的生产弹性系数，为方便举例说明，本节假定能源企业的中间产品市场中各个资本要素的生产弹性系数 α 是相同的 (Hsieh & Klenow, 2009)。

在能源行业垄断竞争的中间产品市场中，能源企业1、企业2和企业3总以固定的生产要素价格购买主要投入要素 K 和 L，以实现经济利润最大化。假设企业1面临产出扭曲 τ_{Y_1}，且 $0<\tau_{Y_1}<1$，产出扭曲将同比例地影响能源企业1的 K 和 L 的边际产出。如果能源企业1面临政府对企业规模的扶持、偏向型的技术支持以及资金资助等，那么就会严重影响 τ_{Y_1} 就会下降；如果能源企业1未获政府偏袒等政策支持，那么 τ_{Y_1} 可能上升。本节通过假设能源企业1存在要素市场扭曲，进而论述企业1如何通过要素市场扭曲影响边际收益等，同时假设能源企业2和能源企业3不存在产出扭曲。因此，能源企业1利润最大化线性规划问题如公式3-7所示：

$$\max_{P_1,L_1,K_1}\pi_1 = (1-\tau_Y)P_1A_1K_1^{\alpha}L_1^{1-\alpha} - wL_1 - RK_1 \tag{3-7a}$$

$$\text{s. t.} \quad Y_1 = \frac{1}{P_1^{\sigma}} Y \tag{3-7b}$$

能源企业 2 和能源企业 3 的利润最大化问题分别如公式 3 - 8 及公式 3 - 9 所示：

$$\max_{P_2, L_2, K_2} \pi_2 = P_2 A_2 K_2^{\alpha} L_2^{1-\alpha} - wL_2 - RK_2 \tag{3-8a}$$

$$\text{s. t.} \quad Y_2 = \frac{1}{P_2^{\sigma}} Y \tag{3-8b}$$

$$\max_{P_3, L_3, K_3} \pi_3 = P_3 A_a K_3^{\alpha} L_3^{1-\alpha} - wL_3 - RK_3 \tag{3-9a}$$

$$\text{s. t.} \quad Y_3 = \frac{1}{P_3^{\sigma}} Y \tag{3-9b}$$

与求解公式 3 - 2 的方法一致，分别使用利润最大化的一阶条件求解公式 3 - 7、公式 3 - 8 和公式 3 - 9，由此可得市场出清条件下的三种能源企业均衡价格，对应的最优价格分别如公式 3 - 10、公式 3 - 11、公式 3 - 12 所示：

$$P_1 = \frac{\sigma}{\sigma - 1} \underbrace{\left(\frac{R}{\alpha}\right)^{\alpha} \left(\frac{w}{1-\alpha}\right)^{1-\alpha} \frac{1}{A_1 (1 - \tau_{Y_1})}}_{MC_1} \tag{3-10}$$

$$P_2 = \frac{\sigma}{\sigma - 1} \underbrace{\left(\frac{R}{\alpha}\right)^{\alpha} \left(\frac{w}{1-\alpha}\right)^{1-\alpha} \frac{1}{A_2}}_{MC_2} \tag{3-11}$$

$$P_3 = \frac{\sigma}{\sigma - 1} \underbrace{\left(\frac{R}{\alpha}\right)^{\alpha} \left(\frac{w}{1-\alpha}\right)^{1-\alpha} \frac{1}{A_3}}_{MC_3} \tag{3-12}$$

其中，MC_1、MC_2、MC_3 分别表示能源企业 1、企业 2 和企业 3 的边际成本。由公式 3 - 10、公式 3 - 11、公式 3 - 12 可知，若能源企业 1 不存在要素市场扭曲，即 $\tau_{Y_1} = 0$，则能源企业 1、能源企业 2 和能源企业 3 存在 $MC_1 = MC_2 = MC_3$，且 $P_1 = P_2 = P_3$。此外，控制其他参数不变的情形下，能源企业要素价格 P 与企业全要素生产率 TFP (A_i) 之间存在反比例关系，即 TFP (A_i) 越高的能源企业，其投入的要素价格 K 和 L 越低，那么能源企业最终产品越具有竞争力，能够获得更多的市场份额。这也表明要素市场扭曲与能源要素投入价格 P、能源企业 TFP (A_i) 和能源企业市场份额之间存在一定关联。公式 3 - 10 关于能源企业 1 的边际成本公式表明，若能源企业 1 的扭曲 τ_{Y_1} 程度加深，那么相对应的能源企业 1 边际成本将会提高，从而导致能源企业 1 的投入要素价格 P_1 将会增加。因此，最优模型结果下，对于能源企业 1、能源企业 2 和能源企业 3 存在：$P_1 > P_1^e$，$P_2 = P_2^e$，$P_3 = P_3^e$，其中 P_i^e 为不存在要素

市场扭曲 $\tau_{Y_1}=0$ 的情况下能源企业 1、能源企业 2 和能源企业 3 的有效价格。

由此，若能源企业 1 有 $\tau_{Y_1}=0$，按照新古典经济学垄断竞争模型的推导，能源企业之间的边际产品收益也应该相等①，即 $MRPK_i^e=\overline{MRPK^e}, MRPL_i^e=\overline{MRPL^e}, i=1,2,3$；若能源企业 1 有 $0<\tau_{Y_1}<1$，则相对应的资本和劳动力边际产品收益如公式 3－13、公式 3－14、公式 3－15、公式 3－16、公式 3－17、公式 3－18 所示：

$$MRPK_1=\alpha\frac{\sigma-1}{\sigma}\frac{P_1Y_1}{K_1}=\frac{R}{1-\tau_{Y_1}}>MRPK_1^e \tag{3-13}$$

$$MRPK_2=\alpha\frac{\sigma-1}{\sigma}\frac{P_2Y_2}{K_2}=R=MRPK_2^e \tag{3-14}$$

$$MRPK_3=\alpha\frac{\sigma-1}{\sigma}\frac{P_3Y_3}{K_3}=R=MRPK_3^e \tag{3-15}$$

$$MRPL_1=\alpha\frac{\sigma-1}{\sigma}\frac{P_1Y_1}{L_1}=\frac{w}{1-\tau_{Y_1}}>MRPL_1^e \tag{3-16}$$

$$MRPL_2=\alpha\frac{\sigma-1}{\sigma}\frac{P_2Y_2}{L_2}=w=MRPL_2^e \tag{3-17}$$

$$MRPL_3=\alpha\frac{\sigma-1}{\sigma}\frac{P_3Y_3}{L_3}=w=MRPL_3^e \tag{3-18}$$

由公式 3－13 和公式 3－16 可知，能源企业 1 的资本边际产品收益 $MRPK_1$、劳动边际收益产品 $MRPL_1$ 与其要素市场扭曲程度 τ_{Y_1} 成反比例函数关系，即随着 τ_{Y_1} 程度加深，均存在 $MRPK_1>MRPK_1^e$ 和 $MRPK_2>MRPK_2^e$。上述研究结果表明理论模型中能源企业 1 的要素市场扭曲造成了不同产业链之间的能源企业非均衡的 MRP 和 MC 的较明显差异。

3. 要素市场扭曲情形

由公式 3－13～公式 3－18 可知，能源企业 1 没有市场扭曲的情况下，即 $\tau_{Y_1}=0$ 时，有 $MRPK_i^e=\overline{MRPK^e}, MRPL_i^e=\overline{MRPL^e}, i=1,2,3$，能源市场中的要素资源配置是有效。但若能源企业 1 存在 $0<\tau_{Y_1}<1$ 情形时，要素市场（价格）扭曲造成了能源企业 1 有 $MRPK_1>MRPK_1^e$ 和 $MRPK_2>MRPK_2^e$，因此，要素市场扭曲影响了边际产品收益和边际成本，进而导致了能源市场中非最优的资

① 利润 $\pi(q)$＝收益 $r(q)$－成本 $c(q)$，对 q 求导后得 $MC=MR$ 时利润最大化。具体参见高鸿业《西方经济学》（微观部分第五版）第七章不完全竞争市场第二节垄断竞争部分，第 186～192 页。

源配置。为更好地展示要素市场扭曲对边际产品收益的影响，本节以资本为例，通过图3－3展示劳动力和资本扭曲对边际产品收益的影响。

由图3－3（a）可知，当能源企业1的资本价格（R）存在市场扭曲，即 $\tau_{Y_1}>0$，那么能源企业消耗的单位资本价格将会增长至 $R(1+\tau_{Y_1})$，那么能源企业1为获得与能源企业2和能源企业3等量资本要素投入，必须支付更高的资本价格，因而需要额外增加上游环节和下游环节能源企业的生产成本。图3－3（a）表明能源企业1为降低资本要素扭曲，必须要面临边际产品递增，因而需降低能源企业1的资本需求才能获得与能源企业2和能源企业3的同等利润。由此，能源企业1将面临图3－3（a）中阴影部分 $S_{RR(1+\tau)DF}$ 所示的资本要素市场扭曲导致的利润损失。

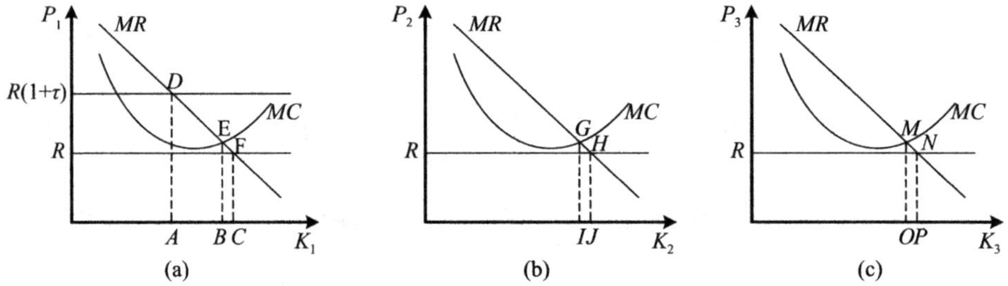

图3－3　能源企业1、能源企业2和能源企业3资本及劳动力边际变化

注：(a)，能源企业1中 A 点代表资本要素市场扭曲情形；C 代表不存在资本要素市场扭曲情形；E 代表垄断竞争情形下 $MR=MC$ 的最优点取值，此点表明 $MRPK_1^e=\overline{MRPK^e}$；$R$ 代表资本要素价格，τ 代表能源企业1存在的资本扭曲程度；面积 $S_{RR(1+\tau)DF}$ 表示因资本要素扭曲而导致的能源企业1利润损失。(b)，能源企业2中不存在资本要素扭曲的情形，其中I表示垄断竞争情形下 $MR=MC$ 的最优点取值，此点表明 $MRPK_2^e=\overline{MRPK^e}$；$J$ 代表不存在资本要素市场扭曲情形。(c)，能源企业3中不存在资本要素扭曲的情形，其中 O 表示垄断竞争情形下 $MR=MC$ 的最优点取值，此点表明 $MRPK_3^e=\overline{MRPK^e}$；$P$ 代表不存在资本要素市场扭曲情形。

结合公式3－7、公式3－8和公式3－9，能源企业1、能源企业2和能源企业3所面临的由要素市场扭曲引致的全要素生产率 $TFP(A_i)$ 配置如公式3－19和公式3－20所示：

$$\frac{L_1}{L_2}=\left(\frac{A_1}{A_2}\right)^{\sigma-1}(1-\tau_Y)^{\sigma}<\frac{L_1^e}{L_2^e} \tag{3-19a}$$

$$\frac{L_1}{L_3}=\left(\frac{A_1}{A_3}\right)^{\sigma-1}(1-\tau_Y)^{\sigma}<\frac{L_1^e}{L_3^e} \tag{3-19b}$$

$$\frac{L_2}{L_3}=\left(\frac{A_2}{A_3}\right)^{\sigma-1}=\frac{L_2^e}{L_2^e} \tag{3-19c}$$

$$\frac{K_1}{K_2}=\left(\frac{A_1}{A_2}\right)^{\sigma-1}(1-\tau_Y)^{\sigma}<\frac{K_1^e}{K_2^e} \tag{3-20a}$$

$$\frac{K_1}{K_3}=\left(\frac{A_1}{A_3}\right)^{\sigma-1}(1-\tau_Y)^{\sigma}<\frac{K_1^e}{K_3^e} \tag{3-20b}$$

$$\frac{K_2}{K_3}=\left(\frac{A_2}{A_3}\right)^{\sigma-1}=\frac{K_2^e}{K_2^e} \tag{3-20c}$$

4. 上游环节和下游环节能源企业 TFP

本节在前文分析能源企业1要素市场扭曲的形成机理导致的不同企业之间非均衡的边际收益产品和边际成本变化基础上，进一步讨论要素市场扭曲对能源企业及加总 TFP 损失的影响机制。参照 Hsieh and Klenow（2009），本节在包含三种企业类型的理论分析基础上，分别引入 *TFPQ* 和 *TFPR*①。结合公式3-2、公式3-3、公式3-4、公式3-5、公式3-7、公式3-8和公式3-9，构造三种能源企业利润最大化的拉格朗日函数，结果如公式3-21所示：

$$\mathcal{L}_1=(1-\tau_Y)P_1A_1K_1^{\alpha}L_1^{1-\alpha}-wL_1-RK_1-\lambda_1\left[A_1K_1^{\alpha}L_1^{1-\alpha}-Y\left(\frac{1}{P_1}\right)^{-\sigma}\right] \tag{3-21a}$$

$$\mathcal{L}_2=P_2A_2K_2^{\alpha}L_2^{1-\alpha}-wL_2-RK_2-\lambda_2\left[A_2K_2^{\alpha}L_2^{1-\alpha}-Y\left(\frac{1}{P_2}\right)^{-\sigma}\right] \tag{3-21b}$$

$$\mathcal{L}_3=P_3A_3K_3^{\alpha}L_3^{1-\alpha}-wL_3-RK_3-\lambda_3\left[A_3K_3^{\alpha}L_3^{1-\alpha}-Y\left(\frac{1}{P_3}\right)^{-\sigma}\right] \tag{3-21c}$$

可得：

$$\frac{K_1}{L_1}=\frac{w}{R}\,\frac{\alpha}{1-\alpha}=\frac{K_2}{L_2}=\frac{K_3}{L_3} \tag{3-22}$$

再结合公式3-10、公式3-11、公式3-12，将公式3-22带入至公式3-6可得能源企业1、能源企业2和能源企业3的劳动力要素需求，对应公式为公式3-23：

$$L_1=A_1^{\sigma-1}(1-\tau_Y)\left(\frac{\sigma-1}{\sigma}\right)\left(\frac{R}{\alpha}\right)^{\alpha(1-\sigma)}\left(\frac{w}{1-\alpha}\right)^{\alpha(\sigma-1)-\sigma}Y \tag{3-23a}$$

① Bartelsman et al.（2008）将 *TFPR* 称为实际全要素生产率，$TFPQ_i=A_i, TFPR_i=P_iA_i$。

$$L_2 = A_2^{\sigma-1}\left(\frac{\sigma-1}{\sigma}\right)\left(\frac{R}{\alpha}\right)^{\alpha(1-\sigma)}\left(\frac{w}{1-\alpha}\right)^{\alpha(\sigma-1)-\sigma}Y \qquad (3-23b)$$

$$L_3 = A_3^{\sigma-1}\left(\frac{\sigma-1}{\sigma}\right)\left(\frac{R}{\alpha}\right)^{\alpha(1-\sigma)}\left(\frac{w}{1-\alpha}\right)^{\alpha(\sigma-1)-\sigma}Y \qquad (3-23c)$$

而上游环节和下游环节的能源企业资本需求如公式 3-24 所示：

$$K_1 = A_1^{\sigma-1}(1-\tau_Y)^{\sigma}\left(\frac{\sigma-1}{\sigma}\right)^{\sigma}\left(\frac{R}{\alpha}\right)^{\alpha(1-\sigma)-1}\left(\frac{w}{1-\alpha}\right)^{(\alpha-1)(\sigma-1)}Y \qquad (3-24a)$$

$$K_2 = A_2^{\sigma-1}\left(\frac{\sigma-1}{\sigma}\right)^{\sigma}\left(\frac{R}{\alpha}\right)^{\alpha(1-\sigma)-1}\left(\frac{w}{1-\alpha}\right)^{(\alpha-1)(\sigma-1)}Y \qquad (3-24b)$$

$$K_3 = A_3^{\sigma-1}\left(\frac{\sigma-1}{\sigma}\right)^{\sigma}\left(\frac{R}{\alpha}\right)^{\alpha(1-\sigma)-1}\left(\frac{w}{1-\alpha}\right)^{(\alpha-1)(\sigma-1)}Y \qquad (3-24c)$$

根据公式 3-13 ~ 公式 3-18 可得不同企业用 $MRPK$ 及 $MRPL$ 表示的 K 和 L 需求函数：

$$K_i = \alpha P_i Y_i MRPK_i^{-1}\frac{\sigma-1}{\sigma} \qquad (3-25)$$

$$L_i = (1-\alpha)P_i Y_i MRPL_i^{-1}\frac{\sigma-1}{\sigma} \qquad (3-26)$$

因此，收益全要素生产率 $TFPR$ 可以被重新表示为边际收益产品的函数，即 $TFPR$ 可以用 $MRPK$ 及 $MRPL$ 的加权平均表示：

$$TFPR_i = \frac{P_i Y_i}{(K_i)^{\alpha}(L_i)^{1-\alpha}} = \frac{\sigma}{\sigma-1}\left(\frac{MRPK_i}{\alpha}\right)^{\alpha}\left(\frac{MRPL_i}{1-\alpha}\right)^{1-\alpha} \qquad (3-27)$$

根据公式 3-27 可知，能源企业 1 的 $TFPR$ 变化可以通过两种方式来解释：第一，要素市场扭曲 τ_{Y_1} 的存在将会增加了能源企业 1 的边际收益产品 $MRPK_1$、$MRPL_1$，由此导致 $TFPR_1$ 上升；第二，根据 3.2.1 节的相关结论，能源企业 1 的资本边际产品收益 $MRPK_1$、劳动边际收益产品 $MRPL_1$ 与其要素市场扭曲程度 τ_{Y_1} 反比例函数关系，τ_{Y_1} 提高了能源企业 1 的要素最优价格，最终将扭曲作用于 $TFPR_1$，而能源企业 2 和能源企业 3 则因为不存在要素市场扭曲而保持在其有效水平，即：$TFPR_1 < TFPR_1^e$，$TFPR_2 = TFPR_2^e$，$TFPR_3 = TFPR_3^e$。结合图 3-3，如果能源企业 1 不存在资本或劳动要素扭曲情形，则能源企业 1 和能源企业 2 存在：$TFPR_1^e = TFPR_2^e = \overline{TFPR^e}$。

5. 加总要素投入与全要素生产率

由于本节讨论的主要对象是企业，那么能源行业面临的要素市场扭曲及 TFP 变化是否与企业变化存在一致？针对这一问题，本小节继续讨论三种企业类型所在行业的要素投入及 TFP 加总问题。

第一，能源行业加总要素投入量。假设在局部均衡市场条件下能源企业生产所需要的要素为 K 和 L，假定 $L=L_1+L_2+L_3$，$K=K_1+K_2+K_3$ 满足线性关系①。根据图 3－3（a）的描述结论，能源企业 1 存在资本和劳动需求递减的现象，因此，在要素市场扭曲情形下加总要素投入存在如公式 3－28 所示的不等式关系：

$$L<L^e, K<K^e \tag{3-28}$$

由于能源企业 1 的要素投入需求递减，当其保持和能源企业 2 及能源企业 3 相同的要素投入水平时，能源企业 1 面临的资本要素与劳动要素需求率函数分别为 $\frac{K_1}{K_1+K_2+K_3}=\frac{1}{1+\frac{K_2}{K_1}+\frac{K_3}{K_1}}$、$\frac{L_1}{L_1+L_2+L_3}=\frac{1}{1+\frac{L_2}{L_1}+\frac{L_3}{L_1}}$，同时满足随 $\frac{K_2+K_3}{K_1}$，$\frac{L_2+L_3}{K_1}$递增而递增（Bartelsman et al.，2008；Hsieh & Klenow，2009）。结合公式 3－28 可推导出：

$$\frac{L_1}{L}<\frac{L_1^e}{L^e}, \frac{K_1}{K}<\frac{K_1^e}{K^e} \tag{3-29}$$

其中，上游环节或下游环节的能源行业加总 K 和 L 分别如公式 3－30 和公式 3－31 所示，$i=1,2,3$：

$$L=\sum_{i=1}^{M} L_i=\sum_{i=1}^{M}(1-\alpha)\frac{\sigma-1}{\sigma}\frac{1-\tau_{Y_i}}{w_i}P_iY_i=(1-\alpha)\frac{\sigma-1}{\sigma}\sum_{i=1}^{M}\frac{1-\tau_{Y_1}}{w_i}P_iY_i \tag{3-30}$$

$$K=\sum_{i=1}^{M} K_i=\sum_{i=1}^{M}\alpha\frac{\sigma-1}{\sigma}\frac{1-\tau_{Y_i}}{R(1+\tau_{K_i})}P_iY_i=PY\frac{\sigma-1}{\sigma}\frac{\alpha}{R}\sum_{i=1}^{M}\frac{1-\tau_{Y_i}}{1+\tau_{K_I}}\frac{P_iY_i}{PY} \tag{3-31}$$

由公式 3－29 可知，若能源企业 1 存在要素市场扭曲，即 $\tau_{Y_1}>0$，将会导致能源行业加总的资本及劳动力要素低于最优水平。

第二，能源行业加总全要素生产率。通过公式 3－29 计算加总的资本及劳动投入，继而基于科布道格拉斯生产函数计算加总的全要素生产率，结果如公式 3－32 所示：

---

① 新古典经济学认为经济发展中的总资本与总劳动需求之和等于总供给，因此假定资本和劳动要素满足线性关系（郭凯明等，2021）。

$$TFP=\frac{Y}{K^{\alpha}L^{1-\alpha}}=\left[\left(A_1\frac{\overline{TFPR}}{TFPR_1}\right)^{\sigma-1}+\left(A_2\frac{\overline{TFPR}}{TFPR_2}\right)^{\sigma-1}+\left(A_3\frac{\overline{TFPR}}{TFPR_3}\right)^{\sigma-1}\right]^{\frac{1}{\sigma-1}} \tag{3-32}$$

其中

$$\overline{TFPR}=[A_1^{\sigma-1}(1-\tau_{Y_1})^{\sigma-1}+A_2^{\sigma-1}+A_3^{\sigma-1}]^{\frac{1}{\sigma-1}}\leqslant\overline{TFPR^e} \tag{3-33}$$

进一步地，由于要素市场扭曲降低了 $TFPR$，因此，由公式 3-32 式可得：$TFP<TFPR^e$，其中 $TFPR^e$ 为有效情况下的加总 TFP。将公式 3-33 代入公式 3-32，则能源行业加总全要素生产率可改成公式 3-34：

$$TFP=\frac{[A_1^{\sigma-1}(1-\tau_{Y_1})^{\sigma-1}+A_2^{\sigma-1}+A_3^{\sigma-1}]^{\frac{\sigma}{\sigma-1}}}{A_1^{\sigma-1}(1-\tau_{Y_1})^{\sigma}+A_2^{\sigma-1}+A_3^{\sigma-1}} \tag{3-34}$$

假设 $\tau_{Y_1}=0$，则三种企业类型在有效情形下能源行业加总全要素生产率为：

$$TFP^e=(A_1^{\sigma-1}+A_2^{\sigma-1}+A_3^{\sigma-1})^{\frac{\sigma}{\sigma-1}} \tag{3-35}$$

由上式可知，有效情况下的 TFP 是能源企业 1、能源企业 2 和能源企业 3 TFP 的 CES 加总。因此，能源企业 1、能源企业 2 和能源企业 3 的资本及劳动力要素投入加总会导致其低于最优水平，而全要素生产率加总会随着能源企业 1 的要素市场扭曲程度加深而下降，且能源企业 TFP 越高，其受到要素市场扭曲后下降幅度越大。

3.2.2 一般情形下能源市场均衡求解分析

3.2.1 节讨论了包含煤炭、石油和天然气的三种能源企业类型，并详细论证了能源企业要素市场扭曲引起的 TFP 损失机制。为此，本节根据“从特殊到一般”的原则推广至能源行业多种企业类型，验证包含三种类型的能源企业相关结论是否仍然成立。同样，延续 3.2.1 节的相关设定，本节假设能源行业存在最终产品市场，具有代表性的能源企业能够购买 M 个中间产品，而中间产品市场中的能源企业产出被生产最终产品的代表性能源企业用作投入要素，比如电力行业①。同时假设资本及劳动力要素在参与能源行业的垄断竞争中存在错配情形，也即扭曲。同样的，参照第 3.2.1 节中的研究过程，本

① 电力行业通常购买煤炭、石油、天然气等一次能源进行再生产，基本满足“购买 M 个中间产品市场企业的产出为投入来生产最终产品”这一假定。

节首先讨论能源市场中企业面临资本和劳动力市场扭曲时利润最大化条件下边际成本及边际产品收益变化，其次求解加总情形下要素投入及全要素生产率变化，并比较要素市场扭曲情形下和非要素市场扭曲情形下全要素生产率损失变化情况，为“反事实分析”提供理论分析框架。

1. 能源企业最优生产决策

参考 Hsieh and Klenow（2007，2009）、陈永伟和胡伟民（2011）、Asker et al.（2014，2019），本节描述了能源行业最终产品市场企业的利润最大化问题，并推导了要素市场扭曲情形下的资本和劳动力需求、最优价格、TFPR 等的函数形式。

第一，最终能源产品市场。在完全竞争的市场中，参与上游环节和下游环节的能源企业 $i(i \in M)$ 生产具备差异化中间产品，并投放市场，代表性能源企业以价格 P_i 购买 M 个中间产品，而 M 个能源企业生产的中间产品又作为投入要素来生产单一的最终能源产品 Y。延续 3.2.1 节的设定，能源企业的生产函数的形式满足常替代性生产函数，能源市场中的最终产品 Y 是 M 种差异化中间产品的常替代性生产函数加总形式。那么，包含上游环节和下游环节的能源市场中，代表性能源企业利润最大化问题可以表示为公式 3 - 36：

$$\max_{Y_i} \pi = PY - \sum P_i Y_i \qquad (3-36a)$$

$$\text{s.t.} \quad Y = \left(\sum_{i=1}^{M} Y_i^{\frac{\sigma-1}{\sigma}}\right)^{\frac{\sigma}{\sigma-1}} \qquad (3-36b)$$

上游环节和下游环节能源企业中间产品市场所面临的投入需求函数如公式 3 - 37 所示：

$$Y_i = \frac{P_i^{-\sigma}}{P^{-\sigma}} Y \qquad (3-37)$$

其中 $P = \left(\sum_{k=1}^{M} P_k^{1-\sigma}\right)^{\frac{1}{1-\sigma}}$ 为能源市场最终产品价格指数。

第二，能源行业中间产品市场。在垄断竞争的市场中，上游环节和下游环节能源企业形成的中间产品中以恒定的 R 使用 K，且通过确定的 w 投入 L。那么 L 和 K 存在要素市场扭曲情形下，能源企业 i 的利润最大化问题可表示为如公式 3 - 38 所示：

$$\text{s.t.} \quad Y_i = A_i K_i^{a} L_i^{1-\alpha} \qquad (3-38a)$$

$$\text{s.t.} \quad Y_i = \frac{P_i^{-\sigma}}{P^{-\sigma}} Y \qquad (3-38b)$$

同样参照公式 3 - 21 ~ 公式 3 - 23 的处理方法，对利润最大化的一阶条件求解，可得资本和劳动比值为：

$$\frac{K_i}{L_i}=\frac{\alpha}{1-\alpha}\frac{(1+\tau_{L_i})w_i}{R(1+\tau_{K_1})} \tag{3-39}$$

则能源行业中间产品市场要素价格如公式 3 - 40 所示：

$$P_i=\frac{\sigma}{\sigma-1}\left(\frac{R}{\alpha}\right)^{\alpha}\left(\frac{(1+\tau_{L_i})w_i}{1-\alpha}\right)^{1-\alpha}\frac{(1+\tau_{K_i})^{\alpha}}{A_i} \tag{3-40}$$

能源行业资本与劳动力要素比值表明（如公式 3 - 39 所示），能源企业 i 的资本—劳动比率与要素市场扭曲呈正比例关系，即资本—劳动比率随着 τ_{K_i}，τ_{L_i} 下降而递减。同样地，在没有 τ_{K_i} 和 τ_{L_i} 情形下，上游环节和下游环节能源行业的资本—劳动比率随着能源企业 i 的工资 w_i 而变化。公式 3 - 40 的结果表明资本和劳动力要素市场扭曲提高会导致能源行业中间产品市场的最优价格提高，即要素市场扭曲会提高最优产品价格。若 $\tau_{K_i}=\tau_{L_i}=0$，能源企业全要素生产率 *TFP*（A_i）与中间产品价格 P_i 及企业员工工资 w_i 存在特定数量关系，即通过提高企业员工工资、降低企业 TFP 能够降低能源市场中间产品价格。

第三，能源行业要素扭曲。为了推导能源行业的资本和劳动需求，本节将公式 3 - 40 代入公式 3 - 38，并使用公式 3 - 38 和公式 3 - 40 替换中间产品市场中的 Y_i 和 P_i，同样根据拉格朗日行数求解能源企业利润最大化的一阶条件，由此可得能源企业 i 的资本和劳动需求，如公式 3 - 41 和公式 3 - 42 所示：

$$K_i=\left(\frac{\sigma-1}{\sigma}\right)^{\sigma}\left(\frac{\alpha}{R}\right)^{a(\sigma-1)+1}\left(\frac{1-\alpha}{(1+\tau_{L_i})w_i}\right)^{(1-\alpha)(\sigma-1)}\frac{A_i^{\sigma-1}}{(1+\tau_{K_l})^{\alpha(\sigma-1)+1}}Y \tag{3-41}$$

$$L_i=\left(\frac{\sigma-1}{\sigma}\right)^{\sigma}\left(\frac{\alpha}{R}\right)^{a(\sigma-1)}\left(\frac{1-\alpha}{(1+\tau_{L_i})w_i}\right)^{(1-\alpha)\sigma+\alpha}\frac{A_i^{\sigma-1}}{(1+\tau_{K_i})^{\alpha(\sigma-1)}}Y \tag{3-42}$$

由资本和劳动力需求公式可以发现，能源企业 i 的资本和劳动需求仍然取决于全要素生产率 *TFP*（A_i）、资本要素市场扭曲和劳动力要素市场扭曲。参照公式 3 - 25 和公式 3 - 26，计算多种能源企业类型的边际产品收益，结果表明考虑 $\forall\tau_{K_i}$，$\tau_{L_i}\neq0$，则要素市场扭曲导致了能源企业差异化 TFP 及边际产品收益 $MRPK_i$、$MRPL_i$。

2. 能源行业加总 TFP

同样，本节在前文能源企业核算边际产品收益基础上讨论要素市场扭曲对加总全要素生产率的影响。首先参考 Hsieh and Klenow（2009）、陈永伟和胡伟民（2011）等的设定，假设加总全要素生产率为要素市场扭曲的函数；接着讨论能源企业面临要素市场扭曲时，TFP 受到 TFPR 的影响。参照公式 3－32，基于固定增长核算方法的能源行业加总 TFP 如公式 3－43 所示：

$$TFP = \left(\frac{1}{M}\right)^{\frac{1}{\sigma-1}} \frac{Y}{K^{\alpha}L^{1-\alpha}} \tag{3-43}$$

其中，M 代表能源行业中存在的中间产品个数。将公式 3－38 带入至公式 3－36，替换能源行业加总产出 Y，然后参考 Bartelsman et al.（2008），则 TFP 可转化为 $TFPQ$ 和投入 K 及 L 等要素份额表示的函数，结果如公式 3－44 所示：

$$TFP = \frac{1}{M^{\frac{1}{\sigma-1}}} \left\{ \sum_{i=1}^{M} \left[A_i \left(\frac{K_i}{K}\right)^{\alpha} \left(\frac{L_i}{L}\right)^{1-\alpha} \right]^{\frac{\sigma-1}{\sigma}} \right\}^{\frac{\sigma}{\sigma-1}} \tag{3-44}$$

公式 3－44 的函数关系表明，能源行业中的企业面临要素投入份额增加会提高行业总的 TFP，因而，若能源行业要素投入存在扭曲现象势必会影响投入份额，进而影响行业加工 TFP。此外，能源行业加总 TFP 受制于每个能源企业的全要素生产率，二者呈现正比例函数关系。

基于 Hsieh and Klenow（2009）的理论分析框架，再参考常建新（2015）的理论推导，本节延续将能源行业加总 TFP 表示为能源企业 $TFP(A_i)$ 和要素市场扭曲函数的表示方法。根据资本（公式 3－41）和劳动力需求函数（公式 3－42），可得能源行业整体的总资本及总需求函数为 $K = \sum_{i=1}^{M} K_i$，$L = \sum_{i=1}^{M} L_i$，则能源企业 i 的资本和劳动力要素的投入份额如公式 3－45 和公式 3－46 所示。

$$\frac{K_i}{K} = \frac{\frac{1}{(1+\tau_{K_i})(1+\tau_{L_i})} P_i Y_i}{\sum_{j=1}^{M} \frac{1}{(1+\tau_{K_i})(1+\tau_{L_i})} P_j Y_j} \tag{3-45}$$

$$\frac{L_i}{L} = \frac{\frac{1}{(1+\tau_{L_i}) w_i}}{\sum_{j=1}^{M} \frac{1}{(1+\tau_{L_i}) w_j} P_j Y_j} \tag{3-46}$$

因此，根据公式 3 -45 和公式 3 -46，重新改写公式 3 -43 可得能源行业加总 TFP 使用 TFPR 表示的函数，结果如公式 3 -47 所示：

$$TFP = \left(\frac{1}{M}\right)^{\frac{1}{\sigma-1}} \frac{Y}{K^{\alpha}L^{1-\alpha}} = \left[\frac{1}{M}\sum_{i=1}^{M}\left(A_i \frac{\overline{TFPR}}{TFPR_i}\right)^{\sigma-1}\right]^{\frac{1}{\sigma-1}} \quad (3-47)$$

3.2.3 引入要素市场扭曲

1. 数理表征

虽然本章在 3.2.1 节考虑了三种企业类型下的要素市场扭曲情形，但扩展至多种能源企业的要素市场扭曲并未详细讨论，因此本节详细讨论要素市场扭曲情形对能源企业全要素生产率的持续性影响及作用机制。与 3.2.2 节假设不同，本节在能源行业异质性企业的前提下，首先考虑引入要素市场扭曲。遵照最简单的 C - D 生产函数形式，能源企业总可变成本主要受到企业自身生产率高低和行业要素市场扭曲程度的影响。相比之下，理想情形下要素市场扭曲造成的企业 MC 可以表示为公式 3 -48：

$$MC = \frac{\text{Total} \cdot \text{cost}}{Y} = \frac{(wL_i)(RK_i)}{A_i K_i^{\alpha} L_i^{1-\alpha}} \quad (3-48)$$

公式 3 -48 中 $A(i)$ 表征上游环节和下游环节能源企业的生产率水平，MC 衡量能源企业边际成本，w 则为劳动力要素的价格（工资）。而当引入资本要素和劳动要素市场扭曲时，上游环节和下游环节的能源企业边际成本可改写为 3 -49 所示的形式。

$$MC[A(i), \tau_{K_i}, \tau_{L_i}] = \frac{[w(1+\tau_{L_i})L_i][R(1+\tau_{K_i})K_i]}{A_i K_i^{\alpha} L_i^{1-\alpha}} \quad (3-49)$$

其中 τ_{K_i}，τ_{L_i}分别为资本和劳动力要素市场扭曲程度简化形式。

2. 机制阐述

当上游环节和下游环节的能源企业面临资本和劳动力要素市场扭曲时，如果 $\tau_{K_i} > 0, \tau_{L_i} > 0$，单位资本或劳动要素价格会分别上升至 $R(1+\tau_{K_i}), w(1+\tau_{L_i})$，那么上游环节和下游环节的能源企业边际成本将会增加，这就要求企业支付更多的价格来获得资本和劳动力要素投入，随着能源企业 MC 上升，不同环节的能源企业生产中对 K 和 L 投入需求有所降低。由公式 3 -49 可知，τ_{K_i}, τ_{L_i}

代表上游环节和下游环节能源企业面临的行业或市场的要素错配水平①。

由公式3-49可知，理论情形下，在保持其他参数不变的情况时，能源企业要素市场扭曲水平大小与能源企业全要素生产率成反比，即上游生产环节和下游生产环节能源企业面临的要素市场扭曲程度越低，越有利于提高不同生产环节的能源企业TFP，反之则越小。其传导机制是：首先，当能源企业要素市场扭曲程度降低，能源企业可分配到更多的能源，如资本、劳动力和中间投入等；其次，在要素市场扭曲程度降低后，能源企业拥有相对较高的MRP，从而增加能源企业的综合经济收益，进而获得较高的TFP。具体来看，当能源总量一定，能源企业面临的要素市场扭曲程度越低，能源企业越有助于依据其自身的全要素生产率高低获取相应的能源要素，继而重新分配能源要素，以此优化能源企业生产率。这种能源要素的市场化运作能够使全要素生产率高的能源企业获得更多要素资源；而能源全要素生产率低的企业调整产出，提升全要素生产率。这种理想情形下很容易推导要素市场扭曲与TFP的反比例关系，但正如前文所言，能源行业或企业比其他行业拥有更高的市场集中度，因此需要额外关注市场势力等情形。

在引入市场势力之前，需要分离要素市场扭曲的具体表现形式。本书通过构建的理论模型从中分离计算能源企业要素市场扭曲，在引入能源企业扭曲因子τ的前提下，利用陈永伟和胡伟民（2011）、陈永伟（2013）、邵宜航等（2013）、聂辉华等（2012）等研究成果，结合Hsieh and Klenow（2007，2009）以及Asker et al.（2014）的研究方法，构建处于不同产业链上的能源企业资本及劳动要素的扭曲税$distK_{si}$,$distL_{si}$来表征其偏离市场价格水平，对应的形式如公式3-50和公式3-51所示。

$$distK_i = 1 + \tau_{K_i} = \frac{\alpha}{1-\alpha} \times \frac{wL_i}{RK_i} \qquad (3-50)$$

$$distL_i = 1 + \tau_{L_i} = \frac{\sigma}{\sigma-1} \times \frac{wL_i}{P_iY_i} \qquad (3-51)$$

---

① 当到（$1+\tau_{K_i}$），（$1+\tau_{L_i}$）大于1时，企业获得生产要素的成本相比非扭曲市场有所增加，企业对于生产要素的投入相比非扭曲市场降低了，相当于企业面临税收政策，并使得利润减少；当（$1+\tau_{K_i}$），（$1+\tau_{L_i}$）小于1时，企业获得生产要素的成本相比非扭曲市场有所降低，企业对于生产要素的投入相比非扭曲市场增加了，相当于企业面临政府补贴政策，企业增加利润所得，要素投入数量高于市场机制配置下的最优水平；而当（$1+\tau_{K_i}$），（$1+\tau_{L_i}$）等于1时，为企业面对的要素市场不存在扭曲。需要说明的是，由于在企业的异质性前提下，每家企业的生产率水平并不相同。

其中 $distK_{si}$、$distL_{si}$分别表示能源企业 i 资本和劳动要素扭曲的具体表达形式。通过公式 3－50 和公式 3－51，可以看出要素市场扭曲受制于要素价格，特别地，如果能源企业生产所需的资本要素价格低估，则可能导致能源企业的最终产品在相应市场上无法正确反映其价值，可能使能源企业无法实现财务目标，主要表现为能源企业“账面”显示资本要素的低成本优势，促使企业获取较多的资本要素，挤出其他生产要素的使用成本。

3.2.4 引入市场势力

早期的产业组织研究者认为市场结构与绩效关系密切，这种观点为本书研究能源企业要素市场扭曲及生产率变化与市场势力关系提供了新的见解。产业组织理论的核心是“市场结构—市场行为—市场绩效”（Structure Conduct Performance，简称 SCP）范式[①]，将 SCP 范式应用于上游生产环节和下游生产环节的能源企业面临的市场结构与总产出增长，结合 Hsieh and Klenow（2007，2009）以及 Asker et al.（2014）的理论分析模型，对本书的研究主题是全新的研究框架。SCP 范式理论中通常使用市场势力和市场集中度等指标表征企业面临的市场竞争程度，然而，在上游环节和下游环节的能源行业动态市场环境中，一方面，不同产业链下的能源行业市场集中度的变化将滞后于市场信号；另一方面，能源行业下的市场集中度仅仅反映能源企业数量变化。而以能源产品价格加成率代表能源企业面临的市场势力水平，通常取决于能源企业的要素价格和边际成本（王俊豪、王建明，2007；王俊豪等，2021；谢伦裕等，2021），因而能源企业价格加成率能够在一定程度上反映上游环节及下游环节的能源企业的市场需求优势和成本优势。

由于能源市场在大多数情况并不满足完全竞争的假设，垄断可以存在于所有的能源竞争性市场。本节在图 3－3 的基础上，以资本为例，引入资本要素扭曲及市场势力讨论其造成的福利损失变化，最终形成如图 3－4 中的（d）和（e）。假设能源最终产品市场存在 1 个能源企业，且拥有一定的市场话语权，即市场势力（Market Power），其边际成本记为 MC_1；其余能源企业存在加总的边际成本，记为 MC_f。设定能源企业所使用的资本要素价格为 R，上游

① 其中“S”对应的是市场结构方面，这部分主要是市场的集中程度以及市场门槛高低来衡量，“C”则对应的是行为层面，一般意义的市场行为则主要包含价格与非价格方面，而“P”则表示的是绩效层面，它是前面两个部分的结果，可以采用财务与非财务指标加以考量。

环节和下游环节的能源企业所面临的资本要素市场扭曲带来的资本价格为 $R(1+\tau)$。按照 3.2.1 节中要素市场扭曲存在的三种情形，本节讨论了 $(1+\tau)>1$ 和 $(1+\tau)<1$ 的情形，分别如图 3－4（d）和图 3－4（e）所示，其中阴影部分为要素市场扭曲情形下市场势力带来的福利损失（Productive inefficiency）①。由图 3－4（d）可知，相较于不存在市场势力［图 3－4（a）］，不管是正向扭曲［图 3－4（d）］还是负向扭曲［图 3－4（e）］，市场势力会在要素市场扭曲带来的三角损失基础上额外增加一部分损失。

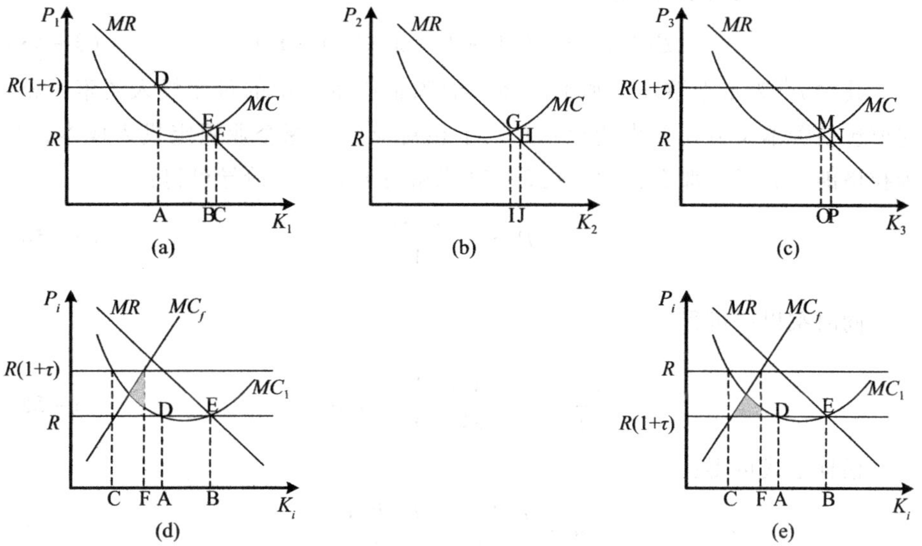

图 3－4　要素市场扭曲中加入市场势力推导的福利损失变化

注：(a)，能源企业 1 中 A 点代表资本要素市场扭曲情形；C 代表不存在资本要素市场扭曲情形；E 代表垄断竞争情形下 $MR=MC$ 的最优点取值，此点表明 $MRPK_1^e=\overline{MRPK^e}$；R 代表资本要素价格，τ 代表能源企业 1 存在的资本扭曲程度；面积 $S_{RR(1+\tau)DF}$ 表示因资本要素扭曲而导致的能源企业 1 利润损失。(b)，能源企业 2 中不存在资本要素扭曲的情形，其中 I 表示垄断竞争情形下 $MR=MC$ 的最优点取值，此点表明 $MRPK_2^e=\overline{MRPK^e}$；J 代表不存在资本要素市场扭曲情形。(c)，能源企业 3 中不存在资本要素扭曲的情形，其中 O 表示垄断竞争情形下 $MR=MC$ 的最优点取值，此点表明 $MRPK_3^e=\overline{MRPK^e}$；P 代表不存在资本要素市场扭曲情形。(d)，存在市场势力情形下正向要素扭曲导致福利损失情形；(e)，市场势力情形下负向要素市场扭曲导致的福利损失情形。

① Asker et al.（2014）将要素错配情形下市场势力带来的损失称之为生产无效率，具体参见 Asker, John, Allan Collard－Wexler, and Jan De Loecker. 2019. “（Mis）Allocation, Market Power, and Global Oil Extraction”, American Economic Review, 109（4）: 1568－1615。本节在图 3－2 融合了相关内容。

1. 数理表征

本节改进 De Loecker and Warzynski（2012）异质性市场势力[①]分析框架探讨能源企业考虑市场势力情形下要素市场扭曲如何影响全要素生产率，并讨论市场势力对全要素生产率的影响机制。假设能源企业存在异质性，设能源企业满足的生产函数如公式 3-52 所示：

$$Y_i = Y_i(A_i, V_i) \tag{3-52}$$

根据图 3-4 的 MC 设定，考虑能源企业成本最小化的拉格朗日函数如下，其中 V 表示可变要素投入：

$$\mathcal{L}(V_i, \lambda_i) = P_i^V V_i + F_i - \lambda_i(Y(\cdot) - \overline{Y}_l) \tag{3-53}$$

其中 P_i^V 表示上游环节和下游环节能源企业生产中的可变投入要素价格，主要包括资本及劳动要素价格；F 表示相对应的能源企业固定投入成本；λ_i 为拉格朗日算子。那么，对公式 3-53 求解可变要素一阶导可得：

$$P_i^V = \lambda_i \frac{\partial Y(\cdot)}{\partial V_i} \tag{3-54}$$

同时乘以$\frac{V_i}{Y_i}$可得：

$$\frac{P_i^V V_i}{Y_i} = \lambda_{it} \frac{\partial Y(\cdot)}{\partial V_i} \frac{V_i}{Y_i} = \lambda_{it} \theta_{ti} \tag{3-55}$$

根据上式可得：

$$\theta_i = \frac{1}{\lambda_{it}} \frac{P_i^V V_i}{Y_i} = \frac{P_i}{\lambda_i} \frac{P_i^V V_i}{P_i Y_i} \tag{3-56}$$

此处，P_i 表示能源最终产品的市场价格。根据 Asker et al.（2014）的设定，公式 3-56 中的成本最小化函数中的 λ_i，可视为能源企业 MC。参考 De Loecker and Warzynski（2012）的研究成果，本书定义处于不同产业链的能源企业所面临的市场势力为 $lerner_i = \frac{P_i}{\lambda_i}$，由于能源企业边际成本难以获取，通过引入要素弹性系数，因而具体测算能源企业市场势力如公式 3-57 所示：

$$lerner_i = \theta_i^V \frac{P_i Y_i}{P_i^V V_i} = \theta_i^V / \alpha_i^V \tag{3-57}$$

---

① De Loecker and Warzynski（2012）的论文指出，部分文献控制企业不可观察的生产率时，企业市场势力将被高估，因此本节选择 De Loecker and Warzynski（2012）的理论模型推导市场势力，具体可参考文献 De Loecker, Jan, and Frederic Warzynski. 2012. "Markups and Firm - Level Export Status." American Economic Review, 102（6）：2437 - 2471。

公式3－57的结果表明，上游生产环节和下游生产环节能源企业面临的市场势力取决于可变生产要素（资本与劳动）的弹性系数 θ_i^V 和支出份额 λ_i^V。又因为能源行业加总全要素生产率中的公式3－44讨论了要素市场份额，代入公式3－57，可得能源行业投入要素市场份额表示的市场势力函数，结果如公式3－58所示：

$$TFP = \frac{1}{M^{\frac{1}{\sigma-1}}}\left\{ \sum_{i=1}^{M} \left[TFPQ_i\left(\frac{K_i}{K}\frac{L}{L_i}\right)^{\alpha}\left(\frac{L_i}{L}\right)^{1-\alpha} \right]^{\frac{\sigma-1}{\sigma}} \right\}^{\frac{\sigma}{\sigma-1}} \tag{3-58}$$

将公式3－46代入到公式3－58，可得要素市场扭曲、市场势力和能源企业TFP的关系式，结果如公式3－59所示：

$$TFP = \frac{1}{M^{\frac{1}{\sigma-1}}}\left\{ \sum_{i=1}^{M} \left[TFPQ_i\left(\frac{K_i}{K}\frac{L}{L_i}\right)^{\alpha}\left(\frac{\frac{1}{(1+\tau_{L_i})w_i}}{\sum_{j=1}^{M}\frac{1}{1+\tau_{L_i})w_j}P_jY_j}\right)^{1-\alpha} \right]^{\frac{\sigma-1}{\sigma}} \right\}^{\frac{\sigma}{\sigma-1}} \tag{3-59}$$

2. 机制阐述

由公式3－59可知，能源企业市场势力水平与全要生产率密切相关，主要表现为：具有市场支配力的能源企业，可以通过对高质量产品定价优势而获得超过十次均衡条件下的高额利润，但能源行业中的油气勘探、煤炭—石油—天然气开采与加工、电力与油气运输、油气存储等需要额外的生产要素投入，且这些投入均存在较长的生产周期。因此，能源行业市场力量是提升能源企业全要素生产率的重要因素。从要素市场扭曲角度影响看，根据公式3－45和公式3－46可知，要素投入份额是由工资、资本价格以及资本和劳动力要素市场扭曲决定的，而市场势力又受制于与要素投入份额及其生产弹性，因此能源企业市场势力通过要素市场扭曲影响全要素生产率变化。市场势力反映了能源企业在能源行业市场中的竞争地位，会促使企业提高技术水平，降低边际生产成本：一方面，鼓励上游生产环节和下游生产环节的能源企业生产所需要素（资本和劳动力）转向更高水平的生产率或高增长企业，最终导致低效率的能源企业退出能源市场，而能源企业新进入壁垒面临更为严峻的市场势力及高生产率要求；另一方面，市场竞争迫使能源企业不断扩大生产，投入更多的生产要素，造成企业生产力成本无序扩张，防止被淘汰出市场（Asker et al.，2014，2019；Hsieh and Klenow，2007，2009；Syverson，2011）。

基于公式 3 - 59，本书提出研究假设 H3.1：

假设 H3.1：能源企业面临的市场势力和要素市场扭曲程度越大，TFP 损失程度越低。

3.2.5 考虑能源企业上下游分布

同样，基于 Hsieh and Klenow (2009) 的理论框架，本节构建了一个基于异质性企业和垄断竞争的标准模型。需要注意的是，本节构建的能源企业异质性模型是一个闭合的模型①，因为对于最外层生产函数（最终产品部门）隐含了 $U = Y$ 形式的生产函数（并不局限于此形式，"越多越好"的生产函数形式均可）。此外，能源行业上游产品可以作为下游生产的投入品，因而能源行业下游产品的生产函数其实对于上游产品（中间产品）是隐含的效用函数。因此，考虑能源行业中存在的上下游分布后，要素市场扭曲影响能源企业 TFP 的具体建模思路包括：首先，明确各层生产函数的形式并求解各层生产函数的价格指数（便于模型的求解和后续参数估计）；其次，根据第 2 章能源行业改革后的上下游症结，我们分别对应引入专业化分工和企业自生能力，求解对要素市场扭曲影响能源企业 TFP 损失的纠偏作用。本节的模型假设生产函数有三层，最外层生产函数生产最终产品并在完全竞争的市场上销售，第二层生产函数生产下游产品 Y_s 并在完全竞争市场上销售，最内层生产函数生产上游产品 Y_{si} 并在垄断竞争的市场上销售。

1. 能源上游企业理论模型

第一，基准模型设定。上游中间产品能源生产部门的技术为使用资本和劳动力要素的科布道格拉斯生产函数，如公式 3 - 6 所示。那么，采用资本和劳动力要素生产导致市场扭曲情形下，能源企业利润最大化条件为：

$$\frac{\partial \pi_i}{\partial L_i} = P_i A_i K_i^{\alpha} L_i^{1-\alpha} \cdot L^{-1}(1-\alpha) = w(1+\tau_{L_i}) \tag{3-60a}$$

$$\frac{\partial \pi_i}{\partial K_i} = P_i A_i K_i^{\alpha} L_i^{1-\alpha} \cdot K^{-1}\alpha = (1+\tau_{K_i})R \tag{3-60b}$$

根据上式可以得到资本和劳动力需求比重，如公式 3 - 39 所示，那么要素市场价格为：

---

① 关于煤炭、石油、天然气和电力的主要行业划分，参见第 2.2 节的相关内容。

$$P_i = \frac{\sigma}{\sigma - 1}\left(\frac{R}{\alpha}\right)^{\alpha}\left(\frac{(1+\tau_{L_i})w_i}{1-\alpha}\right)^{1-\alpha}\frac{(1+\tau_{K_i})^{\alpha}}{A_i} \tag{3-61}$$

第二，引入专业化分工。在得出要素市场价格后并不能正确反映能源上游市场的要素扭曲变化，且不能较清晰地显示上下游行业中市场势力如何影响能源企业 TFP。此外，能源上游行业的市场集中度等明显高于下游行业（Asker et al.，2019），上下游行业的市场结构之间存在巨大差异。为此，本节在分工和市场产业结构下改进 Yang（1988）专业化递增报酬分工理论模型①，探讨专业化分工能否改善能源行业上游企业面临的要素市场扭曲，提升生产率。参考 Yang（1988）的研究假定，专业化递增报酬分工模型存在如下假设：一是企业生产专业化的过程中回报率不断增加，二是采用 Sah and Stiglitz（1986）发展的“localization technology”概念②，三是模型中存在交易费用。假设供给产品的上游能源企业交易产品为 $1,2,\cdots,i,n_i$，不交易产品量为 $n_i+1,\cdots,n_i+m$。当 $1<n<m$ 时有最优化决策问题：

$$\max U_i = x_i \prod_{r=1}^{n}(1-k)x_r^d \prod_{r=1}^{n} x_j, r \neq j \tag{3-62a}$$

$$x_i + x_i^s = L_i^a, x_j = L_j^a, \forall j = n+1, \cdots, m \tag{3-62b}$$

$$L_c = c(n-1) \tag{3-62c}$$

$$L_i + \sum_{j=n+1}^{m} L_j + L_c = 1 \tag{3-62d}$$

$$p_i x_i^s = \sum_{r=1}^{n} p_r x_r^d, r \neq i \tag{3-62e}$$

公式 3-62(a) 为上游能源企业 i 供给产品的最优化决策；公式 3-62(b)～(e) 为预算约束，公式 3-62(b) 为生产函数（自给量+供给量=产出水平），公式 3-62(c) 为贸易总成本，公式 3-62(d) 为禀赋约束，公式 3-62(e)为供需平衡。供需市场中的自给自足量为 x_i，上游能源企业供给量为 x_i^s，需求量为 x_r^d，供给量的劳动份额为 L_i；x_j 为非贸易品自给自足量，L_j 为生产非贸易品的劳动份额，p_i 为产品价格。$x_i, x_i^s, x_r^d, L_i, x_j, L_j$ 和 n 为决策变量。

通过求解目标函数（公式 3-62），将其表示为 X_i^s, x_r^d, L_i 和 n 的函数，对

---

① 本书改进了 Yang（1988）博士论文中的理论模型，感兴趣读者可参阅其翻译书稿中的理论模型主体框架：杨小凯著，苏良译，基于专业化递增报酬的分工理论——一种微观经济学方法，北京：社会科学文献出版社，2019，第 158～193 页。

② Sah and Stiglitz（1986）的“localization technology”概念假设个人在生产中的最大可用时间是固定的。

上述决策变量求解一阶条件式最优值可得 $p_{ir}=\dfrac{p_i}{p_r}$，改写公式 3-62(a)：

$$U_i=x_i[(1-k)p_ix_i]^{n-1}(\prod_{r=1}^{n}p_r^{-1})x_j^{m-n}=U_i(n,c,k,a,p_{ir}) \quad (3-63)$$

根据 3.2.2 节设定的 M 个中间产品市场，遵循供需平衡约束条件，可求得市场出清条件为：

$$M_ix_i^s=\sum_{r=1}^{n}M_rx_{ri}^d,\ r\neq i,i=1,\cdots,n \quad (3-64)$$

其中假定 M_i 连续（因为经济系统中总人口数量给定）。x_{ri}^d 为供给产品的上游能源企业对产品的需求。实际上 x_{ri}^d 可以随下标 r 而变动。但是因为个人决策、市场出清条件和效用均等化条件对于所有产品和所有供给不同种类产品的上游能源企业是完全对称的，因此 x_{ri}^d 可以缩减为 x_i^d。在自由市场情形下，上游能源企业效用最大化行为将导致不同上游能源企业供给不同产品产生效用均等化结果。因此在均衡条件下求解间接效用函数 $U_i(p_{ir},\forall r=1,\cdots,n,r\neq i)$ 可得：

$$x_i=x_r^d=\frac{L_i^a}{n},\forall r=1,\cdots,n,r\neq i \quad (3-65a)$$

$$M_{ir}=1,\forall r=1,\cdots,n \quad (3-65b)$$

$$U=x_i^nx_j^{m-n}(1-k)^{n-1}=U(n,c,k,a) \quad (3-65c)$$

其中 $M^{ir}=\dfrac{M_i}{M_r}$，$\sum_{i=1}^{n}M_i=M$。对于所有的 i 和 r，$M_{ir}=1$ 意味着均衡中存在 $\dfrac{M}{n}$ 个市场，则上游能源企业所生产的交易产品的产出份额是 $1/\left(\dfrac{M}{n}\right)$，它表征了生产集中度，即传统意义上的市场势力。

由此可见，上游能源企业面临的市场势力将随着专业化分工程度的演进而得到提高。在每个市场中，n 个企业交易 n 种产品。市场中每个上游能源企业供给一种产品给 $n-1$ 个企业（个人），且购买 $n-1$ 种贸易产品，市场与市场之间不存在贸易（Yang，1988）。对效用水平求解一阶条件，可得专业化分工均衡水平：

$$n^*=n(c,k,a) \quad (3-66)$$

从专业化分工的均衡解可知，如果分工水平较高，那么在市场出清（均衡）条件下，生产的每一笔交易均会导致企业最终交易的产品数量减少。同时，伴随最终交易产品种类的下降，每种产品的生产者和购买者也会随着 n 进行同比例变动。如此，随着 n 的增加，市场结构中将使 1 个生产者服务多个消费者，1个消费者依赖多种职业部门，这种市场结构的演进将逐渐符合能源市场的专业化分工情形。但是这种演进并不意味着垄断力的上升，一方面是因为政府的规制情形会随着市场结构变化而作相应调整，另一方面则是市场中的企业能够生产所有种类的产品。

根据能源企业的专业化分工均衡水平（如公式3－66所示），则有 $\frac{\partial U(n^*,c,k,a)}{\partial n}=0,\frac{\partial U(n^*,c,k,a)}{\partial c}<0,\frac{\partial U(n^*,c,k,a)}{\partial k}<0,\frac{\partial U(n^*,c,k,a)}{\partial a}<0$。

上述求导公式结果意味着均衡的劳动报酬是专业化分工与交易效率的增函数。在本书给定的数理分析模型中，参照Yang（1988）和杨小凯（2019）研究成果的设定，一般来说自由市场制度有两种功能：一是在确定性分工水平下（即在给定的 n 情形下），通过自由市场制度进行资源要素分配的功能；二是假设市场中可能存在的交易产品种类数最优值 n^*（*Yang*，1988；杨小凯，2019），自由市场制度能够搜寻有效率的组织形式。相应地存在两种潜在的扭曲情形（缺乏效率）：一是资源配置存在扭曲，二是组织扭曲。如果 n 变动，将会影响劳动真实报酬和生产率的均衡水平，从而导致扭曲以及经济低效率。

参考公式3－53，由于上游生产环节能源企业生产过程中存在固定生产成本 F（主要包括技术更新成本，机器设备投入、折旧等），则有：

$$x_i+x_i^s=L_i^a-F,\forall i=1,2,\cdots,m) \tag{3－67}$$

如果 $F>\frac{1}{m}$ 则不存在自给自足，而 $\frac{1}{m}$ 明显小于 $\frac{n}{M}$，后者代表了企业所拥有的市场势力。

2. 能源下游企业理论模型

第一，基准模型设定。延续3.2.2节的设定，对于每一种下游中间产品，需要 M 个中间产品市场企业 $i(i\in M)$ 生产的差异化中间产品作为投入进行生产，生产技术为C－D生产函数形式，下游能源行业 s 企业 i 最终产品市场生产服从CES生产函数形式（如公式3－36所示），则上游生产环节的能源企业利成本最小化一阶条件如公式3－68所示：

$$\min_{Y_{si}}\sum_{i=1}^{M_s}P_{si}Y_{si} \tag{3－68a}$$

$$\text{s. t.}\quad Y_s=\left(\sum_{i=1}^{M_s}Y_{si}^{\frac{\sigma-1}{\sigma}}\right)^{\frac{\sigma}{\sigma-1}} \tag{3－68b}$$

根据成本最小化条件，设定拉格朗日函数①，进而根据一阶条件②，可得下游市场的生产函数：

$$Y_S = \left(\sum_{i=1}^{M_s} Y_{si}^{\frac{\sigma-1}{\sigma}} \right)^{\frac{\sigma}{\sigma-1}} = \left(\lambda_s \frac{\sigma-1}{\sigma} \right)^{\sigma} \left(\sum_{i=1}^{M_s} \left(\frac{1}{P_{si}} \right)^{\sigma-1} \right)^{\frac{\sigma}{\sigma-1}} \tag{3-69}$$

根据公式 3 - 69 可推得乘数为：

$$\lambda_s = \frac{\sigma}{\sigma-1} Y_s^{\frac{1}{\sigma}} \left(\sum_{i=1}^{M_s} \left(\frac{1}{P_{si}} \right)^{\sigma-1} \right)^{\frac{-1}{\sigma-1}} \tag{3-70}$$

结合一阶条件可求得下游市场的价格指数 P_s：

$$P_S = \left(\sum_{i=1}^{M_s} P_{si}^{1-\sigma} \right)^{\frac{1}{1-\sigma}} \tag{3-71}$$

由公式 3 - 71 可知，当能源行业下游环节面临的价格扭曲改变了企业生产结构时，可能企业造成与最优生产结构的偏离，从而抬高了企业生产成本，那么此时的生产成本可设定为：

$$C(\Delta) = \tilde{r} k = F + (\alpha^*(k) + \Delta) k^{\alpha^*(k)+\Delta} \tag{3-72}$$

其中 $\alpha^*(k)$ 为企业生产结构的最优生产类型函数（林毅夫和付才辉，2019）。

对公式 3 - 72 中的 Δ 求导可得：

$$\frac{\partial C(\Delta)}{\partial \Delta} > 0 \tag{3-73}$$

公式 3 - 73 的结果表明，当下游环节的能源企业 P_s 造成公式 3 - 50 或 3 - 51变动时，能源企业的最终实际生产成本将会提高。能源市场化改革形成的价格机制还不足以适应当前经济增长需求，以下游环节的能源价格监管为例，能源产业虽然承接上游的供应，但下游能源企业的高集中度及低市场化运作（如图 2 - 6 所示），最终遏制了要素的合理配置。

3. 机制阐述

对于能源上游企业而言，在均衡条件下，一方面，上游能源企业专业化分工提升，为了转化专业化分工带来的成本，需要额外抢占市场份额，企业会偏向提高市场势力，扩大核心产品种类，以巩固其竞争优势，提高生产率；另一方面，为了优化资源配置，上游环节能源企业会通过投放边际生产成本

① 成本最小化拉格朗日函数为：$\mathcal{L}_s = \sum_{i=1}^{M_s} P_{si} Y_{si} + \lambda_s \left(Y_s^{\frac{\sigma-1}{\sigma}} - \sum_{i=1}^{M_s} Y_{si}^{\frac{\sigma-1}{\sigma}} \right)$。

② $Y_{si}^{\frac{\sigma-1}{\sigma}} = \left(\frac{1}{P_{si}} \lambda_s \frac{\sigma-1}{\sigma} \right)^{\sigma-1}$。

较高的能源产品，这样有助于提高能源企业在生产过程中所耗费的资源要素利用程度，避免部分生产要素造成的过度浪费。在市场规律—优胜劣汰作用下，上游环节能源企业生产的核心优势产品份额将会增加，通过更高的市场份额（市场势力）将劣势产品逐出市场，最终提高上游环节能源企业的经营利润，继而提升其企业生产率。此外，专业化程度会受到市场势力的限制，当产品或服务的需求增长到一定规模时，企业专业化分工程度加深，且分工的水平会随着市场势力扩大而提高。能源市场中的上游环节企业提升生产率，主要通过市场规模，抢占市场份额形成高市场势力，从而使上游环节能源企业在提高生产率的同时扩展产业链和价值链。那么，能源市场中上游环节的企业如何通过市场势力扩展其产业链或价值链呢？目前流行的解释是，能源市场一体化建设可以打破传统的上游加工市场分割模式，降低区域间上游环节能源企业的合作、沟通、交流以及共同参与市场竞争壁垒，这种市场整合式的模式降低了上游环节能源企业生产经营成本，打破传统高市场势力压榨下的成本价值，进而提高了能源企业生产率。如此，能源市场一体化通过降低企业生产经营的交易成本，越来越多的上游环节能源企业会分离中间产品的生产环节，提高产品生产价值链的附加值，摆脱被“锁定”的底端价值链，从而不断提高能源企业的分工和生产专业化程度。综上，针对能源产业上游环节存在的问题及相关机制阐述结果，本书提出研究假设 H3.2 和研究假设 H3.3：

假设 H3.2：专业化分工会使上游能源企业倾向于扩张核心优势的产品，抢占市场份额，改变企业市场势力，优化资源配置，降低企业 TFP 损失。

假设 H3.3：专业化分工能够促进上游能源企业生产率的提高。

对于能源下游企业而言，结合能源行业下游环节的推导结果可知：当要素市场扭曲水平不变时，下游全要素生产率更高的能源企业面临的价格指数 P_{si} 更低；当能源下游行业的全要素生产率水平不变时，更高的加总全要素生产率是由于更高的价格指数造成的，同时也意味着更高的扭曲程度。由此，结合下游环节能源企业市场化改革存在的现实问题，本书提出研究假设 H3.4 和研究假设 H3.5：

假设 H3.4：企业自生能力是影响能源供应企业 TFP 损失的重要因素，并且因异质性差异而产生不同的效果。

假设 H3.5：要素价格扭曲通过影响企业自生能力，进而对能源企业 TFP 损失产生影响，且企业自生能力对这种影响具有调节作用。

3.3 本章小结

本章基于 Hsieh and Klenow（2009）理论模型，结合能源行业的实际情况，首先讨论了包含三种企业类型的特殊情形，进而将其扩展至包含多种能源企业类型，详细讨论了要素市场扭曲对 TFP 的影响，并引入市场势力，提出研究假设，理论模型的结果表明能源企业面临的市场势力和要素市场扭曲程度越大，TFP 损失程度越低。此外，由于能源行业的特殊性，本章还从产业链上游和下游出发，分别从上游能源企业专业化分工和下游企业自生能源出发，分开讨论这两种方式能否纠正要素市场扭曲对企业 TFP 损失的影响。上游理论模型结果表明专业化分工会使上游能源企业倾向于扩张核心优势的产品，抢占市场份额，改变企业市场势力，优化资源配置。专业化分工能够促进上游能源企业生产率的提高。而下游的价格指数结果表明当要素扭曲水平不变时，下游全要素生产率更高的能源企业面临的价格指数更低；当能源下游行业的全要素生产率水平不变时，更高的加总全要素生产率是由于更高的价格指数造成的，同时也意味着更高的扭曲程度。

第4章

能源企业全要素生产率：特征与事实

4.1 引 言

从20世纪60年代Robert Merton Solow将新古典经济学的“技术进步”概念“升级”为全要素生产率（TFP）以来（Solow，1956），已有文献在Solow提出的概念基础加以改进，由此形成了多样化的TFP概念思想。尽管学术界对TFP的定义莫衷一是，但部分文献延续Solow（1956）发表在The quarterly journal of economics上的A contribution to the theory of economic growth提出的“剩余”概念。这些文献将“剩余”概念实质化为各要素（如资本和劳动等）投入之外的技术进步和经营管理、培训等导致的决策单元经济体的经济产出增加。当然，这也是决策单元经济在剔除相关要素投入贡献后所得到的“残差”贡献。由于TFP能够较好地解释经济增长，因而其经常作为衡量经济增长或经济概念本质的重要指标。本书主要讨论要素市场扭曲对能源企业增长的影响，选择能源企业全要素生产率能够较为全面地体现研究主题，选择能源企业TFP主要是因为：第一，全要素生产率能够反映能源行业产业链的生产过程，在区分投入要素和产出情况下能够有效计算生产过程的整体生产率，避免了单要素生产率“以偏概全”的研究结论；第二，全要素生产率涵盖了广义技术进步，基于增长核算法能够判断要素贡献程度，且能够有效分解企业生产过程中的知识水平、管理水平、制度环境以及无法观测的随机误差等。因此，本书使用全要素生产率更能够反映能源企业的高质量增长。本书所使用的能源企业全要素生产率是指能源行业产业链中各个企业生产过程中不包括劳动力、资本等要素的“剩余”，即除劳动力和资本外的投入要素转化为产出的效率值。

Solow 模型基于 C – D 生产函数，有效分解不能被要素投入所解释的“剩余”。随着计量方法的深入发展，相关学者对“剩余”的持续分解也形成测算全要素生产率估计方法的差异。常见的计算 TFP 的方法主要如表 4 – 1 所示，这些方法主要包括两大类：前沿分析和非前沿分析，这两种方法又包含了多类型计量分析模型。

表 4 – 1　　全要素生产率测算的主要方法分类

类型	确定性方法（宏观/微观）	参数法	非参数法	半参数法
前沿分析	数据包络分析方法	PLP	DEA	
	随机前沿分析方法	SFA		StoNED
非前沿分析	传统生产函数法	OLS/FE/PLP		
	传统增长核算法/新增长核算法	要素贡献率		OP/LP/ACF

注：DEA 方法计算全要素生产率的方法较多，常见的如非参数估计的 Malmquist 指数法、Malmquist – Luenberger 指数法等；SFA 方法在计算技术效率的前提下，通过代入设定的生产函数可加总出全要素生产率，SFA 生产函数常用的包括科布道格拉斯生产函数以及超越对数生产函数；传统生产函数法中最为著名的是 Solow 模型，根据 Solow 模型形成的 OLS 估计和面板固定效应估计均属于传统生产函数法；增长核算法包括了近几年新开发的各种控制方程法，涵盖了 OP 法、LP 法、ACF 法等。StoNED，全称为 Stochastic Nonparametric Envelope of Data（随机非参数据包络分析法），主要由 Kwosmanem（2007）在 *Journal of Productivity Analysis* 发表的 Stochastic Nonparametric Envelopment of Data：Cross – sectional frontier estimation subject to shape constraints 这一文章中正式提出。PLP（Parametric LP）方法表示参数线性规划方法，均可以使用在传统生产函数和数据包络分析中。本表根据鲁晓东和连玉君（2012）的内容以及作者已发表的多篇论文作了新增。

表 4 – 1 中第二列注明了目前这些方法的适用范围，上述方法均可以适用在微观和宏观领域。纵观 TFP 测算的相关文献发现，早期学者由于数据可得性问题对 TFP 的测度主要研究对象为国家或者产业等宏观经济领域，因而全要素生产率测算方法称之为总量方法。肇始于 Solow 模型的增长理论，宏观领域的 TFP 研究更多的是关注其经济增长核算及要素的贡献程度，如 Lin（1992）基于传统生产函数对农村改革带来的资源要素进行核算。随着各种微观数据库的开发和开放，微观领域的 TFP 研究逐渐兴盛。与宏观领域研究 TFP 的主要应用不同的是，研究微观企业或个体的 TFP 主要从经典的研究假设入手，新古典经济学强调企业或个体是根据实际技术水平和上一期要素投

入等决定本期的要素投入水平（鲁晓东、连玉君，2012），由此导致适用于宏观经济领域的全要素生产率测算方法不能够很好地适应微观企业或个体的TFP测算。

因此，在测算中国能源产业全要素生产率之前需要重新梳理TFP研究方法，从而理清本书在测算能源企业全要素生产率所做的贡献。从实际情况来看，中国能源行业属于重资产行业（陈诗一、陈登科，2017；曹虹剑等，2019；范必，2018；李兰冰，2015；Peng et al.，2019，2020），同时能源行业也存在诸如投资规模大、建设周期长等的特征；劳动力则具有客观存在的“成长周期”。就资本和劳动力投入要素来看，郑照宁和刘德顺（2004）认为资本要素—能源要素替代弹性（>2.5）远高于*L*—能源要素的替代弹性（0.5），其结果也表明*K*和*L*存在明显替代关系，而杨福霞等（2011）文献显示能源与*K*、*L*之间的平均替代弹性分别为0.49、1.03，也存在显著的替代关系。从数值结果来看，杨福霞等（2011）的计算结果总体低于郑照宁和刘德顺（2004）的研究数值。此外，与郑照宁和刘德顺（2004）的研究结果相似，鲁成军和周端明（2008）采用制造执行系统模型（Manufacturing Execution System，简称MES）分析1978—2005年*K*、*L*与能源之间的替代关系，其研究结论仅表明了劳动力要素与能源之间的替代关系，但*K*与能源之间存在明显的互补关系。吴利学（2009）基于动态一般均衡模型的研究成果表明当前中国能源效率变化的关键在于资本要素利用效率，吴利学（2008）的政策模拟结果表明内生资本利用效率能够解释改革开放以来中国能源效率变化的81%，但这种政策模拟结果均没有合适的特征事实支撑。同样，张艳芳等（2017）的成果也表明*K*对能源的产出弹性远高于*L*对能源的产出弹性。这种没有统一情形的研究结果表明，现阶段中国能源行业TFP的增长在多大程度上由劳动力和资本等的投入推动，多大程度上由各种生产要素的贡献所推动仍有待扩展，这成为研究中国能源行业高质量发展的一个核心问题，所以在测算能源企业全要素生产率后进行要素贡献分析至关重要。

目前学术界对于中国能源行业TFP的研究主要从微观企业层面和宏观区域角度出发，代表性文献如微观能源企业TFP研究（王芃、武英涛，2014；刘宗明、吴正倩，2019；钱伟民、汤建光，2009）、宏观区域（鲁成军、周端明，2008；马晓军等，2017；潘雄锋等，2017；师博、沈坤荣，2008）。从研究内容来看，对于能源行业TFP的实证研究又可以分为三类：第一类是从地区能源禀赋角度出发，研究区域能源效率或全要素生产率的特征事实（李兰冰，2015；秦炳涛等，2016；傅元海等，2017；李小胜等，2017；马晓军等，2017；王忠等，2017）；第二类基于工业企业数据，研究微观企业能源配置效率（陈诗一、陈登科，2017；周倩玲、方时娇，2019）；第三类，考虑到环境问题以及绿色经济增长的双重压力，姚小剑等（2016）将能源与环境结合测算省市全要素绿色能源效率，得到能源环境全要素生产率。相对而言，虽然已有企业能源效率，但仅是针对企业配置效率，对能源企业 TFP 的研究还不丰富。刘宗明和吴正倩（2019）利用 1998—2007 年中国工业企业数据库，基于半参数 OP 法和面板固定效应（FE）方法测算了能源企业全要素生产率；王芃和武英涛（2014）利用 1999—2007 年中国工业企业数据，基于索罗余值的形式估算能源行业全要素生产率 TFP。上述两篇最具代表性文献均测算了中国工业企业两位代码的能源行业全要素生产率，涉及的能源行业主要涵盖了 B06、B07、C25、D44[①]，但是从能源行业的定义来看，上述两篇文献并未明确区分石油与天然气，也未剥离诸如燃气、煤气生产与供应等行业，换句话说，王芃和武英涛（2014）、刘宗明和吴正倩（2019）的文献计算的能源企业 TFP 数值不够精确，因此能源行业 TFP 测算研究仍有待扩展。

通过对相关文献的梳理，本书认为，尽管诸如中国工业企业数据库、中小企业调查数据库等微观数据库的深度开发，能源研究越来越偏向微观，但目前学术界能源微观企业的研究还不够深入，其研究深度仍有待挖掘，一方面是因为微观数据库诸如工业企业数据过于繁杂，另一方面是因为国家统计局多次变更行业代码造成数据整理上的困难。虽然刘宗明和吴正倩（2019）基于半参数 OP 法测算能源企业 TFP，但系统使用半参数效率分析模型及矩估计方法对能源企业的全要素生产率测算展开全面研究仍然不多见，同时缺乏多种半参数效率分析模型的横向对比，特别是 OP 法、LP 法、ACF 法等的对比而分析研究。鉴于此，本章使用半参数方法估计能源企业层面的全要素生产率，系统梳理半参数估计 TFP 的过程，并使用多种估计方法进行稳健性横向对比。

在此引言之后，本章剩余内容安排如下：首先，综述现阶段针对微观工业企业或制造业企业 TFP 测算方法（FE 法、OP 法、LP 法、ACF 法和 Wooldridge 法），通过深入梳理 TFP 方法、讨论本书使用的 ACF 方法对求解能源企

① 能源行业主要涉及煤炭开采与洗选业（B06）、石油和天然气开采行业（B07）、石油加工、炼焦和核燃料行业（C25）和电力、热力的生产与供应行业（D44），虽然能源行业也会涉及运输、存储等，但囿于数据，这些冷门能源行业目前文献基本没有涉猎。

业 TFP 的精确性；其次，对本章测算的中国能源企业 TFP 进行描述性统计，并初步估算投入要素对能源企业总产出的贡献程度；再次，对利用 ACF 方法测算的 1998—2014 年中国能源企业 TFP 值进行描述分析，通过能源企业 TFP 加总到行业、跨区域、分时段等的横向比较，讨论能源企业面临的要素市场扭曲总体情况及可能存在的 TFP 损失；最后，根据对上游环节和下游环节的能源企业 TFP 测算实证结果作出总结。

4.2　企业层面全要素生产率估计方法

传统的全要素生产率测算均是从 Solow（1956）模型的剥离“剩余”开始的，因而现有的测算微观企业全要素生产率的通用方法是从计量经济学中的函数拟合出发（Ackerberg et al.，2015；Adamopoulos et al.，2014；Banerjee et al.，2004，2020；Levinsohn & Petrin，2003；Olley & Pakes，1996；Wooldridge，2009）。从已有关于测算企业 TFP 的文献可知，当前的函数拟合分离 Solow（1956）所提出的“剩余”主要从“残差”着手，即从总量层面来看，“残差”是需要核算决策单元的投入要素生产率余值的加权平均。因此，上述文献以及目前兴起的全要素生产率理论所定义的 TFP 主要源自 Solow（1956）的“剩余”概念。当然，Solow（1956）也提出了相应的计量经济学模型。尽管最初的 TFP 概念是关于微观企业，但早期的技术手段以及数据原因无法将其广泛地应用到微观企业中去，而宏观层面，资本、劳动力等要素可以快速获取。

虽然 Solow（1956）提出了相应的计量经济学方法，但测算 TFP 使用何种函数形式仍然是当前争论的重点。目前多数文献常用的生产函数形式主要包括科布—道格拉斯函数形式（Cobb - Douglas production function，简称 C - D 生产函数）、常替代性生产函数形式（Constant Elasticity Substitution，简称 CES 生产函数）、二次型生产函数形式（Quadratic Forms Production）、超越对数生产函数形式（Transcendental Logarithmic Production，简称 Trans - log 生产函数）等，在实际实证操作中，文献中比较流行的函数形式为 C - D 生产函数和超越对数生产函数。这主要是因为 C - D 生产函数具备齐次性、规模报酬以及资本—劳动替代弹性为 1 等优点（Solo，1956；Ackerberg et al.，2015；Levinsohn & Petrin，2003；Olley & Pakes，1996；Wooldridge，2009），而 Trans - log 生产函数形式具备很大灵活性，但 Trans - log 生产函数损失了更多的自由度，且在实际估计过程中并未提供较多的额外信息，所以关于 TFP 效率分析的文献中 C - D 生产函数仍然比较流行，因此，结合第 3 章数理模型分析，本书在 C - D 生产函数形式基础上估算能源企业 TFP[①]，如公式 4 - 1 所示：

$$Y_{it} = A_{it} L_{it}^{\alpha} K_{it}^{\beta} \tag{4-1}$$

其中 Y_{it} 表示能源企业在第 t 期的最终产出，L_{it} 表示能源企业在第 t 期的劳动力要素投入，K_{it} 则表示能源企业在第 t 期的资本要素投入。A_{it} 通常表示为 Solow（1956）模型中的广义“技术进步”，也即文献中常见的全要素生产率（*TFP*）；α 表示公式 4 - 1 中劳动力投入要素生产弹性系数，β 表示资本投入要素生产弹性系数。由于指数形式的函数形式估计存在较大缺陷，一般需要对公式 4 - 1 作对数化处理[②]：

$$y_{it} = \alpha l_{it} + \beta k_{it} + w_{it} + \epsilon_{it} \tag{4-2}$$

其中 $\log A_{it} = w_{it} + \epsilon_{it}$，$w_{it}$ 部分是可以被能源企业观测到的生产率，ϵ_{it} 表示为随机误差项，不能被企业观测到。y_{it}，l_{it}，k_{it} 分别表示 Y_{it}, L_{it}, K_{it} 的对数形式。虽然公式 4 - 2 的形式简单，但使用能源企业面板数据模型估计 TFP 会出现同时性偏差（Simultaneity Bias）[③]、样本选择偏差（Selection Bias）[④] 和测量误差（Measurement Error）等问题，这样会导致估计的能源企业 *TFP* 存在偏误。前述，公式 4 - 2 中的 w_{it} 可以被能源企业观测，而 ϵ_{it} 不能被观测，那么企业在生产决策中只能尽可能地依靠被观测到的能源企业生产率 w_{it}，但很明显地，这一部分生产率存在被低估的情形，由此将其作为生产依据调整投入产出要素将会导致能源企业产出下降。对同时性偏差、样本选择偏差和测量误差等问题的解决也就产生了其他种类的企业 TFP（生产率）估计方法。

---

① 本书参考了计算微观企业 TFP 的代表性文献，如鲁晓东和连玉君（2012）、王芃和武英涛（2014）、刘宗明和吴正倩（2019）等，发现大部分学者均使用 C - D 生产函数，而对宏观行业则使用 CES 生产函数求解。

② 对变量取自然对数并没有改变变量的单调性，自然对数值仍然能够反映原变量的变化趋势。取对数后形成的曲线的斜率能够直接反映变量的增长速度。此外，取对数求解具有缩小数据的绝对数值、方便计算，且可将回归系数解释为弹性或半弹性（即百分比变化）等优点。

③ 同时性偏差是指能源企业在选择下一期投入要素时会依据上一期的全要素生产率 A_{it}，这样会使投入要素与 $\log A_{it}$ 存在相关性，这样会导致使用的变量之间存在内生性，产生估计偏误。

④ 选择性偏差是指低生产率的能源企业可能存在退出市场行为，生产率冲击和能源企业退出市场的概率存在相关关系。

4.2.1　FE 方法

获取能源企业面板数据的前提下，由于存在同时性偏差导致估计公式 4－2 存在内生性问题，Ackerberg et al.（2015）、Levinsohn and Petrin（2003）、Olley and Pakes（1996）以及 Wooldridge（2009）等的数理模型推导认为面板数据 FE 方法可以在一定程度上消减模型变量之间可能存在的内生性问题，其基本思路包括：首先，假定每个时期存在不同的随机误差 w_i，假设能源企业可观测部分的生产力冲击跨期不变，即 $w_{it}=w_i$ 存在非时变固定；其次，基于个体固定效应模型通过面板数据，引入能源企业个体虚拟变量，解决由 w_{it} 存在所带来的模型变量之间可能存在内生性（Lagos，2006；Olley & Pakes，1996）[①]，进而获得对科布—道格拉斯生产函数的一致无偏估计（Lagos，2006；Olley & Pakes，1996）。具体操作可使用“组间去心”方法（如公式 4－3 所示）和一阶差分方法（如公式 4－4 所示）解决 w_{it} 的估计问题：

$$y_{it}-\bar{y}_t=\alpha(l_{it}-\bar{l}_t)+\beta(k_{it}-\bar{k}_t)+(\epsilon_{it}-\bar{\epsilon}_t) \tag{4-3}$$

$$y_{it}-y_{it-1}=\alpha(l_{it}-l_{it-1})+\beta(k_{it}-k_{it-1})+(\epsilon_{it}-\epsilon_{it-1}) \tag{4-4}$$

其中 $w_{it}=w_i$ 在公式 4－4 差值过程中被消掉。但是，面板数据 FE 方法存在致命缺陷，主要涉及研究样本类型、样本涵盖信息以及模型估计假设等：第一，面板数据 FE 方法对研究样本数据类型有严格要求（Ackerberg et al.，2015；Adamopoulos et al.，2014；Banerjee et al.，2004，2020；Levinsohn & Petrin，2003；Olley & Pakes，1996；Wooldridge，2009），现阶段计量经济学只有通过面板数据类型才能引入个体 FE 方法；第二，使用个体 FE 方法容易引发共线性，导致样本数据中大量的信息将会被弃之不用（陈诗一、陈登科，2017；邵宜航等，2012）；第三，$w_{it}=w_i$ 存在非时变固定假设是一个强假定；第四，面板数据 FE 方法要求所选择的投入品均与 ϵ_{it} 不相关，这种估计假定过于严苛，这样使在能源企业实证分析中无法操作而损失大量样本[②]。

---

① 个体固定效应模型的估计只考虑跨个体的变化，在估计值中无法体现出时间变化所带来的信息，等于抹去了 w_{it} 的下标 i，这就使 FE 方法中被估参数难以得到最大限度的识别。

② 详细论述可参考龚斌磊等（2021）著：《农业技术进步与生产率研究：回顾与展望》，杭州：浙江大学出版社，第 52～56 页。

4.2.2 OP 方法

FE 方法解决了同时性偏差的部分内生性，但随之而来的部分假定也导致了新的内生性问题，对投入要素的过度苛责使全要素生产估计从投入要素的决策过程中寻找解决方法。因此，鉴于 FE 方法存在难以克服的问题，Olley and Pakes（1996）提出了相应的替换方法，在一定程度上克服了面板数据 FE 方法的缺陷。Olley and Pakes（1996）发展的方法主要核心思想是从投入要素的决策过程中寻找合意的控制方程，而控制方程主要目的是解决模型的内生性问题，其基本思想包括：第一，假定企业根据上一期生产率状况，以此为依据作出本期资本投资决策，也即本期资本投入要素不能随意调整；第二，放松劳动力投入要素的相关假定，当期可灵活调整。具体来看，参考 FE 方法的函数形式，OP 法认为企业存在投资决策 i_{it}，且企业投资决策 i_{it} 能够在一定程度上凸显随机误差 w_{it} 的相关信息（Olley and Pakes，1996），因此，在 OP 法实际估计过程中将企业当期投资决策 i_{it} 作为不可观测误差项 w_{it} 的代理变量，如此将可以解决同时性偏差问题。此外，OP 法假定企业的生产率水平 w_{it} 服从外生一阶马尔科夫过程：$P(w_{it+1} \mid I_{it}) = P(w_{it+1} \mid w_{it})$，其中 I_{it} 是上游环节和下游环节能源企业所能够决策的信息集合，与企业本身的生产率和状态变量无关。同时遵从资本和投资符合永续盘存法 $k_{it} = (1-\delta)k_{it-1} + i_{it-1}$ 的假定，δ 表示折旧率。

基于此，依据 OP 法构建能源企业最优投资函数，如公式 4－5 所示。结合公式 4－2 可知，与新古典生产者理论的短期假定相对应①，能源企业劳动力要素投入量是可变的（在 t 期决定），而资本要素投入量是固定不变的（在 $t-1$ 期决定）。

$$i_{it} = f_{it}(w_{it}, k_{it}) \tag{4-5}$$

求该最优投资函数的反函数，假定 $h(\cdot) = f^{-1}(\cdot)$，则公式 4－5 可以改写为公式 4－6：

$$w_{it} = f^{-1}(w_{it}, k_{it}) = h_{it}(i_{it}, h_{it}) \tag{4-6}$$

因此，将公式 4－6 代入生产函数估计方程，得：

---

① 参考高鸿业等（2010）编《西方经济学》（微观部分第五版）第 7 章不完全竞争市场的相关内容。

$$y_{it} = \alpha l_{it} + \beta k_{it} + h_{it}(i_{it}, k_{it}) + \epsilon_{it} \quad (4-7)$$

其中，αl_{it}表示劳动力要素的贡献量，$\beta k_{it} + h_{it}(i_{it}, k_{it})$ 代表资本要素对产出的贡献量，而 ϵ_{it}仍代表残差项。将公式 4 – 7 中右侧第二项和第三项定义为公式 4 – 8：

$$\phi_{it} = \beta k_{it} + h_{it}(i_{it}, k_{it}) \quad (4-8)$$

ϕ_{it}构建一个包含投资和资本的多项式来表示，定义其实际观测值为 $\tilde{\phi}_{it}$，其中公式 4 – 8 为半参数方程。

第一步，将公式 4 – 8 代入到生产函数公式 4 – 7 中可得：

$$y_{it} = \alpha l_{it} + \phi_{it} + \epsilon_{it} \quad (4-9)$$

由公式 4 – 9 可知，因 OP 方法构建的半参数方程代入成功消掉了造成内生性因素 w_{it}。通过估计公式 4 – 9 可得 α 的一致估计量 $\hat{\alpha}$ 以及实际观测值为 $\tilde{\phi}_{it}$。

第二步，基于公式 4 – 9 计算的系数代入公式 4 – 8，拟合多项式 $\tilde{\phi}_{it}$值。具体步骤包括：首先，扩展 w_{it}服从外生一阶马尔科夫过程，具体如公式4 – 10 所示，其中 $E[w_{it} \mid I_{it-1}] = 0$[①]，$I_{it-1}$为决策信息集合，$\xi_{it}$表示生产率冲击（如创新、引进新技术等），$I_{it-1}$、$\xi_{it}$与生产率和状态变量均无关；其次，将一阶马尔科夫过程方程同公式 4 – 9 结合，生成公式 4 – 11，其中 $e_{it} = \xi_{it} + \epsilon_{it}$，$\hat{w}_{it} = \tilde{\phi}_{it} - \beta k_{it}$；再次，假定函数 $g(\cdot)$ 服从随机游走过程，可得公式 4 – 12；最后，按照上述步骤正确估计符合企业的生产函数形式，由此可获得方程的残差值，根据 Solow（1956）方法“剥离”残差值，获得企业 TFP 对数值，进而估计出企业实际全要素生产率及其增长率。

$$w_{it} = E[w_{it} \mid I_{it-1}] + \xi_{it} = E[w_{it} \mid w_{it-1}] + \xi_{it} = g(w_{it-1}) + \xi_{it} \quad (4-10)$$

$$y_{it} - \hat{\alpha} l_{it} = \beta k_{it} + g(w_{it-1}) + e_{it} \quad (4-11)$$

$$y_{it} - \hat{\alpha} l_{it} = \beta(k_{it} - k_{it-1}) + \tilde{\phi}_{it} + e_{it} \quad (4-12)$$

4.2.3　LP 方法

虽然 OP 方法有效解决了样本选择偏差问题，但在实际生产过程中，部分

① 由于 OP 假定 k_{it}在 $t-1$ 期已经确定，$k_{it} \in I_{it-1}$，因此 $E[w_{it} \mid I_{it-1}] = 0$。

学者认为 OP 方法的估计结果将导致对企业 TFP 的过高估计，且 OP 方法还会受制于投资等问题，主要包括：第一，如果投资与生产率冲击 w_{it} 之间不满足单调关系，那么公式 4－5 就无法改写成公式 4－6，自然而然地就无法推导估计 TFP；第二，大量的企业并不是每一期都有正向的投资，一般来说企业有一个正投资门槛，当生产力冲击低于 w_{it} 时投资额为 0，这就导致 OP 方法在估计 TFP 时涉及无数据可计算的困境①；第三，如果放宽到弱单调性假定，即允许企业 0 投资的存在，那么这种假定意味着企业生产率水平是一致的，不存在差异；第四，如果不放宽第三条假定，丢弃企业投资额为 0 的情形，则会造成浪费和样本选择问题。总体来说，企业投资对 OP 法的使用有很大影响。基于此，Levinsohn and Petrin（2003）提出 LP 法，用以解决投资额对 OP 方法的适用限制，其核心结局思路是替换投资代理变量，使用中间投入品作控制变量。LP 方法认为通过选择中间投入变量能够有效解决企业对生产率的反应，因而能有效解决联立方程的内生性问题，这为测算 TFP 提供范例。

LP 法假设中间投入品的最优选择是资本存量和生产率冲击的函数，如公式 4－13 所示：

$$m_{it} = f(w_{it}, k_{it}) \tag{4-13}$$

假定公式 4－13 的函数关系为严格单调，则公式 4－7 表达的生产函数可以改写成公式 4－14，即：

$$y_{it} = \alpha l_{it} + \beta k_{it} + \gamma m_{it} + h_{it}(m_{it}, k_{it}) + \epsilon_{it} \tag{4-14}$$

接下来的估计步骤与 OP 法一致②。

4.2.4 ACF 方法

通过对比 OP 方法和 LP 方法的计算过程，本书发现 OP 法和 LP 法在计算过程中通过两阶段（两步法）估计企业全要素生产率（Levinsohn & Petrin，2003；Olley & Pakes，1996），具体表现为：在第一阶段，OP 法和 LP 法估算出劳动力要素产出弹性；然后在第二阶段，基于劳动力要素的产出弹性拟合包含资本要素的多项式，进而计算资本要素的产出弹性。然而，在实证分析

---

① 本书在筛选数据样本过程中发现部分企业投资额确实存在负值或为 0 的情况，这就导致在使用 LP 过程中会损失过多样本。

② 详细推导和计算过程也可参考彭甲超等（2021），中国农业全要素生产率的再检验——基于省级面板数据农业中间消耗品的分析，中国管理科学，2021，29（6），第 223～237 页。

中，投入变量和产出变量如果存在过高的共线性，这样就会使第一阶段估计出的劳动力要素产出弹性存在偏差（Ackerberg et al.，2015；Wooldridge，2009），这种情况下继续拟合估计多项式是否合适？Ackerberg et al.（2015）和 Wooldridge（2009）严格批判了 OP 法和 LP 法这种“割裂”的计算过程，有偏的劳动力要素产出弹性 α 将会对第二阶段的多项式估计存在“致命”的影响，最终计算的企业 TFP 也会和实际存在很大差别。

Ackerberg et al.（2015）为解决 OP 法和 LP 法的上述缺陷，提出 ACF 方法。ACF 方法放松了 OP 方法和 LP 方法原有的严苛假设条件，通过引入中间投入决策函数解决劳动力要素产出弹性估计的精确性，中间投入决策函数主要在于劳动力要素估计过程中改变数据生成机制，弥补 OP 法和 LP 法在第一阶段的估计缺陷。因此，本书通过 ACF 方法测算 1998—2014 年中国能源企业 TFP 及要素贡献率，横向对比 FE 法、OP 法、LP 法的计算结果。为此，本节详细论述构建测算中国能源企业全要素生产率的 ACF 方法分析框架。

首先，考虑如公式 4－2 所示的 C－D 生产函数形式，假定：一是对于第 t 期的能源企业而言，在实际生产过程中能够获取信息，信息集设定为 I_{it}，且 I_{it} 包含了当期和过去所有的信息，满足 $I_{it}=\{y_{it},k_{it},l_{it},w_{it}\}_{T=0}^{t}$，但并不包含任何未来的市场信息。不同于 OP 法和 LP 法对残差项 ϵ_{it} 的设定，ACF 方法中的残差项 ϵ_{it} 满足 $E[\epsilon_{it}\mid I_{it}]=0$。二是上游环节和下游环节能源企业生产率水平 w_{it} 服从一阶马尔科夫条件，即 $pP(w_{it+1}\mid I_{it})=P(w_{it+1}\mid w_{it})$。此外，$E[w_{it+1}\mid w_{it}]$ 关于 w_{it} 递增。三是能源企业第 t 期的资本存量 k_{it} 符合永续盘存法，即能源企业由 $t-1$ 期的资本存量和投资量决定，$k_{it}=(1-\delta)k_{it-1}+i_{it-1}$，且存在能源企业积累资本 $k_{it}=\kappa(k_{it-1},i_{it-1})$。四是能源企业 i 第 t 期的中间投入品 m_{it} 由投资决策 $m_{it}=m(k_{it},l_{it},w_{it})$ 产生。可以看出，$m(k_{it},l_{it},w_{it})$ 关于 w_{it} 严格递增。

其次，根据假定四，能源企业中间投入品 m_{it} 的生产决策受到能源企业 i 第 t 期的资本要素投入变量 k_{it}、劳动要素投入变量 l_{it} 以及实际生产过程中可被观测到的生产率水平的影响。此外，假定能源企业中间投入品要素 m_{it} 是关于生产率水平 w_{it} 的严格递增函数，这主要是因为随着生产率提高，能源企业能够提高市场势力、获取更多生产要素扩大再生产，这样能够增加能源企业中间投入品。由此可得上游环节和下游环节能源企业的投资决策函数反函数：$w_{it}=f^{-1}(w_{it},k_{it})=h_{it}(i_{it},h_{it})$。

再次，遵循 4.2.2 节中 OP 方法的计算过程，ACF 方法假设 $\varphi(k_{it},l_{it},m_{it})$

$=\gamma_0+\alpha k_{it}+\beta l_{it}+h(k_{it},l_{it},m_{it})$，根据假定一，可以得到第一阶段的矩条件，如公式 4－15 所示：

$$E[\varepsilon_{it}\mid I_{it}]=E[y_{it}-\varphi(k_{it},l_{it},m_{it})\mid I_{it}]=0 \tag{4-15}$$

从 ACF 方法假定和公式 4－15 可知，相较于 OP 法和 LP 法，Ackerberg et al.（2015）提出的方法在第一阶段的求解过程中没有办法得到劳动要素或是资本要素的产出弹性。根据假定一和公式 4－15 的推论可知，ACF 方法在第一阶段仅能估计得到 $\varphi(k_{it},l_{it},m_{it})$ 的值 $\hat{\varphi}_{it}$。

从 ACF 方法引入的中间投入品决策函数可知，第一阶段中的数据生产过程改变了 OP 法和 LP 法的参数估计，那么 ACF 法的这种非参数估计过程将无法分离资本要素或劳动力要素对 w_{it} 的影响。因此，ACF 法需要在第二阶段估计过程中着重估计资本及劳动力要素产出弹性水平。

根据假定二，包含上游环节和下游环节的能源企业 w_{it}（或能源企业 t 期的生产率水平 ξ_{it}）服从一阶马尔科夫条件（Ackerberg et al.，2015），可以得到：

$$w_{it}=E(w_{it}\mid I_{it-1})+\xi_{it}=E(w_{it}\mid w_{it-1})+\xi_{it}=g(w_{it})+\xi_{it} \tag{4-16}$$

其中，ξ_{it} 表示包含了上游生产环节和下游生产环节能源企业生产率水平 w_{it} 的信息，满足 $E(\xi_{it}\mid I_{it})=0$。将公式 4－16 代入生产函数可得：

$$\varphi(k_{it},l_{it},m_{it})=\gamma_0+\alpha k_{it}+\beta l_{it}+g(a_{it-1})+\xi_{it} \tag{4-17}$$

公式 4－17 中 $a_{it-1}=\varphi(k_{it-1},l_{it-1},m_{it-1})-\gamma_0-\alpha k_{it-1}-\beta l_{it-1}$，将其代入公式 4－17 可得：

$$\varphi(k_{it},l_{it},m_{it})=\gamma_0+\alpha k_{it}+\beta l_{it}+g(\varphi(k_{it-1},l_{it-1},m_{it-1})-\gamma_0-\alpha k_{it-1}-\beta l_{it-1})+\xi_{it} \tag{4-18}$$

其中公式 4－18 中的函数 $g(\cdot)$ 是一个包含了 φ、k 和 l 的滞后项函数，ACF 处理滞后项函数的方法是利用 $\varphi(k_{it-1},l_{it-1},m_{it-1}),k_{it-1},l_{it-1}$ 的高阶多项式对其逼近，这样可以得到相应参数的最优值。在利用公式 4－18 估计相关参数过程中，由于劳动要素滞后一阶项 l_{it-1} 与能源企业 t 期的生产率水平 ξ_{it} 存在相关性，因而直接利用 OLS 估计公式 4－18 会导致相应参数存在偏差。根据假定三可得：

$$E[k_{it}\xi_{it}]=E[E[k_{it}\xi_{it}\mid I_{it-1}]]=E[k_{it}E[\xi_{it}\mid I_{it-1}]]=E[k_{it}*0]=0 \tag{4-19}$$

此外，$\varphi(k_{it-1},l_{it-1},m_{it-1})$ 以及 I_{it-1} 都属于信息集 I_{it}。因此可得矩条件：

$$E[\varphi(k_{it-1},l_{it-1},m_{it-1})\xi_{it}]=E[l_{it}\xi_{it}]=0 \tag{4-20}$$

结合公式 4－18 和公式 4－20，可以得到包含上游环节和下游环节的能源企业生产率的信息表达式（如公式 4－21 所示）：

$$\xi_{it}=\varphi(k_{it},l_{it},m_{it})-\gamma_0-\alpha k_{it}-\beta l_{it} \tag{4-21}$$

根据公式 4－19、公式 4－20 和公式 4－21，ACF 方法可以在第二阶段对设定模型进行参数方法进行有效估计。当然，在实际的参数估计过程中，假定能源企业生产率水平 w_{it}（或能源企业 i 在 t 期的生产率水平 ξ_{it}）服从一阶马尔科夫条件（仍然服从 ACF 方法的相应研究假定），由此可以构造如公式 4－22 所示的多项式函数形式：

$$w_{it}=\rho_0+\rho_1 w_{it-1}+\rho_2 w_{it-1}^2+\rho_3 w_{it-1}^3+\xi_{it} \tag{4-22}$$

在利用广义矩估计方法得到方程的参数 α 和 β 后，就可以利用公式 4－22 得到本书所需要的全要素生产率水平：

$$w=\hat{\varphi}_{it}-\gamma_0-\alpha k_{it}-\beta l_{it} \tag{4-23}$$

4.2.5　其他估计方法

同时性偏差造成的主要问题是企业可观测生产率部分与投入变量存在内生性，为解决这种内生性，部分学者使用工具变量法克服样本的同时性偏差问题。工具变量（IV）法主要是寻找与投入要素相关，不直接影响能源企业产出 Y_{it} 变量，同时寻找的工具变量与生产率水平 w_{it} 和 ϵ_{it} 无关。一般可供选择工具变量包括对应指标的滞后期，投入要素的价格、产出产品价格等，但正如 Wooldridge（1996，2009）的相关研究结论所展示的那样，一般使用滞后项估算企业生产率或全要素生产率是有效的工具变量（Ackerberg et al.，2015；Levinsohn & Petrin，2003；Olley & Pakes，1996），但 Wooldridge（1996，2009）认为如果样本中加入过多的滞后项会损失一定量的观测值。当前样本文献的实证研究难以满足大样本估计，小样本估计是最常见的，因而损失观测值引发模型的其他问题。为解决模型加入滞后项损失观测值这一缺陷，部分学者在 Wooldridge（1996，2009）框架下，运用 Blundell and Bond（1998）提出的动态面板工具变量方法进行修正。本书也将广义矩估计方法结合 Wooldridge 法（Wooldridge，1996，2009）估算公式 4－18，从而测算 1998—2014 年中国能源企业全要素生产率水平。具体可参考 Wooldridge（1996，2009），本节不在此赘述。

4.3 数据来源与指标描述性统计

4.3.1 数据来源与处理

由于本书选择ACF方法估计中国能源企业全要素生产率，因此选择的主要指标包括能源企业总产出、资本、劳动力以及中间投入品。本书所使用的样本数据来源于中国工业企业数据调查库，时间跨度为1998—2014年，每年的能源企业样本数据如表4－2所示。由表4－2可知，本书选择的能源企业样本每年占比主要在4%左右，总体分布比较均匀。

表4－2 本书研究样本数据基本情况

年份	总的企业个数	能源企业个数	本书样本占比（%）
1998	165116	9331	5.6512
1999	162033	5654	3.4894
2000	162885	8566	5.2589
2001	171256	8603	5.0234
2002	181557	8971	4.9411
2003	196222	9520	4.8516
2004	279092	12873	4.6125
2005	270043	13054	4.8340
2006	301961	14663	4.8559
2007	336768	15260	4.5313
2008	412212	18011	4.3693
2009	366130	15714	4.2919
2010	442539	15940	3.6020
2011	302593	14032	4.6373
2012	324604	14820	4.5656
2013	344875	14432	4.1847
2014	209256	5785	2.7646

为了获得稳健性结论，本节对样本数据进行筛选，主要筛选步骤如下①：

① 具体筛选代码可参考附录B中的筛选过程代码，筛选方法可参考聂辉华等（2012）。

第一步，将 1998—2014 年整理成面板数据，在此基础上删除上游生产环节和下游生产环节能源企业存在遗漏变量的样本信息（无法满足本书实证操作的相关变量），例如，第一步，删除上游生产环节或下游生产环节中能源企业总资产、工业总产值、工业增加值、固定资产净值、销售额、从业人员等为 0 或数值缺失的样本信息；第二步，删除职工人数小于 8，且实收资本小于 0 或等于 0 的样本（刘宗明、吴正倩，2019；聂辉华等，2012；邵宜航等，2013；唐为，2021；王芃、武英涛，2014）；第三步，删除 2011 年以前和 2011 年以后的能源企业样本中不满足"规模以上"标准[①]的观测值，同时初步筛选删除总资产小于流动资产等不满足会计核算的相应样本（刘宗明、吴正倩，2019；唐为，2021；王芃、武英涛，2014）；第四步，考虑到异常值的影响，在实际估计过程中对指标样本进行缩尾处理[②]。

4.3.2　指标描述性统计

对能源企业层面的固定资本存量的核算，本书使用固定资产净值衡量资本投入（王芃、武英涛，2014；刘宗明、吴正倩，2019；陶小马等，2009；邵宜航等，2012；聂辉华等，2012）；劳动力指标使用全部从业人员工资总额表征劳动投入（王芃、武英涛，2014；刘宗明、吴正倩，2019；陶小马等，2009；邵宜航等，2012；聂辉华等，2012；王文珍、李平，2018；张少华、张天华，2017）；涉及的中间投入品计算方法则参考施炳展和李建桐（2020）。能源企业总产出则使用工业增加值表示（王芃、武英涛，2014；刘宗明、吴正倩，2019；陶小马等，2009；邵宜航等，2012；聂辉华等，2012；王文珍、李平，2018；张少华、张天华，2017）。相关数据均通过平减获得真实价格，平减指数均取自 EPS 数据库、中经网统计数据库和中国宏观统计年鉴（1999—2015 年）。同样参考王芃和武英涛（2014）、刘宗明和吴正倩（2019），本书将涉及的指标作对数处理，主要变量的统计特征与相关性分析如表 4-3 和图 4-1 所示。

---

① 2011 年以前，"规模以上"标准是指销售额在 500 万元及以上，2011 年及以后是指销售额在 2000 万元以上。

② 对异常值的处理另一种方式是所选变量除以自身均值，具体可参考 Kumbhakar and Parmeter (2009)，本书采用常见的缩尾处理。

表 4－3　　　　　能源企业 TFP 测算所用变量的描述性统计

变量	Obs	Mean	SD	Skewness	Kurtosis	Median
总产出	112615	9.1169	1.9632	0.2471	4.0082	9.0001
劳动力	112615	5.2012	1.3467	0.6251	4.3010	5.1475
资本	112615	9.8689	2.1324	0.4279	4.4065	9.6370
中间投入品	112615	9.8509	1.8415	0.3454	4.1279	9.6787
投资	112615	6.7982	2.9832	－0.2009	2.9281	6.9582
企业进入退出情况	112615	0.9795	0.1416	－6.7733	46.8777	1.0000

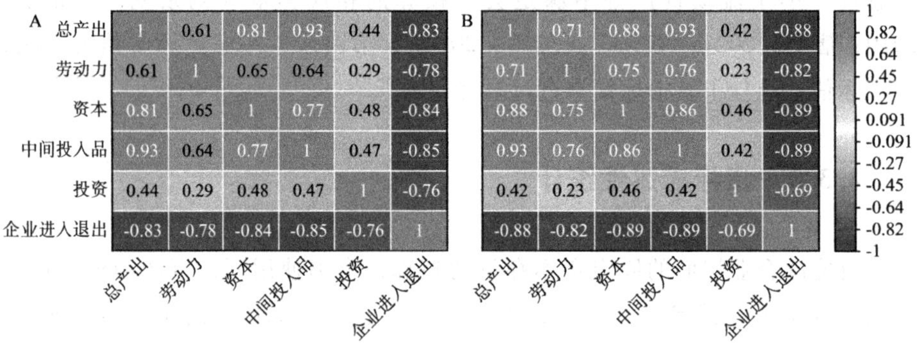

图 4－1　能源企业 TFP 测算所用变量的相关性分析

注：A 报告的是 Pearson's 相关系数，B 报告的是 Spearman's 相关系数；相关性系数对应的 p 值均在 1% 的水平上通过检验。

经过上述数据筛选及处理，本书获得了关于能源企业 112615 条样本数据，表 4－3 的描述性统计结果表明，能源企业投资的标准差最大，为 2.9832，数据波动最明显，其次为资本，标准差值与投资标准差很接近；能源企业总产出、劳动力投入以及中间投入品的标准差较为接近，分别为 1.9632、1.3467、1.8415，数据波动性质较小。从能源企业样本的均值来看，本书所筛选的样本与刘宗明和吴正倩（2019）的统计结果相差不大，其中本书计算的能源企业总产出、资本、劳动力和中间投入品的均值分别为 9.1169、9.8689、5.2012、9.8509，而刘宗明和吴正倩（2019）计算的 1998—2007 年能源企业总产出、资本、劳动力和中间投入品的均值分别为 10.01、9.56、7.78、9.56。从图 4－1 可知，上游生产环节和下游生产环节中能源企业核心变量不存在高度线性相关。综合表 4－3 和图 4－1 的描述性统计结果，本书选取的变量满足统计分析要求。

4.4　能源企业 TFP 的估计结果：比较与说明

4.4.1　投入要素生产弹性系数及贡献率分析

根据 Ackerberg et al.（2015）、Levinsohn and Petrin（2003）、Olley and Pakes（1996）和 Wooldridge（1996，2009）计算企业生产率的补助，本章在计算能源企业 TFP 前，还需要讨论方法选择的稳健性。因此，本书首先从 OP 法、LP 法、ACF 法和 WRGD 法估计生产函数的相关弹性系数，对比劳动要素、资本要素和中间投入品对能源企业总产出的贡献，结果如图 4－2 和表 4－4 所示。其次，为了检验本书使用 ACF 方法计算的能源企业 TFP 稳健性，本书将估算的能源企业 TFP 与其他文献进行比较，通过能源企业加总至两位数代码，将样本区分为能源开采、能源加工以及能源供应，包含 B06、B07、C25、D44 和 D45。由于本书使用的能源企业产出变量为工业增加值，因此在表 4－4 的回归结果中并未报告能源中间投入品的估计结果。当然，在实际 ACF 方法估计过程中控制了时间效应、省市效应和企业规模效应等因素。

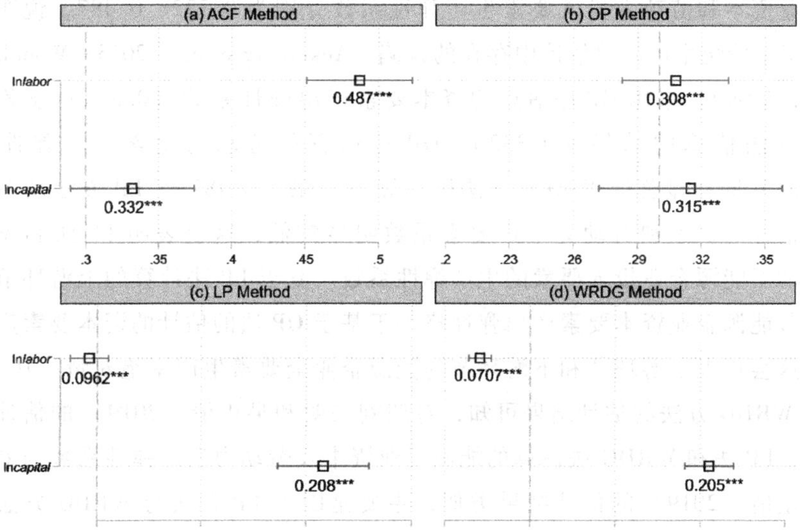

图 4－2　基于四种企业 TFP 估算方法的资本和劳动估计系数比较

注：四种方法估算的产出弹性系数均显著通过检验，显著性水平为 *** $p<0.01$，不再做特别说明。

表 4-4 不同行业资本及劳动力要素生产弹性系数及贡献率分析

行业	劳动力要素及贡献率			资本要素及贡献率			χ^2
整体	0.4871***	(-26.67)	[2.1657%]	0.33187***	(-15.32)	[16.7226%]	2825***
开采	0.1992***	(-5.24)	[0.948%]	0.4728***	(-10.49)	[16.031%]	2153.49***
加工	0.3812***	(-5.36)	[7.158%]	0.4155***	(-4.93)	[-9.848%]	236.33***
供应	0.7241***	(-19.74)	[1.842%]	0.3255***	(-7.49)	[24.725%]	53.42***
B06	0.1564***	(-9.67)	[1.733%]	0.4731***	(-24.67)	[16.485%]	15277.2***
B07	0.3697**	(-2.02)	[-27.172%]	0.7513***	(-4.62)	[-0.231%]	1.52
D44	0.729***	(-19.64)	[-4.296%]	0.3654***	(-8.31)	[20.009%]	189.23***
D45	0.1791**	(-2.11)	[102.31%]	0.4529***	(-4.22)	[101.91%]	86.86***

注：本书所使用的能源加工行业样本仅包含石油加工和炼焦业（C25），因此在行业 2 位数代码中删除石油加工和炼焦业（C25）的计算结果，该行业的劳动力和资本弹性参考能源加工行业的计算结果；χ^2 为 Wald 检验结果，显著的 χ^2 值其 p-value 均为 0；*** $p<0.01$，** $p<0.05$；B06、B07、D44、D45 分别表示煤炭开采与洗选业、石油与天然气开采业、电力生产与供应业、燃气生产与供应业；N 表示样本观测值，括号中代表 Z 统计量。方括号中表示的是要素对能源企业全要素生产率的贡献程度（单位:%），核算方法参考 Lin（1992）和孔祥智等（2018）中对投入要素贡献测算方法。

相较于 OP 法、LP 法和 WRDG 法计算的要素产出弹性，ACF 法估算的能源企业资本和劳动力投入要素生产弹性系数分别为 0.332、0.487，说明 ACF 法克服了传统生产函数估计中存在的缺陷（Ackerberg et al.，2015；Wooldridge，1996，2009）。采用 OP 法估算的资本要素产出弹性系数（0.315）显著低于 ACF 方法估算的结果（0.332），OP 法估算的劳动力要素产出弹性系数（0.308）同样显著低于 ACF 方法所估算的结果（0.487）。LP 方法及 WRDG 方法估计的资本和劳动力生产要素系数明显较低，这也表明 LP 法和 WRDG 法低估了能源企业投入要素的生产弹性系数。基于 LP 法计算的上游环节和下游环节能源企业资本要素产出弹性略小于基于 OP 法的估计的资本要素产出弹性，这会扩大上游环节和下游环节的能源企业全要素生产率绝对量。从 LP 方法和 WRDG 方法的估计结果可知，对照刘宗明和吴正倩（2019）的估计结果可知，LP 法和 WRDG 法估算的能源行业资本及劳动力生产弹性系数与刘宗明和吴正倩（2019）的估计结果类似，主要是因为 LP 方法与 WRDG 方法涉及能源中间投入品，而刘宗明和吴正倩（2019）也将中间投入品作为生产要素纳入能源企业 TFP 的测算框架中，但刘宗明和吴正倩（2019）的方法却选择 OP 法而不报告能源企业投资的估计结果。

另一个值得注意的问题是不同能源子行业之间的差异，本书以 ACF 方法计算的 5 种能源行业两位数代码的资本及劳动力生产弹性系数均在 1% 的显著性水平上通过检验，结果如表 4 – 4 所示。5 种能源行业均显示资本和劳动力对能源企业总产出的增长作用相近，其中能源开采和能源加工的资本生产弹性系数明显高于劳动力生产弹性系数，而能源供应行业的估计结果表明劳动力生产弹性系数明显高于资本生产弹性系数。这说明能源开采和能源加工行业中资本投入对促进能源企业产出发挥了更大的作用，劳动力要素和资本要素的生产弹性相加说明能源开采和能源加工仍然过多地依靠资本生产要素投入。上游环节和下游环节的能源企业总产出增加比例小于 L 和 K 增加的比例，原因在于对于上游环节的能源开采行业和能源加工行业企业生产规模过大，导致能源开采企业面临行业过高的市场势力水平，进而使中间产品市场和下游生产环节能源企业生产难以得到有效协调。而在能源供应行业劳动力投入发挥的作用显著大于资本要素，其资本要素和劳动力要素生产弹性系数相加说明能源供应需要持续增加要素投入。根据姚洋（1998）的研究结果，劳动要素生产弹性系数高于资本，表明该行业或该地区的资本密集度达到一定程度，即中国能源供应行业大部分企业开始了资本密集度化的过程。

能源企业边际产出会传导至资本及劳动力等投入要素价格，进而影响能源企业生产过程中的要素投入量变化，最终会对能源企业总产出增量的变化产生影响。考虑到样本的跨时间范围，本章计算了能源企业 K 和 L 要素对其总产出增量的贡献，主要是因为：第一，中国能源企业发展的最终目标是实现财务目标，提高企业的工业总产值，考虑各种要素对能源企业工业产值增量的贡献率，有利于核算不同要素对实现能源企业总产出增加的贡献率。第二，Lin（1992）和孔祥智等（2018）认为核算要素贡献率可以直接反应生产过程中的要素投入变化[①]。

本部分测算能源行业两种要素对企业总产出增量的贡献率[②]，结果如表

---

① 一般来说能源企业生产中的要素产出弹性为正（盖庆恩等，2015，2017，2019），那么产值增量贡献率的正负就是投入量的变化，如果投入量减少了，能源企业工业增加量减少了，也为正。如果投入量减少了，能源企业工业增加值是增加的，则为负数。

② Lin（1992）和孔祥智等（2018）的资本要素对能源企业总产出的贡献率核算方法主要公式为：$\eta_k = \beta \times \frac{\Delta K}{\Delta Y}$；劳动力要素贡献率为：$\eta_L = \alpha \times \frac{\Delta L}{\Delta Y}$；全要素生产率贡献率为：$\eta_{TFP} = \frac{\Delta TFP}{\Delta Y}$。由于存在着随机干扰因素和模型误差项的问题，因此，要素贡献率之和并不严格意义上的等于 1（李谷成等，2014）。

4-4方括号所示。从表4-4方括号中的结果可知，1998—2014年，中国能源行业整体的劳动力投入要素的年均企业总产出增量贡献率为2.1657%，显著低于资本投入要素对能源企业总产出增量的贡献率（16.7226%）。表4-4报告了细分行业的要素贡献率，同样地，劳动力要素的贡献率显著低于资本贡献率，但能源加工行业（C25）的核算结果表明资本要素的贡献率为负，这就说明能源加工行业的资本要素投入量减少，但该行业的能源企业工业增加值增加。对能源行业两位数代码的要素贡献率核算结果表明，石油和天然气开采资本及劳动力要素投入减少，但其工业增加值存在增加现象，而电力行业仅劳动力要素贡献率为负值，即电力行业劳动力投入下降，但总产出增加。

表4-4的研究结果表明中国能源企业劳动力投入要素对企业的贡献程度最低。尽管劳动要素的瓶颈贡献率为正，但石油和天然气及电力生产与供应的要素贡献为负。这说明改革开放至今，中国能源行业劳动力投入的要素特征已经由劳动密集型逐步转变为资本密集型。首先，随着劳动力要素价格的提高，中国能源行业经济增长越来越多地依赖资本积累，购买技术及设备进行开采、加工等均需要大量资本及技术专利投入。劳动力要素的投入量逐步降低，而能源行业工业总产值则不断增长（范必，2018；王芃、武英涛，2014；刘宗明、吴正倩，2019）。劳动力投入要素的贡献率最低，但并不能说明中国能源企业中劳动要素投入不再是促进能源市场经济增长的重要因素。

4.4.2 能源企业TFP基本特征

本节基于4.1节使用ACF方法估计的中国能源企业全要素生产率，通过细分行业、跨省市等方法描述1998—2014年中国能源企业TFP的特征。由于本书使用的是中国工业企业数据库，样本量较大，因而OP方法、LP方法、WRDG方法以及ACF方法所获得的有效估计点均在8万以上，为了全面展示中国能源企业全要素生产率的总体分布特征和动态变化，本节绘制了能源企业TFP核密度函数图，并将与经缩尾处理的核密度图作对比，结果如图4-3所示。图4-3的核密度图结果表明LP方法估计的中国能源企业TFP明显右偏，而WRDG方法估计的TFP值峰值最低，OP方法估计的能源企业TFP存在左偏特征，其峰值最高，综合来看，ACF方法估计的结果较为精确。经过缩尾处理TFP值也表明ACF方法估计的稳健性。

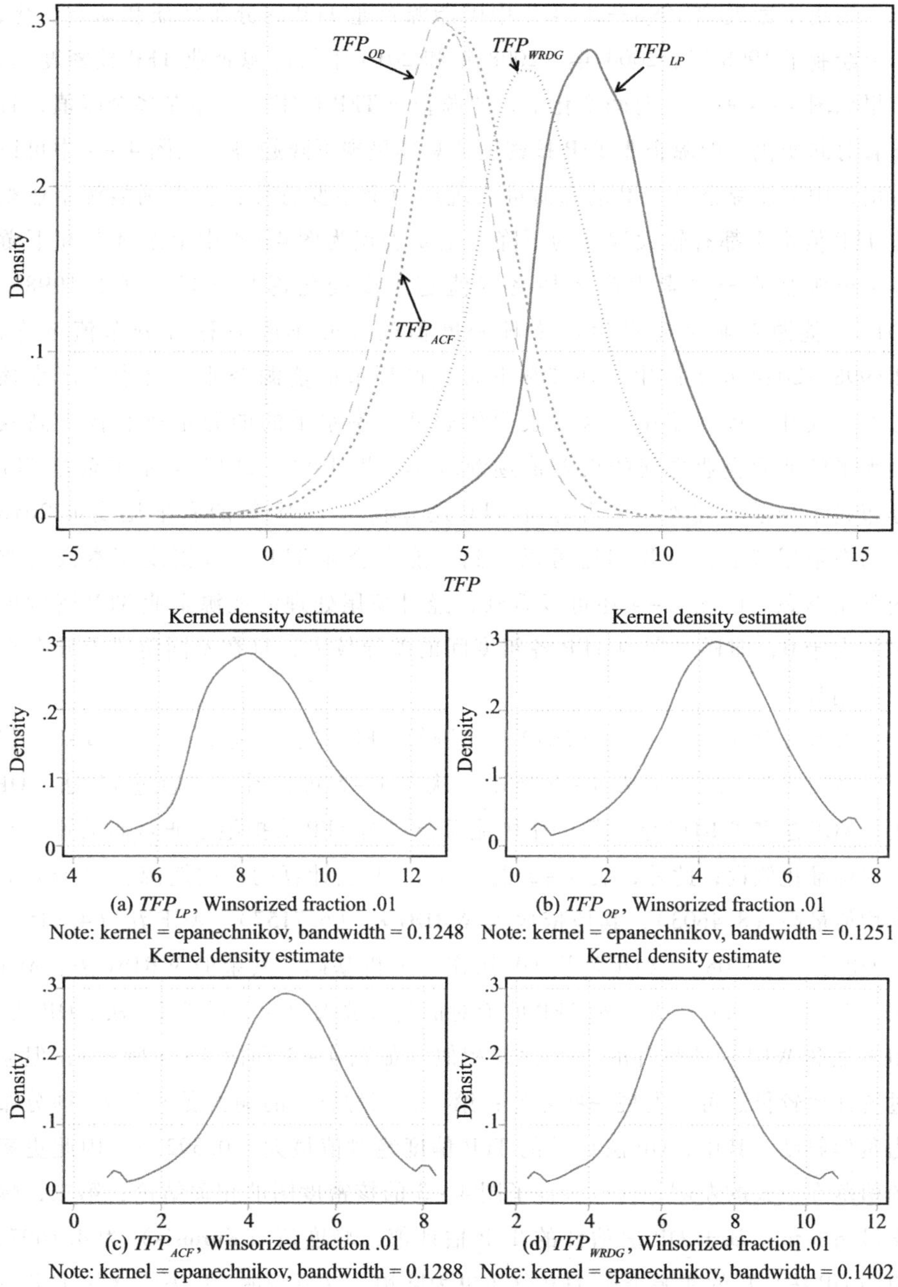

图 4－3　TFP 估计值的核密度函数分布：多种方法的比较

注：(a)、(b)、(c)、(d) 分别代表 LP 法、OP 法、ACF 法和 WRDG 法估计的 TFP 缩尾（0.01）核密度图。

为更全面展现1998—2014年中国能源企业TFP的分布特征和动态变化，本节绘制了1998年、2004年、2008年和2013年的能源企业TFP核密度图，结果如图4-4所示。时间变化上，能源企业TFP核密度图存在多个峰值，且随着时间变化，能源企业TFP核密度值总体呈现下降趋势。从图4-4中可以看出，中国能源企业TFP动态演进表现出两个主要特征：①中国能源企业整体TFP值水平都有较大程度的下降，主要表现为图4-4中上游环节和下游环节能源企业全要素生产率核密度值随年度变化逐步下降，其中1998—2014年能源企业全要素生产率核密度值的波峰不断右移且分布值下降；②1998—2014年上游生产环节和下游生产环节的能源企业全要素生产率核密度曲线开口逐渐缩小，这就表明代表低效率水平的能源企业和代表高效率水平的能源企业之间的极差值逐渐减小，即1998—2014年能源企业TFP分布趋于分散。此外，能源企业TFP还存在从1998年的右拖尾变成2013年的左拖尾特征，且我们还可以看到，能源企业TFP的核密度基本没有改变分布形态。由图4-4还可以看到，经过缩尾处理的能源企业TFP密度值主要大于0，即样本期内TFP各年度间的差异较大，且在不同阶段差异存在扩大趋势。

参考鲁晓东和连玉君（2012）的测算TFP方法横向对比，本节基于偏度—峰度检验，结果如表4-5所示。从表4-5可以看出，通过LP法、OP法、ACF法和WRDG法估算的中国能源公司的TFP值拒绝了非常高的置信水平的标准化假设；此外，表4-5也报告了LP法计算的中国能源企业TFP的平均值最高（8.4603），其他依次为WRDG法（6.7157）、ACF法（4.8455）和OP法（4.3708）。如果使用OP法作为分析基础，其余的WRDG法、ACF法（4.8455）、LP法方法对TFP的绝对值具有放大效应。虽然LP法、OP法、ACF法和WRDG法估计的TFP性状相似（如图4-3和图4-4所示），但通过统计比较仍然可以发现一些差异：第一，四种方法的偏斜度小于0，即分布为负偏斜度。其中，OP法估计的TFP偏度绝对值最大（0.3927），因此更多的值落在模式的左侧，这也验证了图4-3的核密度图的相关结论；第二，峰度最高的仍是基于OP法估计的TFP估计值，峰度值（Kurtosis）为4.1607，说明OP法估算的能源企业TFP分布更为陡峭，这就表明OP法估计的TFP可能缩小了能源企业TFP值。

采用LP法、WRDG法、ACF法和OP法计算的能源企业TFP相关系数矩阵如图4-5所示。为了比较LP法、WRDG法、ACF法和OP法估算的能源企

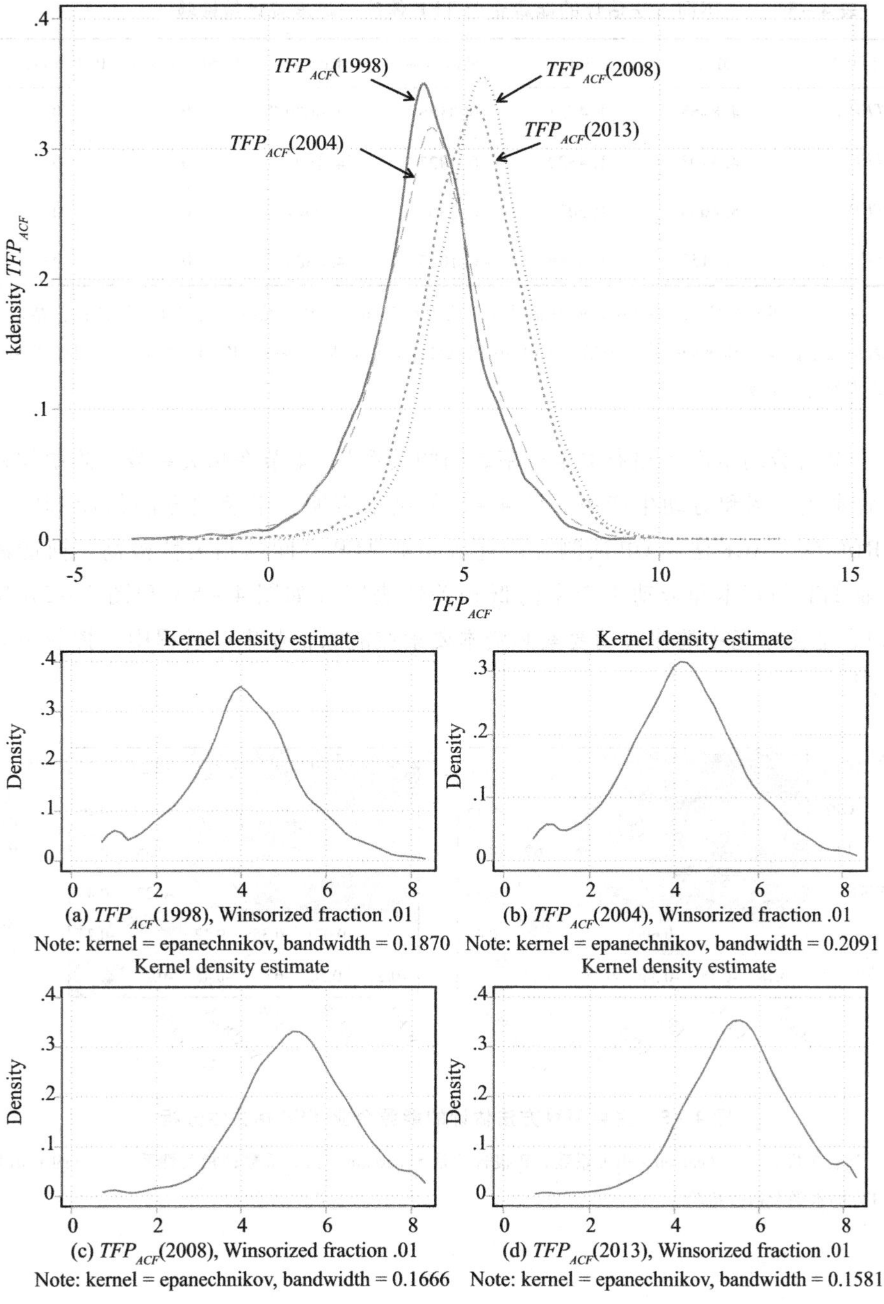

图 4－4　不同年份 TFP（ACF 法估计）核密度分布的动态演变特征

注：(a)、(b)、(c)、(d) 分别代表 1998 年、2004 年、2008 年和 2013 年估计的缩尾（0.01）TFP 核密度图。

表 4-5 不同方法估计的能源企业 TFP 偏度—峰度统计量检验

TFP 类型	Mean	Std.	Skewness	Kurtosis	P(Skewness)	P(Kurtosis)
TFP_{ACF}	4.8455	1.4731	-0.3126***	4.0670***	0	0
TFP_{OP}	4.3708	1.4322	-0.3927***	4.1607***	0	0
TFP_{LP}	8.4603	1.5035	0.2364***	4.0047***	0	0
TFP_{WRDG}	6.7157	1.6396	-0.1015***	4.0388***	0	0

注：所用的检验方法为 sktest，所有估计结果均满足 *** $p<0.01$，无特别说明外，统计检验结果均显著地通过检验；Skewness 代表偏度，Kurtosis 代表峰度，P（Skewness）、P（Kurtosis）分别代表偏度和峰度的对应 p 值。

业 TFP 与劳动生产率和资本生产率之间的关系①，本节在相关系数矩阵中加入了资本生产率和劳动生产率。图 4-5 的结果表明，半参数方法估计 LP 法、WRDG 法、ACF 法和 OP 法测算的能源企业 TFP 之间的相关性极高，而能源企业 TFP 与资本和劳动生产率的低相关性表明（如图 4-5A 和图 4-5B 所示），能源市场中的非劳动要素和资本要素在能源企业生产过程中发挥着重要作用。

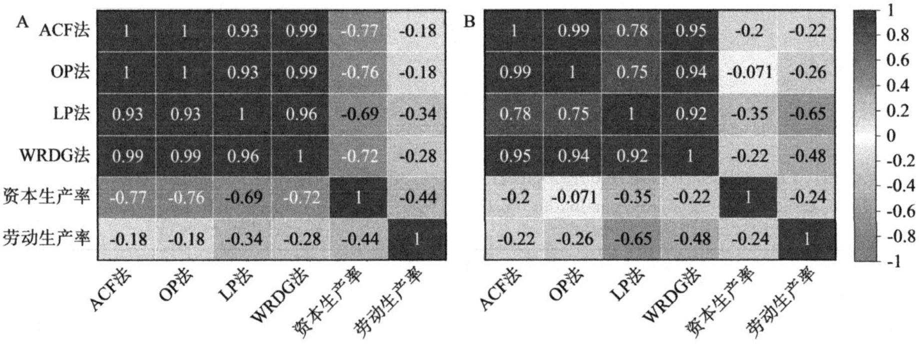

图 4-5 主要测算方法估计的能源企业 TFP 相关性分析

注：A 报告的是 Pearson's 相关系数，B 报告的是 Spearman's 相关系数；相关性系数对应的 p 值均在 1% 的水平上通过检验。

① 计算方法参考简泽（2011）、Chen et al.（2019）、Gamtessa and Olani（2018）等，资本生产率为各个能源企业工业增加值与能源企业的固定资产净值比率，劳动力生产率则为能源企业工业增加值与年平均员工人数比值。

新古典经济学认为在完全竞争市场条件下，各种生产要素（资本、劳动力、土地、技术等）可自由流动，生产率或技术进步水平与要素投入具有正相关关系。因此，刘宗明和吴正倩（2019）认为通过测试投入变量和能源企业 TFP 的相关性系数，可以在一定程度上“反演”能源企业或行业的要素配置状态。如果“反演”的状态表明实际情况与理论相符，可以认为该能源行业的要素配置效率较高，反之，则存在资源错配或扭曲情形。图 4-5A 和图 4-5B 展示了劳动生产率与资本生产率和能源企业 TFP 之间的相关关系，可以看出，两两之间的相关关系并不显著，由此可以初步地认为能源行业在 1998—2014 年内其资源要素配置未达到最优平衡（帕累托最优），同时能源企业的要素市场扭曲造成的全要素生产率损失较严重，这与刘宗明和吴正倩（2019）的研究结果一致。

4.4.3　能源企业 TFP：跨行业比较分析

在分析了中国能源企业 1998—2014 年全要素生产率的整体演变特征之后，本节进一步细分能源开采、能源加工以及能源供应，在两位数代码的前提下继续细分至四位数代码，讨论能源子行业的 TFP 基本特征事实。根据以上对几种方法估计结果的对比可知，因半参数 ACF 法得到了比较好的推定结果，所以以下主要以 ACF 法得到的 1998—2014 年中国能源企业 TFP 推定结果作为分析的基础，分别通过加总至行业层面和匹配到区域层面进行分析相关特征事实。另外，需要注意的是，由于本书估算的 1998—2014 年中国能源企业 TFP 的推算是基于微观数据的结果，因此通过各种相加总得到的 TFP 均值或增长率所反映的是能源行业（企业所在区域）企业的生产性平均表现水平，并不是从宏观意义上来说的能源行业（企业所在地区）技术进步水平（Massimo et al.，2008）。

另外，在中国所处的当前经济发展阶段，研究生产效率的动态变化具有更重大的意义，参照表 4-5 中资本及劳动力投入要素贡献率的核算方法（Lin，1992；孔祥智等，2018），以下也核算能源企业的 TFP 对总产出增量的贡献程度。根据 ACF 法估算的 1998—2014 年中国能源企业 TFP，首先计算了能源开采、能源加工以及能源供应的全要素生产率均值，并给出分组 T 统计量；然后基于 Lin（1992）和孔祥智等（2018）增长核算法，计算能源企业 TFP 对工业增加值增量的贡献率，并给出相应 T 统计量，结果如表 4-6 所示。

表4-6　两位数代码的能源行业TFP水平均值及其贡献率

行业	中位数	标准差	均值	均值标准误	T-values	TFP贡献率	T-test
开采	4.7571	1.3548	4.7537	0.0076	626.0344***	87.4167%	6.2581***
加工	5.3040	1.4259	5.2925	0.0141	375.2276***	101.8447%	4.9610***
供应	4.8703	1.5659	4.7973	0.0085	566.8602***	80.4712%	4.3058***
B06	4.7279	1.3065	4.7049	0.0074	634.0075***	86.4974%	6.0322***
B07	6.5381	1.8040	6.5569	0.0623	105.215***	120.2658%	4.4192***
C25	5.3040	1.4259	5.2925	0.0141	375.2276***	101.8447%	4.9610***
D44	4.8881	1.5691	4.8089	0.0088	548.9517***	88.0813%	5.5051***
D45	4.6810	1.5076	4.6252	0.0325	142.3561***	-43.9290%	-0.2293

注：T-values报告的是能源企业TFP分组均值的T统计量，T-test报告的是能源行业TFP对企业工业增加值增量贡献率的T统计量；*** $p<0.01$，** $p<0.05$，* $p<0.1$。B6代表能源开采与洗选业；B7代表石油与天然气开采业；C25表示石油与炼焦业，本书剔除了核加工业，避免与电力生产中的核力发电业重复；D44代表电力生产与供应业；D45表示燃气、煤气生产与供应业。

由表4-6可知，能源加工行业TFP均值最高，为5.2925，其次为能源供应和能源开采，分别为4.7973和4.7537，三者计算的分组均值均在1%的水平通过检验。细分三种行业类型（开采、加工、供应）至行业两位数代码（附录A），表4-6的结果表明中国主要能源类型的企业TFP均值中石油和天然气开采业最高，为6.5569；其次为石油加工与炼焦业，TFP均值为5.2925；然后依次为电力生产与供应业（4.8089）、煤炭开采与洗选业（4.7049）和燃气煤气生产与供应业（4.6252）。尽管石油和天然气开采行业的全要素生产率最高，但由于煤炭开采与洗选业全要素生产率较低，这就最终导致能源开采行业整体的TFP均值不高。

从表4-6中还可以看出，石油与天然气开采业的TFP对企业工业增加值增量的贡献率最高，为120.2658%；其次为石油加工与炼焦业的能源企业TFP，其对工业增加值增量贡献率为101.8447%，而燃气、煤气生产与供应业的TFP对企业工业增加值增量贡献率最低，仅为-44.9290%。根据盖庆恩等（2015，2017，2019）的相关研究结论，表4-5的生产弹性系数为正，则表明开采业、加工业、电力生产与供应业的全要素生产率贡献率显著为正，这说明上述行业中的能源企业TFP与工业增加值存在同比例变化趋势，而燃气、煤气生产与供应业的贡献率结果表明该行业企业TFP增加与工业增加值增量存在反比例变化。

如前所述，能源行业两位数代码不能剥离部分行业，比如石油与天然气开采业、石油加工与炼焦业等存在行业交叉，因此本书从能源行业四位数代码继续区分煤炭、石油、天然气与电力能源企业 TFP 的变化特征，并在此基础上讨论能源行业 TFP 变化对工业增加值增量的贡献率，其结果如表 4－7 所示。

表 4－7 四位数代码的能源行业 TFP 水平均值及其贡献率

代码	中位数	标准差	均值	均值标准误	T－values	TFP 贡献率	T－test
B0610	4.7152	1.2989	4.6855	0.0076	618.8115***	85.6208%	5.6903***
B0620	5.0610	1.3908	5.1045	0.0360	141.6706***	100.7275%	9.2258***
B0690	4.2482	1.2668	4.4095	0.1434	30.7403***	166.9448%	1.8902*
B0710	6.6798	1.8651	6.7215	0.0733	91.7389***	123.4901%	3.5892***
B0720	6.0796	1.7539	5.8116	0.3101	18.7442***	101.6728%	2.2607**
B1110	4.6633	0.1980	4.6633	0.1400	33.3045***	92.6695%	13.6260***
C2511	5.8196	1.5088	5.7804	0.0255	226.3226***	152.5111%	3.1749***
C2512	5.7269	1.2202	5.5908	0.1819	30.7371***	161.5541%	1.9373**
C2520	5.4685	1.2459	5.3865	0.0194	276.9698***	64.8943%	3.1827***
D4411	5.7846	1.3637	5.7381	0.0145	395.6960***	76.2623%	1.4698
D4412	4.1101	1.5069	4.0115	0.0140	286.8723***	102.6130%	11.489***
D4413	7.8635	1.3408	8.2962	0.2629	31.5512***	100.5848%	2.6836**
D4419	5.4420	1.2141	5.3842	0.0653	82.4888***	50.1546%	1.8901*
D4420	4.9364	1.3373	4.8757	0.0126	386.8183***	85.2038%	10.6157***
D4510	4.1330	1.4095	3.9943	0.1454	27.4747***	88.5452%	10.3797***
D4520	4.1499	1.4829	4.0359	0.0618	65.3211***	104.5879%	9.2906***

注：T－values 报告的是能源企业 TFP 分组均值的 T 统计量，T－test 报告的是能源行业 TFP 对企业工业增加值增量贡献率的 T 统计量；*** $p<0.01$，** $p<0.05$，* $p<0.1$。B0610 代表烟煤和无烟煤开采洗选业，B0620 代表褐煤开采洗选业，B0690 代表其他煤炭开采洗选业，B0710 代表石油开采业，B0720 代表天然气开采业，B1110 代表能源开采辅助业，C2511 代表原油加工及石油制品制造，C2512 代表人造原油制造，C2520 代表炼焦业，D4411 代表火力发电业，D4412 代表水力发电业，D4413 代表核力发电业，D4419 代表其他能源发电业，D4420 代表电力供应业，D4510 代表煤气生产与供应业，D4520 代表燃气生产与供应业。本章除特别说明外，主要行业代码均相同。

由表 4－7 可知，1999—2014 年 16 个能源行业中全要素生产率均值最高的是核力发电业（D4413），为 8.2962；其次为石油开采业（B0710）和天然气开采业，TFP 均值分别为 6.7215、5.8116。上述三大行业均需要大量投入技术和资本，这一方面说明石油、天然气开采与核力发电对资本和技术的需求远高于其他行业；另一方面，从 TFP 对上述企业工业增加值增量贡献率可知，TFP 增加快速提高了相关能源企业 TFP，这也表明了相应技术投入对能源企业 TFP 增加的事实，这对于整个能源企业未来提升整体生产率具有重要的指导意义。此外，诸如煤炭开采与洗选、炼焦业、煤气生产与供应业的能源企业 TFP 均值较低，由此可见能源行业的平均生产率增长较慢的大都属于一些传统行业，这说明传统能源行业中的能源企业面临 TFP 提升的固有顽疾。此外，由于这些行业的特点是劳动密集程度较高，因此劳动要素扮演更重要的角色，同时劳动生产力亦较低。尽管该行业技术发展缓慢，但劳动力配置对能源企业的整体可持续发展具有重要意义。

4.4.4 能源企业 TFP：跨地区比较分析

在对本书研究的 1998—2014 年能源企业样本产业层面汇总及细分分析基础上，本节继续讨论能源企业 TFP 在不同地区之间的分布情况。中国经济具有典型的地区发展不平衡特征，能源企业所在各区域的全要素生产率及全要素生产率贡献率的表现有什么区别？本节同时计算了 1998—2014 年能源企业所在 31 个省区的 TFP 平均值及 TFP 对能源企业工业增加值增量的贡献率，结果如表 4 - 8 所示。

表 4 - 8　1998—2014 年中国能源企业 TFP 水平均值分省加总及其贡献率

省市	中位数	标准差	均值	标准误	T - values	TFP 贡献率	T - test
上海	5.5180	1.7845	5.5482	0.0832	66.6837***	50.6310%	2.4289**
云南	4.7172	1.3044	4.6557	0.0269	173.3614***	90.0533%	6.2348***
内蒙古	5.4004	1.5070	5.3478	0.0324	165.1605***	294.3836%	2.1392**
北京	4.8362	1.6204	5.0076	0.0703	71.2796***	106.2387%	5.9994***
吉林	4.9586	1.4832	4.8796	0.0393	124.2793***	108.4180%	9.1082***
四川	4.8082	1.3135	4.7465	0.0178	266.3778***	89.3789%	8.4841***
天津	5.7774	1.5517	5.7490	0.0700	82.1792***	-5.6151%	-0.0413
宁夏	5.0366	1.5227	4.9264	0.0664	74.2032***	38.0486%	0.5681
安徽	4.8087	1.4636	4.8397	0.0384	126.0446***	89.9120%	8.9357***

续表

省市	中位数	标准差	均值	标准误	T - values	TFP 贡献率	T - test
山东	5.4738	1.3361	5.4256	0.0188	288.5224***	77.6056%	5.8087***
山西	4.6847	1.2925	4.6831	0.0129	362.1595***	15.5649%	0.3180
广东	4.9702	1.8044	4.9789	0.0284	175.1221***	105.0016%	9.6851***
广西	4.2124	1.6005	4.2127	0.0380	110.7336***	102.3057%	18.3542***
新疆	4.5332	1.6296	4.5597	0.0429	106.1776***	87.4695%	6.6818***
江苏	5.4708	1.3869	5.4853	0.0305	179.9412***	169.1222%	3.2504***
江西	4.5090	1.4307	4.3653	0.0296	147.5598***	114.2807%	6.7943***
河北	4.9812	1.5886	4.9310	0.0277	178.0996***	-33.3603%	-0.2600
河南	5.2052	1.2521	5.1585	0.0157	328.8595***	110.9929%	15.5547***
浙江	5.3746	1.4780	5.2891	0.0303	174.4759***	147.5026%	4.8710***
海南	4.1008	1.8908	4.2958	0.1108	38.7557***	134.1351%	2.6901**
湖北	4.7394	1.5144	4.7485	0.0369	128.6337***	98.4500%	6.2557***
湖南	4.4974	1.4072	4.4050	0.0209	211.0111***	86.9752%	3.8223***
甘肃	4.2543	1.6137	4.2792	0.0408	104.9699***	82.1011%	1.3141
福建	4.9821	1.2249	4.9287	0.0228	216.4606***	29.1721%	0.6044
西藏	3.6748	1.2434	3.7783	0.0854	44.2432***	50.2319%	0.5943
贵州	4.3928	1.4030	4.3266	0.0295	146.6977***	86.4492%	8.4750***
辽宁	4.9828	1.5302	5.0823	0.0302	168.2406***	99.8660%	2.0935**
重庆	4.5725	1.2426	4.5347	0.0304	149.3562***	109.9458%	6.4308***
陕西	4.9643	1.5323	4.8078	0.0306	157.1008***	187.1663%	2.7624**
青海	4.0538	1.7467	4.1146	0.0946	43.4988***	84.1616%	3.6892***
黑龙江	4.7219	1.3828	4.7267	0.0297	159.3097***	68.8604%	4.3288***

注：T - values 报告的是能源企业 TFP 分组均值的 T 统计量，T - test 报告的是能源行业 TFP 对企业工业增加值增量贡献率的 T 统计量；*** $p<0.01$，** $p<0.05$，* $p<0.1$。

由表 4 - 8 可知：首先，东部沿海地区的能源企业全要素生产率水平相对较高，而中西部地区的样本估计结果表明能源企业 TFP 相对较低。例如，能源企业 TFP 水平值最高的六个省区（上海、天津、山东、内蒙古、江苏和浙江）主要集中在东部沿海及能源资源禀赋高的地区，而能源企业 TFP 水平值最低的五个省区（西藏、青海、甘肃、广西和贵州）则位于西部地区，其中西藏、青海属于传统能源开采企业较为集聚的省区（范必，2018；李兰冰，2015；杭静等，2021），这类传统的能源开采企业整体上依赖政府政策扶持，主要依靠劳动和资本密集投入，因而其要素配置不高，这也就导致企业所在地区的能源 TFP 普遍不高。广西和贵州属于能源资源匮乏地区，其能源加工工业结构水平较低，因此能源企业全要素生产率总体水平较低。从胡焕庸线也可以清晰地看出两侧能源企业所在区域的 TFP 存在明显差异。此外，内陆能源企业全要素生产率增长率较高，表明中国能源企业总体上有趋同趋势，部分省区出现明显赶超现象，如内蒙古、河南和辽宁等，但是，对于这种追赶的可持续性有待于进一步检验，因为虽然部分能源企业市场化、能源资源开采政策收紧以及由于后发优势，相关财政政策的支持促成了生产力的暂时高速增长（鲁晓东、连玉君，2012；姚洋，1998），但这并不一定导致中西部地区资源要素丰富的能源企业和匮乏的能源企业全要素生产率的大幅提高。

表 4 - 8 的能源企业 TFP 区域均值结果表明，西部地区的上游生产环节和下游生产环节能源企业 TFP 表现也存在较大差异。贵州、新疆等西部省区的能源企业 1998—2014 年全要素生产率水平及其贡献率较低，赶超能力不足，长期处于生产力的低端。上述能源企业在样本期内的全要素生产率均值呈现明显区域分布规律的可能原因是东部沿海地区资本和劳动生产率较高，而东北和中西部地区表现稍弱，区域企业发展不平衡的现状再次得到验证（李兰冰，2015；范必，2018）。中西部地区的能源企业资本或劳动生产率增长率不高，这在很大程度上是由于资本要素和劳动要素从西部地区向东部地区整体迁移的结果，最终导致中西部地区能源企业发展面临资本要素和劳动力要素的双重稀缺。

本节在分省加总能源企业 TFP 的基础上，进一步讨论了中国能源企业 TFP 及其贡献率在不同地级市的分布特征，主要包括：第一，存在“中部塌陷”现象，东部地区、西部地区因其技术和能源资源禀赋能够有效提升能源企业 TFP，同时中部地区也面临能源行业劳动力等要素流失情况，双重作用下中部地区主要地级市的能源企业 TFP 明显低于周边市县。虽然有诸如山西等地的传统煤炭生产企业，但技术革新等也困扰能源企业 TFP。第二，能源企业 TFP 高值主要集中在沿海地区和边界，且北方地区的能源企业 TFP 明显高于南方地区。第三，能源企业 TFP 均值总体呈现东高西低的现象，这可能是因为西部地区虽然能源资源禀赋高于其他地区，但劳动力、资本、技术等远低于东部地区，且能源开采属于传统行业，追赶乏力，因而长期被生产率底端锁定。

从能源企业 TFP 对工业增加值增量贡献率地级市分布结果来看，当前能源企业 TFP 贡献率高值地区较为分散，能源企业 TFP 贡献率主要特征高值区域位于山西省、辽宁省、新疆以及广东等地，低值区域较为分散。

4.5　本章小结

微观企业生产率的实证研究已成为近期文献增长较快的领域之一，随着理论经济模型分析的主题从宏观数据逐渐扩展到微观企业，以及商业统计数据的日益可用，微观企业的实证研究逐渐成为研究要素配置变化的重点方向。针对当前能源企业生产率估算方法中样本选择的同时性和选择性偏差问题，本书着重分析 ACF 方法对 OP 和 LP 方法的改进，对当前各种前沿的修正方法进行了推导梳理。然后运用 OP 法、LP 法、WRDG 法和 ACF 法等半参数方法对 1998—2014 年中国能源企业的 TFP 进行了估计和对比，得到以下基本结论：

首先，在估计方法上，ACF 法能较好地处理因变量互定偏差引起的内生问题和因样本选择偏差引起的问题，本书的结果验证了这一点。虽然 OP 法在一定程度上处理了因变量造成的内生性问题和可能存在样本选择偏差问题，但 OP 法的估计要素产出弹性仍然较高，而 LP 法和 WRDG 法估计的上游环节和下游环节的能源企业资本及劳动要素生产弹性系数偏低。煤气、燃气生产与供应业则呈现规模报酬递增的特征，且能源企业资本及劳动力要素投入与 TFP 的关系不大。

其次，1998—2014 年能源企业资本、劳动力要素及 TFP 对产出增加值增量的贡献率表明：样本期内能源企业 TFP 与资本和劳动生产率的检验结果表明，除资本及劳动力外的其他要素投入对能源企业总产出增量产生了重要作用。从要素投入和 TFP 增长的贡献率来看，TFP 对能源企业工业增加值增量的贡献率显著高于资本要素的贡献率，而资本要素的贡献率又显著高于劳动力要素贡献率，这也表明了包含技术、管理水平等的能源企业 TFP 对其产出的贡献远高于要素投入的贡献。在改革开放之初，政府注重能源市场发展的

"量"，并未强调能源市场发展的"效"。而进入21世纪后，国家对能源领域消费端的考核逐渐改善了能源行业高要素、野蛮扩张的粗放型投入，TFP贡献率的逐年增加说明能源行业的市场化改革取得一定成效。

最后，基于能源行业的TFP研究表明，石油和天然气开采行业的能源企业TFP表现出较高的水平值和增长率，大大优于传统煤炭开采等行业的能源TFP。从能源企业所在地区层面的匹配结果来看，1998—2014年，中国能源企业的全要素生产率始终存在区域差异。尽管中部地区出现对东部地区的"追赶"现象，但各省市和地级市的TFP分布分析表明，部分省区的全要素生产率和贡献率较低，长期处于生产率的低端。

第5章

要素市场扭曲与能源企业TFP：引入市场势力

本章首先在第4章全面描述分析能源企业及其加总的全要素生产率差异的基础上，重点测度能源企业及加总行业面临的资本和劳动力要素市场扭曲水平，并详细讨论对16种能源行业部门资本和劳动力生产弹性参数进行校准；其次对中国能源行业四位数代码能源行业部门全要素生产率损失程度进行测度；再次，在相关特征事实的基础上，本章讨论要素市场扭曲对能源企业全要素生产率损失差异的具体影响，并在理论框架基础上着重讨论市场势力在要素市场扭曲对能源企业全要素生产率影响中的具体效应；最后，本章对消除资本和劳动力市场扭曲后能源子行业加总全要素生产率损失的改进程度进行“反事实”分析。

5.1 特征事实分析

第4章测算的能源企业全要素生产率及其分布特征结果表明，能源企业要素投入配置事实违背了资源有效配置，由此可见能源行业存在较为严重的资源配置扭曲，那么我们应该如何衡量1998—2014年中国能源企业要素市场扭曲的程度？为了更进一步地分析能源行业中企业面临的要素是否潜在地存在市场扭曲导致TFP损失，根据1998—2014年中国工业企业数据库提供相关信息，本节计算了1998—2014年四位数代码的能源行业内所有样本企业的资本生产率（Productivity Of Capital Stock，简称*PK*）和劳动生产率（Labor productivity，简称*LP*），结果如表5-1所示。同时，参照第4章的处理方法，表

5 - 1 也计算了四位数代码的能源行业资本生产率与劳动生产率对各自行业企业 TFP 的相关性系数。

表 5 - 1 能源行业四位数代码子行业资本生产率和劳动生产率描述性统计

代码	PK 均值	PL 均值	cor(PK,LP)	cor(PK,TFP)	cor(LP,TFP)
B0610	6.8698***	5.9428***	0.0014***	0.0082***	0.5149***
B0620	2.9623***	7.9797***	0.2337***	0.3822***	0.5638***
B0690	2.7942***	6.0393***	0.6286***	0.7359***	0.7180***
B0710	2.6914***	7.9897***	0.3619***	0.3416***	0.1618***
B0720	2.4844***	7.9454***	0.3513***	0.8012***	0.4774***
B1110	2.7342***	6.7077***	0.3980***	0.3232***	0.1478***
C2511	3.1007***	12.1332***	0.1582***	0.1715***	0.2769***
C2512	2.9812***	13.4511***	0.3294***	0.5779***	0.4763***
C2520	2.7729***	7.3792***	0.1063***	0.1806***	0.2054***
D4411	2.5330***	7.0832***	0.0123**	0.0847*	0.2884***
D4412	2.2841***	6.9918***	0.0402*	0.1627***	0.4515***
D4413	2.4814***	139.1704**	0.3937***	0.2020***	0.8413***
D4419	2.4324***	16.1845***	-0.0312	0.2600***	0.3984***
D4420	2.4528***	5.6778***	0.0893**	0.1959***	0.3972***
D4510	2.5241***	4.8496***	0.0294*	0.3306***	0.6724***
D4520	2.3091***	6.4273***	0.6414***	0.7527***	0.5667***

注：能源企业资本生产率和劳动生产率分组均值的统计量为 T - test，*** $p<0.01$，** $p<0.05$，* $p<0.1$，除特别说明外，相关系数均通过显著性检验。B0610 代表烟煤和无烟煤开采洗选业，B0620 代表褐煤开采洗选业，B0690 代表其他煤炭开采洗选业，B0710 代表石油开采业，B0720 代表天然气开采业，B1110 代表能源开采辅助业，C2511 代表原油加工及石油制品制造，C2512 代表人造原油制造，C2520 代表炼焦业，D4411 代表火力发电业，D4412 代表水力发电业，D4413 代表核力发电业，D4419 代表其他能源发电业，D4420 代表电力供应业，D4510 代表煤气生产与供应业，D4520 代表燃气生产与供应业。本章除特别说明外，主要行业代码均相同。相关性系数为 spearman 相关系数。

由表 5 - 1 的结果可知，能源行业 16 个主要部门的资本和劳动力生产率分布及其相关性呈现以下特征：

一方面，四位数代码的能源行业之间的劳动力生产率差异巨大，劳动生产率最大的行业为其他能源发电业，为 139.1704；劳动力生产率最小的行业为煤气生产与供应业（5.8496），极差为 135.3208；而企业之间资本生产率的差异远没有劳动力生产率的差异大，极差仅为 5.5857。能源行业 16 个部门的相关性系数结果表明资本生产率和劳动生产率主要呈正相关（电力发电行业除外），这也就表明当前样本期内的能源企业 PK 和 PL 之间的差异意味着 TFP 的差异，能源行业企业之间的 PK 和 PL 的差异在样本期内并不呈现 σ 收敛趋势也验证了这种差异性的存在。此外，从表 5－1 报告的描述性统计结果可知（主要报告均值和相关性系数）①，PK 和 PL 的标准差非常大（常建新，2015；王芃、武英涛，2014；刘宗明、吴正倩，2019），但 PK 的标准差（烟煤和无烟煤开采和洗选行业除外）远低于行业整体的 PL。这就说明当前能源行业 PL 的分布比 PK 的分布更为分散，样本期内能源市场上大多数企业 PL 较低，即中国能源行业可能存在较为严重的要素扭曲（王芃、武英涛，2014；刘宗明、吴正倩，2019）。

另一方面，四位数代码的能源行业之间企业全要素生产率与 PK 及 PL 的相关系数较小（表 5－1 第五列和第六列）。表 5－1 描述性统计结果显示劳动生产与资本生产率之间的相关性较弱（第四列），其中能源企业 TFP 与资本生产率的相关系数最大为 0.8012，与劳动力生产率的相关性系数最大为 0.8413，且从整体来看，能源企业全要素生产率与资本生产率的相关性系数大部分均小于 TFP 与劳动生产率的相关性系数。这一特征事实表明，样本期间，能源企业生产过程中资本流动并未如劳动一样自由，能源行业各个部门可能存在较为严重的资本扭曲。由于能源市场在市场机制的作用下，劳动力或资本要素倾向于从低生产率（PK/PL/TFP）的企业流向高生产率（PK/PL/TFP）的企业，因此，上游环节和下游环节的能源企业 TFP 与资本及劳动力生产率微弱的相关关系，意味着不同生产环节中的能源行业各个部门可能存在不同程度的要素市场扭曲，生产要素很可能导致能源企业 TFP 存在严重扭曲现象。

5.2　估计方法与参数校准

5.2.1　估计方法

第 4 章以及第 5 章第 1 节的特征事实表明，能源企业及行业之间存在严重的要素市场扭曲，且要素市场扭曲可能导致能源企业 TFP 存在严重损失现象。根据第 3 章理论框架数理分析部分，参考常建新（2015）、Banerjee and Duflo（2005）、Hsieh & Klenow（2009）、陈永伟和胡伟民（2011）、毛其淋（2013）以

① 为节省篇幅，表 5－1 未报告资本和劳动生产率的描述性统计结果，仅报告均值及其相关性系数。

及常远和吴鹏（2019）等的研究成果，市场扭曲通常是考虑市场出清情形下，能源企业中边际收益产品和资本、劳动边际收益产品的偏差来衡量，具体的要素市场扭曲的测算方程如公式 3－50 和公式 3－51 所示。公式 3－50 和公式 3－51表明，如果能源企业 i 的劳动要素或资本要素投入比例偏高或者偏低（假设行业存在一定的资本及劳动要素生产弹性系数门槛值），则上游环节和下游环节的能源企业存在要素市场扭曲现象。相关变量参考本书第 4 章第 4.3 节的变量选取标准，本节不在此赘述。

根据第 3 章中的理论分析，在市场扭曲的情况下，能源企业 i 第 t 期的 *TFPR*，为其资本及劳动力投入要素的边际收益产品的加权平均数，权重分别为第 4 章第 4.4 节估计的能源部门资本及劳动力要素产出弹性系数。公式 3－50 和公式 3－51 将 TFP 表示为资本扭曲劳动力扭曲的函数，因此，TFPR 可以作为扭曲情形下能源企业第 t 期受到的要素市场扭曲影响的综合度量。

对于能源行业部门的加总 TFP，根据 Banerjee et al.（2004，2005，2010，2011）、Foster（2001，2008）以及 Hsieh and Klenow（2007，2009）相关资料内容的表述，本节利用能源企业 i 第 t 期的 *TFPQ* 和 *TFPR* 来表示能源行业的加总全要素生产率。根据第 3 章中的理论推导基础，第 t 期 s 行业的加总 TFP，可以表示为：

$$TFP_{st} = \left[\sum_{i=1}^{M_s} \left(TFPQ_{sit} \frac{\overline{TFPR_{st}}}{TFPR_{sit}} \right)^{\sigma-1} \right]^{\frac{1}{\sigma-1}} \tag{5-1}$$

其中，(TFP_{st}) 表示第 t 期 s 行业内能源企业 *TFPR* 的均值。此外，根据 Hsieh and Klenow（2009）的研究结论，当 *TFPQ* 和 *TFPR* 服从联合正态分布时，第 t 期 s 行业的加总 TFP_{st}的估计方程可以表示为：

$$TFP_{st}^{\text{Eficient}} = \left(\sum_{i=1}^{M_s} TFPQ_{st}^{\sigma-1} \right)^{\frac{1}{\sigma-1}} \tag{5-2}$$

根据公式 3－50 和公式 3－51 计算要素市场扭曲的方程可知，与作为传统表征要素市场扭曲的 $\ln TFPQ_{sit}$、$\ln TFPR_{sit}$ 方差相比，变量之间存在一定关联，为避免这种内生性影响，本书选择使用 $\ln TFPQ_{sit}$、$\ln TFPR_{sit}$ 对有效加总 TFP 的偏离衡量能源企业 TFP 损失，基本思路为：要素市场扭曲影响能源企业 TFP 损失，继而作用于能源企业 TFP。能源行业内每个能源企业 i 第 t 期的 $\ln TFPQ_{sit}$ 越高，则能源行业加总的全要素生产率水平越高；能源企业之间 $TFPR_{sit}$ 越高，则 TFP 造成的损失影响程度越高，进而导致能源行业加总 $TFPR_{st}$ 越大。

根据公式 5－2，能源行业实际加总 TFP 对有效加总 $TFP_{st}^{\text{Eficient}}$ 的损失程度可以表示为公式5－3。其中，$\overline{TFPQ_s}$和$\overline{TFPR_s}$分别为1998—2014年能源行业内所有企业 *TFPQ* 和 *TFPR* 的行业均值。

$$\frac{TFP_s^{\text{Efficient}}}{TFP_s}=\left[\sum_{i=1}^{M_s}\left(\frac{TFPQ_{st}}{\overline{TFPQ_s}}\frac{\overline{TFPR_s}}{TFPR_{st}}\right)^{\sigma-1}\right]^{-\frac{1}{\sigma-1}} \tag{5-3}$$

5.2.2　参数校准

在估算能源企业资本要素扭曲、劳动力要素扭曲，需要首先对能源企业投入要素的生产弹性进行估计。基于第4章的实证结论，本节首先利用 ACF 方法估计四位数代码的能源行业内企业资本和劳动力投入要素的生产弹性系数，参考邵宜航等（2013）、简泽（2011）的方法，分别设定不同折旧率和利息率对其进行校准，同时也通过 Lin（1992）和孔祥智等（2018）文献测算四位数代码的能源行业投入要素对企业工业增加值增量的贡献率，结果如表5－2所示。具体的校准过程包括：首先，参考常建新（2015）提出的校准方法①，借鉴 Hsieh and Klenow（2009）估计的美国能源行业总产出、资本存量、就业人数、全要素生产率、从业人员工资额以及行业价格指数等，同样选择四位数代码的能源行业估算其要素投入生产弹性，经过校准后，四位数代码的能源行业资本及劳动力生产弹性系数如表5－2所示。

表5－2　　制造业各行业的资本和劳动产出弹性及要素贡献率

行业代码	劳动产出弹性及贡献	资本产出弹性及贡献	Wald test
能源行业	0.487***（2.1659%）	0.332***（16.726%）	2825.05***
烟煤和无烟煤开采洗选（B0610）	0.164***（2.326%）	0.472***（17.069%）	3177.43***
褐煤开采洗选（B0620）	0.0669***（－5.147%）	0.517***（5.261%）	1355.01***
其他煤炭采选（B0690）	0.616***（－0.264%）	0.392***（15.373%）	0.01
石油开采（B0710）[1]	0.542***（1.061%）	0.419***（－0.726%）	0.02
天然气开采（B0720）	0.023（－0.992%）	0.436***（－2.203%）	0.13
能源开采辅助（B1110）	0.302**（1.047%）	0.584***（9.774%）	0.03

① 常建新（2015）认为，由于中国政府颁布各种工业刺激政策在一定程度上扭曲了要素的生产弹性系数，尤其是对能源行业而言，政府扶持力度远高于其他制造业，因而不能直接对样本数据进行估计以获得资本及劳动力生产弹性系数。因此常建新（2015）提出使用政策扭曲相对较轻的美国制造业进行校准。相关数据可查阅美国国民经济研究局，下载制造业各个行业数据，因本书研究的是能源行业，所以本节主要考虑美国能源行业的相关数据。

续表

行业代码	劳动产出弹性及贡献	资本产出弹性及贡献	Wald test
原油加工及石油制品制造(C2511)[2]	0.435* (-8.987%)	0.501*** (1.031%)	3.65*
人造原油制造(C2512)[3]	0.348*** (7.207%)	0.159*** (-22.95%)	0.04
炼焦(C2520)[4]	0.587*** (17.148%)	0.261** (31.038%)	79.89***
火力发电(D4411)	0.301*** (-5.584%)	0.709* (35.156%)	0.20
水力发电(D4412)	0.441*** (-12.831%)	0.578** (9.327%)	5.57**
核力发电(D4413)	0.19** (29.745%)	0.46*** (-30.088%)	0.85
其他能源电力生产(D4419)	0.37*** (42.213%)	0.389*** (26.051%)	2.49
电力供应(D4420)	0.675*** (2.742%)	0.259*** (17.394%)	0.20
煤气生产与供应(D4510)	0.328*** (-5.829%)	0.0131*** (21.626%)	5.48**
燃气生产与供应(D4520)	0.585*** (-5.266%)	1.016*** (-3.289%)	13.35***

注：①按照附录1中新行业代码，710包括了1998—2002代码中的710（天然原油开采业）和730（油页岩开采业），本书均对此作了调整与合并；②原油加工及石油制品制造业合并了1998—2002代码中的2520（原油加工业）和2530（石油加工业），在调整之后的炼焦业中删除1998—2002代码为2520的样本；③人造原油合并了1998—2002代码中的2510；④炼焦业合并了1998—2002代码中的2570。Wald test主要检验CRS，CRS = Constant returns to scale。括号中为该要素对能源企业增长的贡献比重，其核算方法参考Lin（1992）和孔祥智等（2018）。

16种能源行业均显示资本和劳动力生产弹性系数为正，且大部分估计的生产弹性系数在不同水平下通过显著性检验，仅天然气开采的弹性估计系数不显著。部分行业的资本生产弹性系数明显高于劳动力生产弹性系数，其中包括B0610、B0620、B0720、B1110、C2511、D4411、D4412、D4413、D4419以及D4520，这说明上述行业资本投入对促进能源企业产出增长发挥了更大的作用，仍然过多地依靠资本生产要素投入；而其他行业，如B0690、B0710、C2512、C2520、D4420和D4510的估计结果表明劳动力生产弹性系数明显高于资本生产弹性系数。

本节测算16种能源行业两种要素对企业总产出增量的贡献率。从表5-3的结果可知，1998—2014年，能源行业整体的劳动力投入要素的年均企业总产出增量贡献率显著低于资本投入要素对能源企业总产出增量的贡献率（16.7226%），这与两位数代码的能源企业估计结果一致。表5-2的结果显示石油开采（B0710）、天然气开采（B0720）、核力发电（D4413）和燃气生产与供应（D4520）的资本要素的贡献率为负，这就说明表4-5中油气开采行业资本要素贡献率为负的结果是稳健的，其来源于石油开采和天然气开采的资本要素负贡献率，上述行业主要集中在石油天然气等领域；褐煤开采洗选（B0620）、其他煤炭采选（B0690）、天然气开采（B0720）、原油加工及石油制品制造（C2511）、火力发电（D4411）、水力发电（D4412）、煤气生产与供应（D4510）和燃气生产与供应（D4520）的劳动力要素贡献率为负，上述行业分布较为广泛，几乎涵盖了所有的能源种类，这就表明当前能源劳动力要素贡献率下降几乎是特定事实，从而也说明能源企业工业增加值增长主要来自 TFP 贡献和资本贡献这一结论是稳健的。

5.3　描述性统计

5.3.1　要素市场扭曲描述性统计

1. 跨行业比较分析

正如文献综述所言，关于要素价格扭曲（资本、劳动力、能源、自然资源等）计算的文献很多，现有文献较多通过生产函数法计算扭曲程度，如 C－D 生产函数（盛仕斌、徐海，1999；王宁、史晋川，2015）、CES 生产函数（丁建勋，2017；杭静等，2021；陈诗一等，2019；陈永伟、胡伟民，2011；陈永伟，2013；陈嘉、谢嘉欣，2019）、Trans－log 生产函数（白俊红、卞元超，2016；夏晓华、李进一，2012），随机前沿分析法（Skoorka，2000）、市场化指数法（林伯强、杜克锐，2013）以及 Hsieh and Klenow（2007，2009）资源错配理论框架等测算劳动力要素及资本要素的价格扭曲水平（邵宜航等，2013；聂辉华等，2012；李言、黄婷婷，2019；李言、樊学瑞，2020；李言，2020），虽然学者针对工业企业、产业以及省市等不同的研究样本设计相似的方法，但计算的资本及劳动要素市场扭曲水平存在较大差异①。

① 盛仕斌和徐海（1999）基于 C－D 生产函数测算的资本和劳动力要素市场扭曲范围分别为 1.31～3.24，3.57～8.15，可见改革开放至 20 世纪 80 年代劳动力扭曲程度远高于资本扭曲程度。夏晓华和李进一（2012）使用超越对数生产函数测算的资本及劳动力扭曲程度范围分别为 0.41～1.13，－0.17～3.93，即 1980—2009 年中国资本要素价格扭曲程度相对集中，但远低于劳动力要素价格扭曲程度。王宁和史晋川（2015）的研究同样基于 C－D 生产函数测算的资本要素市场扭曲均值为 4.31，而劳动力扭曲仅为 2.50。白俊红和卞元超（2016）使用超越对数生产函数测算的资本及劳动力要素市场扭曲范围分别为 1.78～3.37，－1.06～1.16。丁建勋（2017）通过 CES 生产函数测算的资本价格扭曲均值为 4.38，劳动力价格扭曲均值为 1.99，结果与王宁和史晋川（2015）计算的结果相差不大。李言（2020）的研究成果基于 Hsieh and Klenow（2009）理论模型推导，实证结果表明中国整体的资本和劳动力要素市场扭曲范围分别为 0.7469～6.0802，1.2010～2.1482。

王宁和史晋川（2015）的研究结果表明生产函数选择不同，其最终计算的要素市场扭曲程度将会存在巨大差异，同时，学者在研究产业、企业和省市层面选择指标的统计口径存在差别，因而要素市场扭曲水平值也应存在差别。本书基于校准的要素生产弹性系数，利用公式 3－50 和公式 3－51 计算了1998—2014 年中国能源企业面临的要素市场扭曲程度。从表 5－3 中均值与中位数的对比可知，中位数值（50 分位点）与均值存在较大差异，均值很容易受到极值影响，因此下文在分析描述性统计时主要分析中位数（50 分位点），在参与回归计算时将其作缩尾处理。

如表 5－3 所示，1998—2014 年中国两位数代码的能源行业资本要素扭曲整体存在很大差别，其中扭曲程度最高的行业为煤炭开采业，达到 5.9262，这与王芃和武英涛（2014）计算的煤炭行业资本要素市场扭曲结果相差不大（5.37）；其次为石油加工与炼焦业，为 1.5653，前两位行业的资本要素扭曲程度差别较大；而石油与天然气开采业，电力生产与供应业，煤气、燃气生产与供应业的资本要素市场扭曲依次为 0.7806、0.9626、0.9234。从整体均值来看，能源行业资本扭曲程度远高于李雪冬等（2018）计算的制造业资本扭曲程度（1.8458），由此可见，能源行业存在严重的资本要素扭曲，且这种现象并未得到缓解。劳动力要素扭曲水平最高的仍然为煤炭开采与洗选业，其次为电力生产与供应业和煤气、燃气生产与供应业，而劳动力要素市场扭曲水平值最低的行业为石油加工与炼焦业，这也表明区分能源上下游分析的重要性。劳动力扭曲程度与李雪冬等（2018）、王芃和武英涛（2014）计算的结果相比较低[①]，这就表明当前能源行业劳动力要素投入过低，也可能存在流失情况。此外，参考陈永伟和胡伟民（2011）、陈永伟（2013）的数理模型推导分析结论，本书还测算了上游环节和下游环节能源企业面临的要素市场总扭曲（τ）结果[②]。如表 5－3 所示，相比于劳动力要素市场扭曲，资本要素市场扭曲的均值更高，并且能源行业之间表现出更大的差异，这意味着，相比于劳动要素市场扭曲，上游环节和下游环节的能源行业面临的资本要素扭曲程度更高。

---

① 王芃和武英涛（2014）计算的煤炭、石油开采、石油加工、电力行业的资本要素市场扭曲均值分别为 5.37、3.66、3.00、2.93，劳动力要素市场扭曲均值分别为 1.12、2.30、7.07、3.44。

② 结合公式 1－6，要素市场总扭曲计算公式为 $\tau_i = 1 - \frac{wL}{\beta_L Y}$，感兴趣读者可参考陈永伟和胡伟民（2011）对 Hsieh and Klenow（2009）理论框架的一阶条件推导过程。

表 5 - 3　　两位数代码的能源行业要素市场扭曲水平描述性统计

行业	$distK=1+\tau_{K_i}$			$distL=1+\tau_{L_i}$			τ		
代码	中位数	均值	标准差	中位数	均值	标准差	中位数	均值	标准差
B06	4.9262	13.7582	0.6446	0.2352	0.2844	0.0018	0.6780	0.6107	0.0025
B07	0.7806	3.9840	0.5918	0.0755	0.1430	0.0208	0.8967	0.8042	0.0285
C25	1.5653	31.3801	25.6602	0.0385	0.0667	0.0015	0.9474	0.9087	0.0020
D44	0.9626	14.1805	8.1889	0.1504	0.3703	0.1078	0.7942	0.4931	0.1475
D45	0.9234	9.7883	5.1259	0.1077	0.1908	0.0058	0.8525	0.7388	0.0080

注：B06 代表煤炭开采业，B07 代表石油和天然气开采业，C25 代表石油加工与炼焦业，D44 代表电力生产与供应业，D45 代表煤气、燃气生产与供应业。

进一步地，用前文介绍的估计方法，本节也估计了 16 种能源行业要素市场扭曲水平，结果如表 5 - 4 所示。从相对于其均值的标准差来看（表 5 - 3 第 4 列、第 7 列和第 10 列），资本要素市场扭曲为非常明显的分散模式，而劳动力要素扭曲和总扭曲水平均表现出聚合模式，这表明，行业层面 TFP 的提高更多地来源于企业层面的提高，能源企业之间的资本要素扭曲并没有明显改善的迹象。

表 5 - 4　　四位数代码的能源行业要素市场扭曲水平描述性统计

行业	$distK=1+\tau_{K_i}$			$distL=1+\tau_{L_i}$			τ		
代码	中位数	均值	标准差	中位数	均值	标准差	中位数	均值	标准差
B0610	5.0252	13.9964	0.6776	0.2441	0.2911	0.0018	0.6658	0.6015	0.0024
B0620	3.0829	9.1205	0.8976	0.0693	0.1400	0.0044	0.9052	0.8084	0.0061
B0690	5.3307	13.0011	2.1568	0.2143	0.5251	0.2492	0.7067	0.2812	0.3412
B0710	0.5823	3.1739	0.7119	0.0650	0.1350	0.0280	0.9110	0.8152	0.0383
B0720	0.4382	0.7661	0.1794	0.0939	0.1051	0.0152	0.8714	0.8561	0.0209
B0790	3.6396	7.2662	1.1944	0.1474	0.1769	0.0093	0.7982	0.7578	0.0128
C2511	1.7676	7.7985	0.9135	0.0230	0.0468	0.0034	0.9685	0.9359	0.0047
C2512	1.3517	6.1351	1.7404	0.0292	0.0511	0.0109	0.9601	0.9301	0.0149
C2520	1.3985	4.2304	0.2869	0.0426	0.0714	0.0017	0.9416	0.9023	0.0023
D4411	0.6735	44.6205	29.9622	0.0862	0.5146	0.3883	0.8821	0.2956	0.5315
D4412	0.8549	2.8537	0.3427	0.2507	0.3949	0.0513	0.6568	0.4594	0.0703
D4413	0.1602	0.8266	0.2401	0.0663	0.1206	0.0234	0.9092	0.8349	0.0320
D4419	0.1942	6.3764	3.0583	0.0554	0.1435	0.0139	0.9242	0.8035	0.0190
D4420	1.3311	2.4946	0.2355	0.1595	0.2377	0.0035	0.7816	0.6746	0.0048
D4510	0.9190	40.7975	29.1708	0.2154	0.2889	0.0223	0.7051	0.6045	0.0305
D4520	0.9109	2.1563	0.4945	0.1777	0.2904	0.0164	0.7567	0.6025	0.0225

2. 上游环节和下游环节的能源企业要素市场扭曲跨地区比较分析

众所周知，中国经济具有典型的空间地理分布差异，尤其是对于能源行业来说，各地能源资源要素禀赋存在很大差异，且能源资源的比较优势在各地分布不均衡，因此，本书也尝试回答不同地区能源企业面临的要素市场扭曲存在何种差异。在对四位数代码的16个能源行业分析其资本和劳动力要素市场扭曲的基础上，结合能源企业所在的空间信息，本节继续讨论省市层面加总的能源企业要素市场扭曲现状，进行跨地区比较分析。为此，本节计算了1998—2014年能源企业所在31个省区的匹配结果（不包含中国香港、中国澳门和中国台湾等省市），测算的上游环节和下游环节能源企业资本、劳动力要素市场扭曲及总扭曲水平如表5-5所示。由表5-5可知，上游环节和下游环节能源企业匹配后的省市资本与劳动力要素市场扭曲水平均值存在较大差异，此外大多数省份能源企业面临的资本要素市场扭曲程度中位数都普遍大于劳动力市场扭曲的中位数[①]，这与李言等（2019，2020）分析的改革开放以来中国主要省市要素价格扭曲的结果一致。

表5-5　　31省市能源企业要素市场扭曲水平描述性统计

区域	$distK=1+\tau_{K_i}$			$distL=1+\tau_{L_i}$			τ		
省市	中位数	均值	标准差	中位数	均值	标准差	中位数	均值	标准差
上海	2.0126	17.6712	6.2612	0.0525	0.0819	0.0046	0.9282	0.8879	0.0063
云南	1.6154	3.8798	0.1789	0.2332	0.2836	0.0049	0.6807	0.6118	0.0067
内蒙古	1.9496	7.3835	0.6345	0.1499	0.2215	0.0055	0.7948	0.6968	0.0075
北京	3.4331	29.2133	8.6209	0.1046	0.1979	0.0224	0.8568	0.7290	0.0307
吉林	2.0700	56.7381	49.5859	0.1543	0.2593	0.0090	0.7888	0.6451	0.0123
四川	2.5234	9.3789	0.3964	0.2146	0.2797	0.0036	0.7062	0.6171	0.0049
天津	0.8864	5.1139	1.6316	0.0579	0.1796	0.0346	0.9208	0.7541	0.0473
宁夏	2.1937	4.8883	0.4574	0.1096	0.2224	0.0108	0.8499	0.6955	0.0148
安徽	1.2052	7.5672	0.7134	0.1752	0.2651	0.0067	0.7602	0.6371	0.0092
山东	1.6109	5.4549	0.2126	0.0839	0.1511	0.0025	0.8851	0.7931	0.0034
山西	2.7023	7.3270	1.1266	0.1744	0.2232	0.0025	0.7613	0.6945	0.0034
广东	0.9698	8.4044	3.2070	0.0903	0.1846	0.0038	0.8763	0.7472	0.0052

① 同样，本节参照表4-6的分析内容，仅考虑分析资本市场扭曲、劳动力市场扭曲和总扭曲程度的中位数，但也列出相对应的均值作比较。

续表

区域	$distK = 1 + \tau_{K_i}$			$distL = 1 + \tau_{L_i}$			τ		
省市	中位数	均值	标准差	中位数	均值	标准差	中位数	均值	标准差
广西	1.5933	4.7535	0.5840	0.2737	0.3624	0.0075	0.6253	0.5039	0.0103
新疆	1.5700	3.7374	0.2152	0.2432	0.2965	0.0077	0.6671	0.5941	0.0106
江苏	1.1515	4.1094	0.3553	0.0521	0.0946	0.0049	0.9286	0.8705	0.0067
江西	2.2511	8.6090	0.7226	0.2015	0.2898	0.0063	0.7242	0.6033	0.0087
河北	1.7324	5.2971	0.6121	0.1148	0.2006	0.0042	0.8429	0.7254	0.0057
河南	2.6102	5.6182	0.2211	0.0995	0.1536	0.0022	0.8638	0.7897	0.0030
浙江	0.7947	9.7208	6.3538	0.0765	0.1634	0.0044	0.8953	0.7764	0.0061
海南	1.0705	2.1292	0.1858	0.3483	0.4191	0.0381	0.5232	0.4263	0.0522
湖北	1.1557	159.687	154.706	0.1540	0.2562	0.0153	0.7892	0.6493	0.0209
湖南	4.0662	11.9166	1.4555	0.2389	0.3189	0.0049	0.6729	0.5634	0.0067
甘肃	2.3636	163.364	156.989	0.1958	0.6853	0.3796	0.7320	0.0619	0.5197
福建	1.3548	15.9258	3.7827	0.1487	0.2264	0.0068	0.7964	0.6901	0.0093
西藏	0.6859	2.1897	0.3069	0.3544	9.9519	9.3627	0.5148	-12.62	12.8168
贵州	3.1965	15.1924	5.2665	0.2527	0.3125	0.0073	0.6540	0.5721	0.0100
辽宁	1.9046	8.3193	1.1897	0.0810	0.1746	0.0043	0.8891	0.7609	0.0059
重庆	4.3071	15.2840	1.7156	0.2910	0.3271	0.0058	0.6016	0.5523	0.0080
陕西	2.2366	15.3944	2.8077	0.1765	0.2540	0.0053	0.7583	0.6523	0.0072
青海	0.8340	2.9074	0.2827	0.2415	0.4816	0.0800	0.6694	0.3408	0.1095
黑龙江	1.3923	9.2498	1.6314	0.1526	0.2515	0.0109	0.7911	0.6557	0.0149

根据表 5-5 中的 1998—2014 年主要省市能源企业资本要素扭曲程度的中位数大小来看，26 个省市能源企业资本要素市场扭曲程度大于 1，占比为 83.8709%，而天津（0.8864）、广东（0.9698）、浙江（0.7947）、西藏（0.6859）和青海（0.8340）的资本扭曲程度小于 1；重庆市的资本扭曲最高，为 5.3071，其次为湖南（5.0662），最小为西藏（0.6859），极差为 3.6212。从劳动要素市场扭曲中位数来看，1998—2014 年 31 省市能源企业的劳动力要素市场扭曲程度均小于 1，表明各地区能源行业均存在负向扭曲，劳动力供给者获得的报酬低于其对生产的边际贡献，说明大多数省份的劳动力价格扭曲出现了减缓的势头。施炳展和冼国明（2012）的研究成果认为，当

前中国劳动要素、资本要素及总扭曲水平均存在不同程度的上升趋势。本书将上游环节和下游环节能源企业匹配至省市，从分地区要素市场扭曲水平来看，中部地区劳动要素市场扭曲程度均值最大，而东部地区资本要素市场扭曲程度最大。同时，样本期内资本和劳动力要素市场扭曲程度也存在上升趋势，与施炳展和冼国明（2012）的研究结论一致。

5.3.2 能源企业 TFP 损失程度描述性统计

根据理论模型，要素市场扭曲导致的能源企业 TFP 损失可采用公式 3－50 和公式 3－51 计算，由此本书测算整理了能源企业 TFP 损失程度，并绘制相应的核密度讨论年度演变趋势和行业特征，结果如图 5－1、图 5－2、图 5－3、图 5－4 和图 5－5 所示。

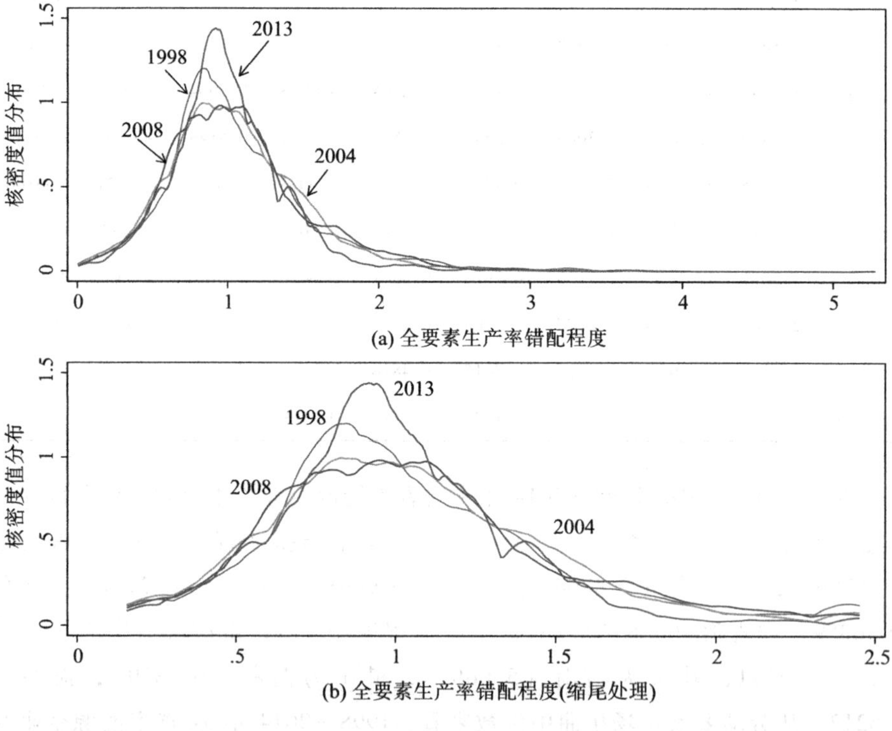

图 5－1 能源企业 TFP 损失程度整体核密度图分布及缩尾处理结果对比

注：（a）表示 1998 年、2004 年、2008 年和 2013 年中国能源企业 TFP 损失程度的核密度图分布；（b）表示 1998 年、2004 年、2008 年和 2013 年中国能源企业 TFP 损失程度缩尾情形下的核密度估计。

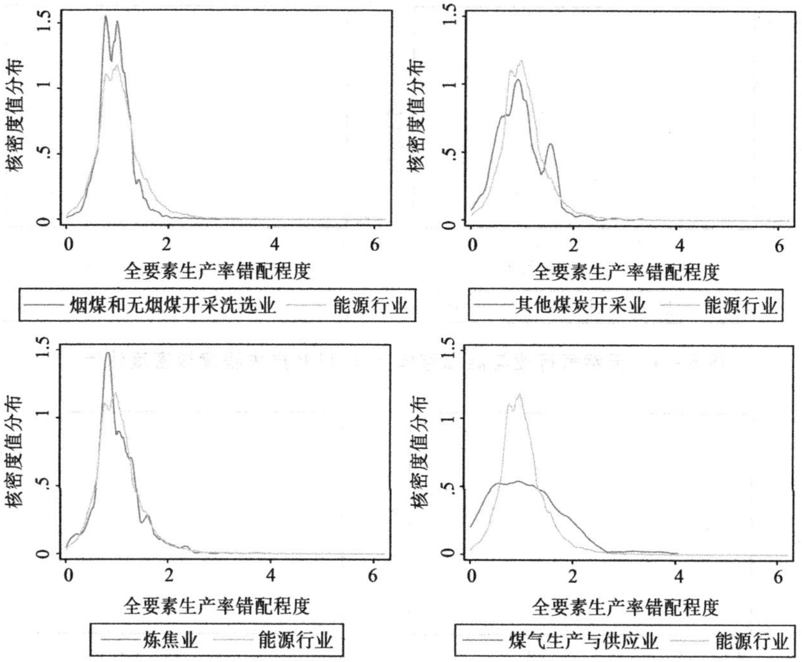

图 5-2 煤炭行业与能源整体行业 TFP 损失程度核密度估计

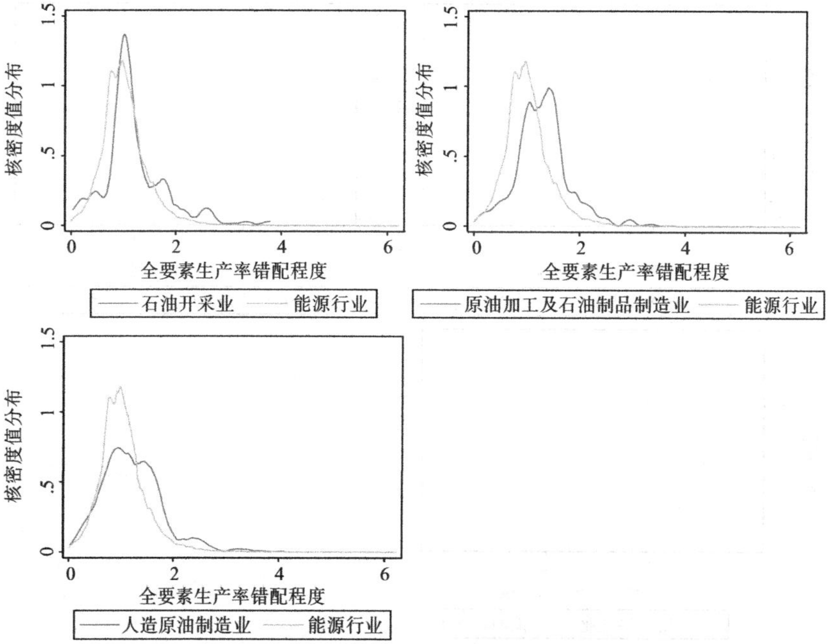

图 5-3 石油行业与能源整体行业 TFP 损失程度核密度估计

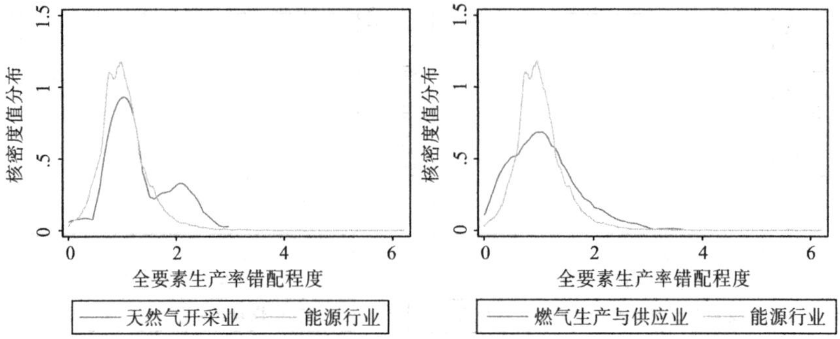

图 5－4 天然气行业与能源整体行业 TFP 损失程度核密度估计

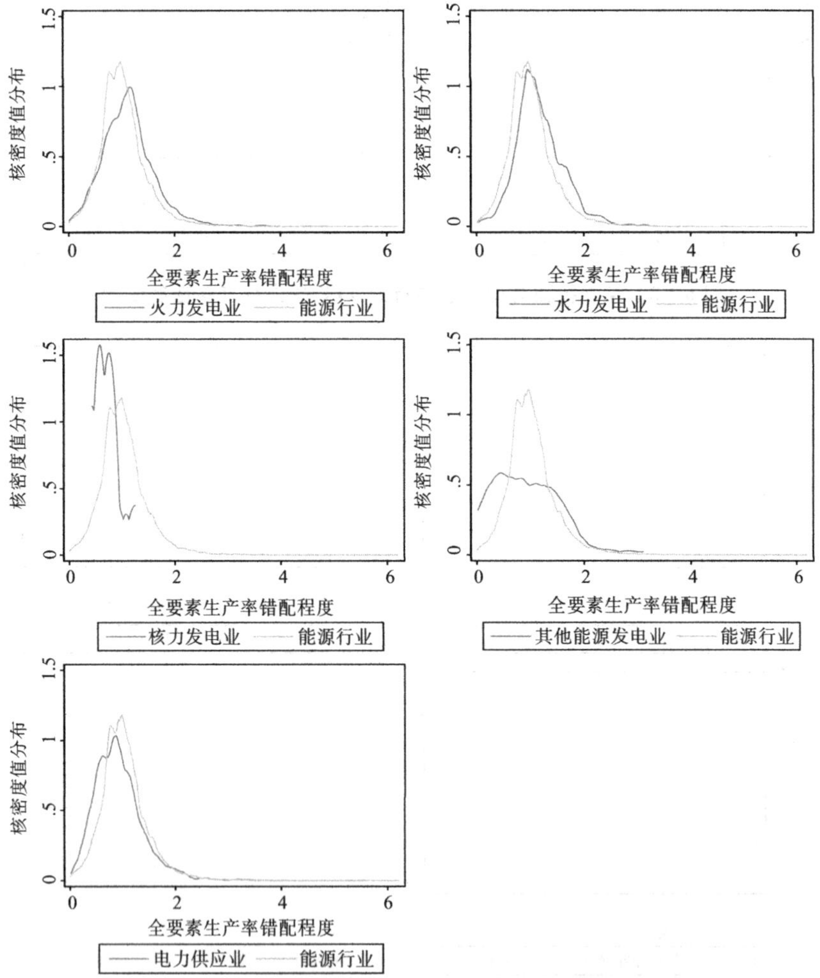

图 5－5 电力行业与能源整体行业 TFP 损失程度核密度估计

1. 能源企业TFP损失程度分时期演变

图5－1选择1998年、2004年、2008年和2013年绘制了能源企业TFP损失程度的核密度曲线［图5－1(a)］，同时提供了缩尾情况下的核密度图估计［图5－1(b)］。从不同时期核密度函数曲线的分布位置来看，中国能源企业TFP损失程度中心位置从1998年到2004年发生明显右移，2004—2008年有明显左移，2013年与2008年相比，中心位置明显向右移动，但未超过2004年中心位置，这说明中国能源企业TFP损失程度总体呈现扩大趋势，虽然2004—2008年有所下降，但整体来说中国能源企业TFP损失保持在较为稳定的状态。从不同时期核密度函数曲线的峰值与宽度来看，从1998年到2004年，中国能源企业TFP损失程度的峰值明显下降，宽度有所增加，这说明样本期内要素市场扭曲导致的中国能源企业TFP损失程度扩大具有极化趋势，各省市区能源企业TFP损失程度的绝对差异有所增加，2004—2008年，这种极化趋势又有所弱化；同样地，2008—2013年，各省市区能源企业TFP损失扩大的绝对差异呈现为上升的变化趋势。

具体来看：首先，中国能源企业TFP损失程度的核密度曲线均表现为右偏分布，说明目前中国仍然只有少数企业的TFP损失程度较小，而大多数能源的TFP损失程度指数较高。其次，2008年和2013年的TFP损失程度核密度曲线表现为多峰形态［图5－1(b)缩尾后表现得尤为明显］，其他年份能源企业全要素生产率损失率的核密度曲线明显为单峰值，这意味着2008—2013年中国能源企业全要素生产率的损失率已向多极分化发展；1998—2013年，全要素生产率损失的中国能源公司的核密度曲线始终显示主峰较高，横向峰较低，主峰右侧位移低于横向峰，表明在一定程度上对中国能源企业全要素生产率的损失程度有梯度效应。1998—2014年，中国能源企业全要素生产率损失程度较高的企业一直较多。再次，中国能源企业全要素生产率损失程度核密度曲线的中心有小幅向右移的倾向，表明1998—2014年中国能源企业的全要素生产率损失程度逐渐提高，但是上升速度缓慢。最后，核密度曲线主峰随着时间增加而不断提高，峰宽逐渐扩大，右侧尾部也逐渐变长，表明样本期内中国能源企业全要素生产率损失程度的绝对差异呈现缩小趋势，原因在于中国能源企业TFP损失程度较高企业在不断优化的同时，中国能源企业TFP损失程度偏低企业的数值提升速度相对较慢。

2. 能源企业TFP损失程度分行业对比

图5－2、图5－3、图5－4和图5－5分别煤炭行业、石油行业、天然气

行业及电力行业为考察对象，分别从四位数代码的能源行业层面考察能源企业 TFP 损失的行业差异演进特征。

第一，煤炭行业层面。本节选择代表性煤炭行业计算其核密度值分布，以煤炭行业开采与洗选、加工以及煤气生产与供应业的 TFP 损失程度绘制核密度估计，如图 5-2 所示。整体上看，煤炭行业中的烟煤和无烟煤开采洗选及炼焦业 TFP 损失程度的核密度曲线峰值高于能源行业整体 TFP 损失程度核密度峰值，而其他煤炭开采业与煤气的生产和供应业的峰值低于整体 TFP 损失程度核密度图峰值。相对于能源整体行业 TFP 损失程度的两个峰值数量，煤炭开采业峰值数量与其一致，但煤炭加工及煤气生产与供应峰值数量仅 1 个。此外，煤炭行业 TFP 损失程度核密度图表现为右偏分布，且整体向右侧小幅移动，这说明煤炭行业企业 TFP 损失程度整体呈增加趋势，多极分化问题突出。

第二，石油行业层面。本节选择的四位数代码石油行业主要包括石油开采、原油加工及石油制品加工、人造原油制造[①]，绘制的三大石油行业 TFP 损失程度核密度图分布如图 5-3 所示。由图 5-3 可知：首先，相较于能源行业整体的 TFP 损失程度核密度分布，石油三大行业企业 TFP 损失程度核密度呈现明显右偏分布：核密度曲线随 TFP 损失程度增加逐渐趋于平缓，整体表现为向右小幅移动的趋势，这说明石油三大行业 TFP 损失在不断得以改善，但改善速度较慢，石油行业内部差异在缓慢增大。其次，石油开采行业的主峰高度高于能源整体，而原油加工及石油制品制造、人造原油制作的主峰高度明显低于能源行业整体，且均表现为双峰形态，表明石油加工行业的 TFP 损失出现两极分化问题，石油开采随着企业 TFP 损失程度扩大其分化越来越明显。最后，参考李言等（2019，2020）的研究思路，石油开采 TFP 损失程度的核密度曲线主峰离能源整体行业 TFP 损失核密度主峰很近，说明相较于能源行业整体，石油开采业内部的发展有着阶层和分化现象，但是和能源整体的要素扭曲导致的 TFP 错配程度相差不大，存在“俱乐部”收敛趋势。

第三，天然气行业层面。根据前文所述，天然气行业主要分为天然气开采业、燃气生产与供应业，其核密度估计结果如图 5-4 所示。由图 5-4 可知：首先，天然气开采和燃气生产与加工业的 TFP 损失核密度图峰值均低于

① 燃气生产业会涉及石油加工的副产品，但囿于行业数据分离的原因，本书将燃气生产与供应归为天然气生产与加工行业。

能源行业整体峰值，且宽度放宽，这就意味着天然气行业企业 TFP 损失程度的绝对差异均存在扩大趋势。其次，天然气开采业表现为“一大一小”双峰形态，表明天然气开采企业 TFP 损失存在明显的两极分化问题。

第四，电力行业层面。电力行业企业 TFP 损失程度的核密度估计结果如图 5-5 所示。由图 5-5 可知：其一，火力发电、水力发电的核密度图相较于能源行业整体而言，存在明显右偏分布，而电力供应业存在明显的左偏分布特征，三大电力行业的峰值低于能源行业整体，这就表明火力发电业、水力发电业和电力供应业的企业 TFP 损失程度存在扩大趋势，且内部差异明显。不过与能源行业整体的双峰变化不同的是，火力发电、水力发电和电力供应行业的 TFP 损失程度均在一个峰值，这就说明上述三大行业的电力企业 TFP 损失不存在分化趋势。

5.4　要素市场扭曲对能源企业 TFP 损失的影响

根据第 3 章第 3.2 节的数理模型推导和相应研究假设，结合新古典经济学以及产业组织理论，本书认为在完全市场经济条件下，要素市场扭曲与市场势力密切相关。具体来说，包含上游环节和下游环节的高生产率能源企业借助市场势力扩大生产经营规模，抢占低生产率的能源企业市场份额，从而获得更高的市场占有率，进而提高自身的生产经营市场势力。但是，在资本扭曲和劳动力扭曲存在的情况下，由于存在政府“偏袒”等因素，能源行业生产要素可能更多地流向低生产率的企业。为了考察资本扭曲和劳动力扭曲是否影响了能源企业 TFP 损失，本节将能源企业全要素生产率作为被解释变量，将上游环节和下游环节能源企业面临的资本、劳动要素市场扭曲纳入到实证研究中。参考刘宗明和吴正倩（2019）以及李言（2020）等相关文献，设定基准计量回归模型，结果如公式 5-4 所示：

$$TFP_{sd(it)} = \gamma_0 + \gamma_1 distK_{it} + \gamma_2 distL_{it} + X\gamma + \epsilon_{it} \tag{5-4}$$

其中 i 为上游生产环节和下游生产环节的能源企业，t 为 1998—2014 年。$TFP_{sd(it)}$ 代表能源企业 i 第 t 期的全要素生产率损失程度，计算方法参考公式 5-4；延续第 5 章的结果，$distK_{it}$ 表示样本期内能源企业面临的资本市场扭曲水平，$distL_{it}$ 表示样本期内能源企业面临的劳动力市场扭曲水平；ϵ_{it} 为随机扰动项。考虑到扭曲可能存在的非线性影响，本章在实证模型中加入衡量扭曲程度变量的二次项（$dist_{\tau,k,l,it}$）^{2}，结果如公式 5 - 5 所示：

$$TFP_{sd(it)} = \gamma_0 + \gamma_1 distK_{it} + \gamma_2 distL_{it} + \gamma_3 distK_{it}^2 + \gamma_4 distL_{it}^2 + X\gamma + \epsilon_{it} \quad (5-5)$$

此外，模型还加入了一系列控制变量 X：企业规模、企业年龄、出口、资本密集度、长短期负债等。能源企业 TFP 不仅会受到要素市场扭曲的影响，还会受到所有制结构、市场竞争等因素的影响，本书选择企业资本密集度、企业出口行为、企业外资利用水平、企业年龄作为控制变量。①能源企业资本密集度。由于要素市场的扭曲，资本要素相对于其他生产要素具有比较优势，因此本书增加了企业资本密集度用以控制能源企业资本规模对能源企业全要素生产率的影响。本书采用固定资产总额与职工人数比值衡量样本期内能源企业面临的资本密集度（施炳展、李建桐，2020；邵宜航等，2013；聂辉华等，2012；张杰等，2011）。②能源企业出口行为。本书通过加入能源企业出口行为变量来反映企业出口与能源企业全要素生产率的关系，利用能源企业是否存在出口交货值来衡量能源企业出口行为异质性（简泽，2011；蒋含明、石明，2019；许家云等，2015；杨俊、李平，2017；施炳展、冼国明，2012）。若能源企业出口交货值不等于 0，则认为能源企业存在出口行为，设定 EXPORT = 1；若能源企业出口交货值等于 0，则认为能源企业不存在出口行为，设定 EXPORT = 0。③能源企业外资利用水平。企业外资利用可以帮助其参与市场竞争，完善企业资本结构（李江，2016；李言，2020；盛誉，2005）。本书采用外商资本金与实收资本占比衡量企业外资利用水平，预计能源企业外资利用水平与能源企业 TFP 损失具有正向关系。④能源企业年龄。企业生命周期理论认为企业要想获得可持续发展需要稳定的利润，企业年龄越大，则生产力、组织管理等越成熟，企业 TFP 损失越容易稳定。但企业年龄越大，在受到外部冲击时越不容易作出调整，由此而导致企业生产调整出现困难，因此能源企业年龄对 TFP 损失具有不确定性（李俊青、苗二森，2020；李永等，2013；文东伟，2019），鉴于此，本书通过样本期内能源企业 2014 年减去能源企业开工所对应的年份差值表征能源企业年龄变量。

5.4.1 基准回归

表 5 - 6 报告了要素市场扭曲对能源企业 TFP 损失的回归计算汇总结果。模型（1）—模型（3）通过逐步回归，加入对应的控制变量及时间固定效应。Hausman test 结果表明回归结果有效拒绝 RE 模型，应使用 FE 模型估计相关

参数。因此，要素市场扭曲对能源企业TFP损失的回归模型估计采用FE方法计算。模型（3）表明：资本要素市场扭曲程度（$distK_{it}$）对能源企业TFP损失程度的影响系数为负，即资本要素市场扭曲程度越大，则能源企业TFP损失程度越小，那么TFP损失也就越小，这就意味着资本要素扭曲将放大全要素生产率的错配效应（损失程度），但表5-6中模型（3）要素市场扭曲的待估参数结果并不显著，未通过10%的显著性水平检验。同样地，资本要素市场扭曲的平方项估计结果也不显著。

从劳动力要素市场扭曲的估计结果来看，劳动力要素市场扭曲缩小将减少能源企业TFP损失程度，从数值上来看，劳动力要素市场扭曲系数在0.0516~0.0675，意味着劳动力要素市场扭曲每纠正1个单位，能源企业TFP损失程度将最高减少0.0675个单位，且在1%的水平上通过显著性检验。劳动力要素市场扭曲系数差别不大，这也说明本书的估计结果具备一定的稳健性。此外，劳动力要素市场扭曲系数平方项估计系数为正，这就表明劳动力要素市场扭曲的乘积效应扩大将不利于缩小能源企业TFP损失程度。

从资本和劳动力要素市场扭曲估计系数结果来看，资本要素扭曲对TFP损失的影响绝对值远小于劳动力带来的影响，这就有可能导致劳动力要素市场扭曲对TFP损失改善的程度抵消资本带来的影响。模型（4）—模型（6）通过一阶差分方法（First - Differenced，简称FD）检验回归结果的稳健性，结果发现资本和劳动力要素市场扭曲对能源企业TFP损失程度的影响系数符号与面板固定效应的估计结果基本一致。在表5-6模型（6）中加入控制变量和时间效应后，一阶差分方法计算的各个解释变量对能源企业TFP的影响系数均不显著。

表5-6 要素市场扭曲影响能源企业TFP损失的计量结果汇总

变量	(1)	(2)	(3)	(4)	(5)	(6)
$distK_{it}$	0.000313	-0.0012	-0.000950	-0.00108	-0.00497	-0.00540
	(0.000262)	(0.00193)	(0.00193)	(0.00118)	(0.00449)	(0.00450)
$distL_{it}$	0.0516***	0.0735***	0.0675***	0.0308**	0.0240	0.0275
	(0.00708)	(0.0105)	(0.0105)	(0.0149)	(0.0206)	(0.0207)
$distK_{it}^2$	-9.71e-08*	2.56e-06	1.99e-06	1.81e-06	1.16e-05	1.25e-05
	(5.02e-08)	(3.67e-06)	(3.66e-06)	(1.23e-06)	(1.10e-05)	(1.10e-05)
$distL_{it}^2$	-8.05e-05***	-0.000115***	-0.000106***	-4.52e-05*	-3.42e-05	-3.96e-05
	(1.14e-05)	(1.68e-05)	(1.68e-05)	(2.38e-05)	(3.28e-05)	(3.30e-05)

续表

变量	(1)	(2)	(3)	(4)	(5)	(6)
截距项	1.027***	0.868***	0.911***	-0.0121***	-0.0866	-0.109
	(0.00135)	(0.0477)	(0.0486)	(0.00403)	(0.0838)	(0.0869)
控制变量	×	√	√	×	√	√
年份效应	×	×	√	×	×	√
R^2	0.001	0.003	0.010	0.000	0.001	0.005
id	22147	13235	13235	15035	9561	9561

资料来源：本表根据Stata17.0计算汇总整理，除特别说明外，资本和劳动力要素市场扭曲系数及其二次项系数的统计显著性以***、**和*作为标识，分别表示在1%、5%和10%的显著性水平下通过检验。本表的括号内为资本和劳动力要素市场扭曲及其二次项系数对应的标准误。模型（1）—模型（3）被解释变量为能源企业全要素生产率错配程度，使用固定效应估计（FE）；模型（4）—模型（6）被解释变量为差分后的能源企业全要素生产率错配程度，使用一阶差分方法估计（FD）。id表明本节研究的样本分组，e在本表中代表科学计数法。×表示回归方程中未加入该变量，√表示回归中加入该控制变量或效应。

5.4.2 内生性分析

根据理论模型中计算要素市场扭曲的推论，测算资本和劳动力要素市场扭曲是基于要素价格计算而来，而全要生产率损失程度则是基于相关全要素生产率比率差值计算，因此，由于两者之间可能存在相互作用因果关系，相应待估参数的实证结果可能发生偏差。鉴于此，本节参照袁莉琳等（2020）的处理步骤①，改善回归结果的内生性问题，计算结果如表5-7所示。表5-7报告了经过内生性处理后的模型估计结果，结果显示：戴维森—麦金农检验（Davidson-MacKinnon test）后的所有p值都低于0.002，这就表明表5-6的回归模型中存在内生性问题。从表5-7的回归结果中可知［模型（1）—模型（3）、模型（4）—模型（6）、模型（7）—模型（9）分别对应不同阶数的工具变量］：①1998—2014年随着中国能源企业全要素生产率损失程度的滞后阶数增加，资本要素市场扭曲及其二次项系数均变小。②劳动力要素市场扭曲及其二次项系数随着滞后阶数的增加而增大，且均在1%的水平上显著通过检验。同样地，对比表5-6的估计结果，样本期内要素市场扭曲对

① 袁莉琳等（2020）通过一阶差分（FD）方法判断系数符号是否一致，从而检验模型的稳定性。

能源企业 TFP 损失的估计系数表明劳动力对 TFP 损失的正向作用显著高于资本要素市场扭曲的影响。

表 5 - 7　要素市场扭曲影响能源企业 TFP 损失的内生性计量分析

变量	(1)	(2)	(3)	(4)	(5)	(6)	(7)	(8)	(9)
$distK_{it}$	0.0002	0.0001	5.48e - 05	0.0005	- 0.0024	0.0016	- 0.0015	- 0.0181	- 0.018
	(0.0008)	(0.0032)	(0.0032)	(0.0018)	(0.0076)	(0.0077)	(0.0018)	(0.0163)	(0.0166)
$distL_{it}$	0.0472***	0.0525***	0.0498***	0.126***	0.156***	0.141***	0.0969***	0.106***	0.105***
	(0.0102)	(0.0144)	(0.0145)	(0.0182)	(0.0253)	(0.0256)	(0.0201)	(0.0271)	(0.0276)
$distK_{it}^2$	1.65e - 7	6.25e - 7	5.31e - 7	- 9.58e - 7	1.81e - 5	- 6.61e - 6	3.88e - 06	0.0019	0.0019
	(8.48e - 7)	(7.69e - 6)	(7.68e - 6)	(4.68e - 6)	(4.81e - 5)	(4.82e - 5)	(4.79e - 6)	(0.0012)	(0.0012)
$distL_{it}^2$	- 7.5e - 5***	- 8.3e - 5***	- 7.8e - 5***	- 0.009***	- 0.013***	- 0.012***	- 0.004***	- 0.004**	- 0.004***
	(1.63e - 5)	(2.31e - 5)	(2.32e - 5)	(0.0021)	(0.0036)	(0.0036)	(0.0012)	(0.0014)	(0.001)
截距项	1.034***	0.747***	0.687***	1.073***	0.702***	0.761***	1.090***	0.867***	0.871***
	(0.0063)	(0.0592)	(0.0612)	(0.0078)	(0.0681)	(0.0696)	(0.0087)	(0.0796)	(0.0817)
控制变量	×	√	√	×	√	√	×	√	√
年份效应	×	×	√	×	×	√	×	×	√
R^2	0.002	0.003	0.010	0.008	0.006	0.014	0.009	0.005	0.009
id	15035	9561	9561	11685	7810	7810	6986	5477	5477

资料来源：本表根据 Stata17.0 计算汇总整理，除特别说明外，资本和劳动力要素市场扭曲系数及其二次项系数的统计显著性以 ***、** 和 * 作为标识，分别表示在 1%、5% 和 10% 的显著性水平下显著。本表的括号内为资本和劳动力要素市场扭曲及其二次项系数对应的标准误。模型（1）—模型（3）为以能源企业 TFP 损失滞后一阶为工具变量的估计结果，分别依次加入控制变量和年份固定效应，使用固定效应估计（FE）；模型（4）—模型（6）为以能源企业 TFP 损失滞后二阶为工具变量的估计结果，分别依次加入控制变量和年份固定效应，使用固定效应估计（FE）；模型（7）—模型（9）为以能源企业 TFP 损失滞后三阶为工具变量的估计结果，分别依次加入控制变量和年份固定效应，使用 FE 估计要素市场扭曲及其二次项待估参数。id 表明本节研究的样本分组，e 在本表中代表科学计数法。×表示回归方程中未加入该变量，√表示回归中加入该控制变量或效应。

5.4.3　加入市场势力

本章计量研究的主要解释变量为企业的市场势力，参考第 3 章理论模型部分，该变量可以使用 *lerner* 来衡量，范围为 0 ~ 1。令 P 表示上游环节和下游环节能源市场上的产品价格，MC 表示上游环节和下游环节能源企业生产的边际成本，则 *lerner* 指数可如公式 5 - 6 所示：

$$lerner = \frac{p - MC}{p} = 1 - \frac{MC}{p} \tag{5-6}$$

如果 $lerner = 0$，则表示上游环节和下游环节能源企业面临的市场势力较弱；如果 $0 \leqslant lerner < 1$，则表示上游环节和下游环节的能源市场面临的市场势力较强。参考 De Loecker and Warzynski（2011）、刘小鲁（2018）、李学峰和杨盼盼（2021）等的计算方法，价格 P 使用总收入与总资产比值表示，对 MC 采用超越对数函数计算，如公式 5-7 和公式 5-8 所示：

$$\ln COST_{i,t} = \lambda_0 + \lambda_1 \ln SIZE_{i,t} + \frac{1}{2}\lambda_2(\ln SIZE_{i,t})^2 + \sum_{\mu=1}^{3}\lambda_\mu \ln FACTOR_{i,t,\mu} + \sum_{\varphi=1}^{3}\sum_{\mu=1}^{3}\lambda_{\varphi,\mu}\ln FACTOR_{i,t,\mu} \times \ln FACTOR_{i,t,\varphi} + \epsilon \tag{5-7}$$

$$MC_{i,t} = \frac{COST_{i,t}}{SIZE_{i,t}}(\hat{\lambda}_1 + \hat{\lambda}_2 \ln SIZE_{i,t} + \sum_{\mu=1}^{3}\hat{\lambda}_\mu \ln FACTOR_{i,t,\mu}) \tag{5-8}$$

其中 $COST_{i,t}$ 代表上游环节能源企业公司总成本；$SIZE_{i,t}$ 代表能源企业公司总资产；$FACTOR_{i,t,\mu}$ 代表能源企业公司影响边际成本的重要因素（De Loecker & Warzynski，2011；刘小鲁等，2018；李学峰、杨盼盼，2021），包括资产价格以及运营价格等，分别将 1998—2014 年中国能源企业应支付的工资总额除以劳动力人数、存款利息费用总存款、运营管理费用除以总资产来测定相对应变量。$\hat{\lambda}_1, \hat{\lambda}_2, \hat{\lambda}_\mu$ 分别表示实际估算的参数值，而 $\lambda_1, \lambda_2, \lambda_\mu, \lambda_{\varphi,\mu}$ 表示理论估计值；λ_1 表示模型截距项，ϵ 为模型残差项。

1. 描述性统计

图 5-6 列出了能源行业的市场势力均值及其 95% 置信区间（CI）分布，其中图 5-6A 展示了能源行业 4 位数代码的市场势力均值及 95% CI 分布，图 5-6B 表示能源行业整体面临的市场势力均值及 95% 置信区间，表明样本期内中国能源行业市场势力均值为 0.8473。图 5-6A 结果表明，能源行业市场势力排前 5 位的分别是：行业 720 均值 0.8552（95% CI，0.8512 ~ 0.8593）、行业 4419 均值 0.8541（95% CI，0.8526 ~ 0.8556）、行业 710 均值 0.8527（95% CI，0.8518 ~ 0.8536）、行业 4412 均值 0.8522（95% CI，0.8519 ~ 0.8524）、行业 4413 均值 0.8508（95% CI，0.8487 ~ 0.8528），排在最后 5 位的分别是：行业 4510 均值 0.8418（95% CI，0.8407 ~ 0.8428）、行业 2510 均值 0.8426（95% CI，0.8406 ~ 0.8445）、行业 2530 均值 0.8436（95% CI，0.8432 ~ 0.8440）、行业 2570 均值 0.8438（95% CI，0.8436 ~ 0.8441）、行业 2520 均值 0.8439（95% CI，0.8438 ~ 0.8441）。图 5-6B 计算的均值结果

远高于 Asker et al.（2019）计算的 OPEC 石油生产国的市场份额比重，这可能是由于市场体制不一致造成的结果。

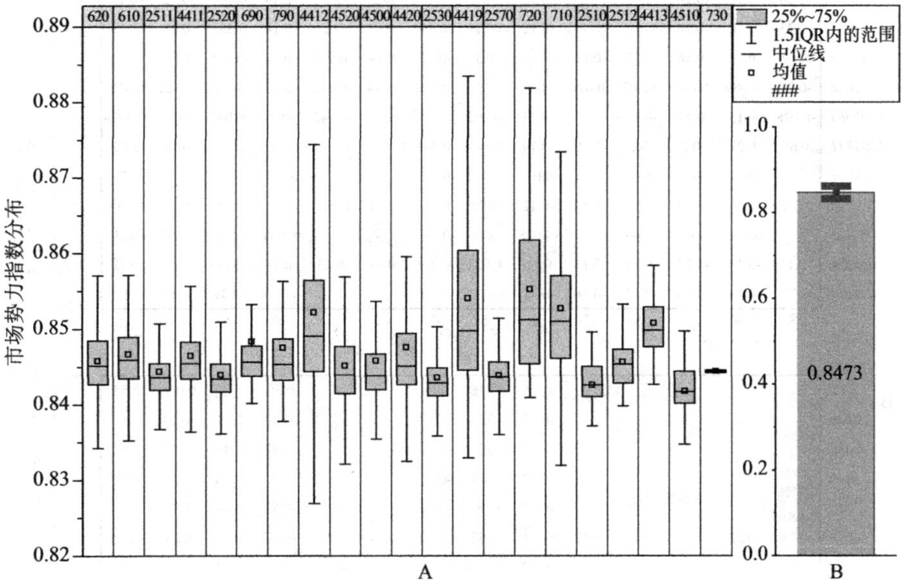

图 5－6　能源行业市场势力均值分布

注：A 代表主要行业市场势力的箱形图，B 代表能源行业均值及其 95% 置信区间。

本章使用的核心变量与控制变量的相关性系数如图 5－7 所示，从 Pearson's 和 Spearman's 相关系数可知，核心控制变量与被解释变量之间不存在高度线性相关，满足线性回归的基本假设。结合图 5－7 的相关性系数估计结果，伴随着企业市场势力减小的是能源企业 TFP 损失的降低，这一结果说明能源行业中 TFP 损失较低的企业，往往伴随着更低的市场势力。

2. 基准回归结果

理论模型中讨论了要素市场扭曲过程中市场势力的重要作用，因而本节讨论加入市场势力后要素市场扭曲对能源企业 TFP 损失程度的影响，结果如表 5－8 所示。综合考虑表 5－7 和表 5－6 报告的回归结果，发现加入市场势力后，资本要素市场扭曲对能源企业 TFP 损失程度的估计系数仍然不显著，特别是加入要素市场扭曲与市场势力的交互项后，资本要素市场扭曲的估计系数有所增加，但仍未通过检验。由公式 3－59 及假设 3.1 可知，要素市场扭曲对能源企业 TFP 损失程度的影响加入市场势力后，影响系数更高，劳动力的估计结果符合研究假设。

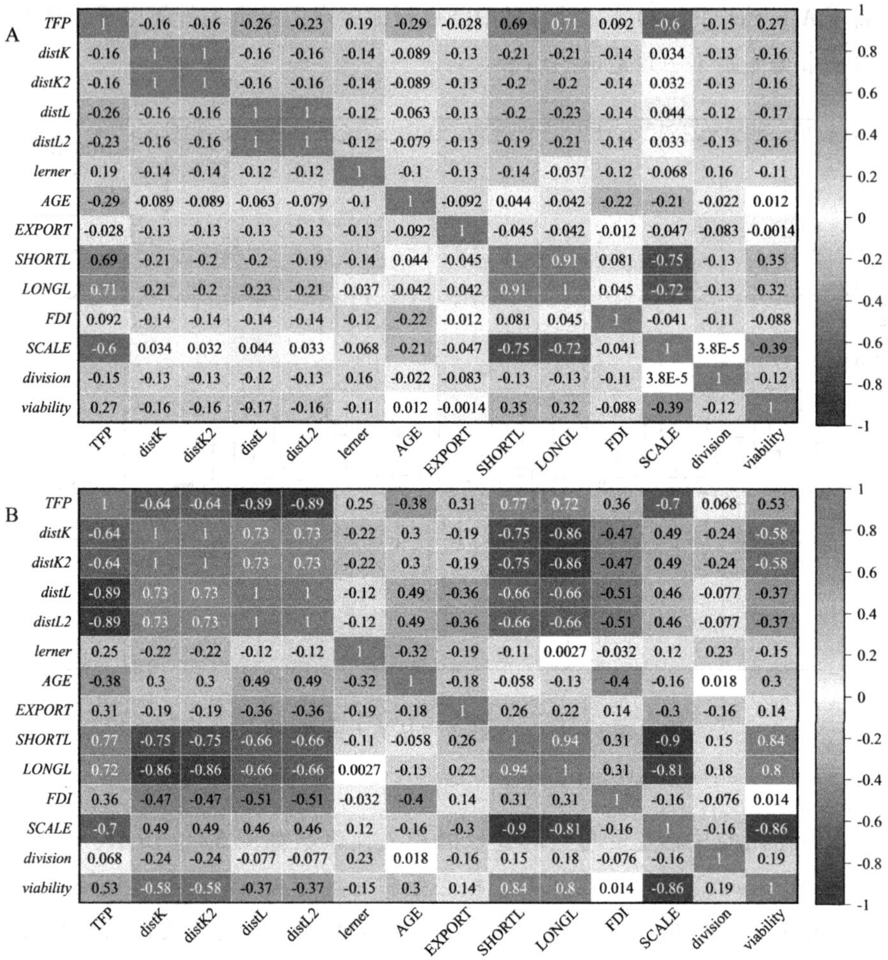

图 5-7 能源企业 TFP 测算所用变量的相关性分析

注：A 报告的是 Pearson's 相关系数，B 报告的是 Spearman's 相关系数；相关性系数对应的 p 值均在 1% 的水平上通过检验。

从理论公式 3-53 出发，为了实现能源企业成本最小化，能源企业产出应与其边际成本负相关，且要素支出份额与市场势力存在反比例关系，在此情况下，要素支出份额若能够纠正扭曲则可减轻 TFP 损失程度，但能源企业资本要素市场扭曲的实际情况并非如此，可能造成了资本要素市场扭曲的估计与假设 H3.1 不相符。

为了证实上述猜想，本书加入市场势力指数与资本及劳动力扭曲的交互项进行分析，相关结果如表 5-8 所示。表 5-8 中回归结果（1）、回归结果

(3) 和回归结果 (5) 为分别对两个要素市场扭曲加入市场势力指数交互项后的汇总结果，回归结果 (2)、回归结果 (4) 和回归 (6) 是进一步考虑了控制变量和时间效应的汇总结果。相较于表 5－7 的回归汇总结果，表 5－8 表明，在分别加入交互项后，资本要素市场扭曲和劳动力要素市场扭曲的估计系数仍与表 5－7 的估计结果保持一致。未引入劳动力要素市场扭曲与市场势力的交互项系数为正，表明劳动力扭曲程度提升会强化能源企业 TFP 损失等扩张作用；加入劳动力要素市场扭曲与市场势力指数的交互项后，劳动力要素市场扭曲作用为负，而劳动力要素市场扭曲和交互项的估计系数则显著为正，说明能源企业面临的市场势力程度会弱化劳动力市场扭曲对企业 TFP 损失的负向作用。因此，上述分析证实了市场势力差异是造成劳动力要素市场扭曲纠正能源企业 TFP 损失程度的原因之一。

表 5－8　加入市场势力情形下要素市场扭曲对能源企业 TFP 损失回归结果

变量	(1)	(2)	(3)	(4)	(5)	(6)
lerner	−1.519***	−1.641***	−1.760***	−2.289***	−1.752***	−2.275***
	(0.220)	(0.314)	(0.242)	(0.363)	(0.242)	(0.364)
$distK_{it}$	0.0343	0.0597	−0.000178	−0.000888	0.0471	0.0677
	(0.0478)	(0.118)	(0.00073)	(0.00199)	(0.0481)	(0.118)
$distL_{it}$	0.0575***	0.0629***	−0.112	−0.230***	−0.120	−0.232***
	(0.00766)	(0.0108)	(0.0775)	(0.0865)	(0.0779)	(0.0866)
$distK_{it}^2$	2.25e−07	1.95e−06	4.84e−07	1.85e−06	1.92e−07	2.13e−06
	(8.22e−07)	(3.78e−06)	(7.66e−07)	(3.75e−06)	(8.22e−07)	(3.78e−06)
$distL_{it}^2$	−8.98e−5***	−9.85e−05***	−0.0001***	−0.000129***	−0.0001***	−0.000129***
	(1.23e−05)	(1.72e−05)	(1.34e−05)	(1.94e−05)	(1.37e−05)	(1.94e−05)
lerner × *distK*	−0.0405	−0.0710			−0.0556	−0.0805
	(0.0562)	(0.139)			(0.0566)	(0.139)
lerner × *distL*			0.203**	0.358***	0.213**	0.360***
			(0.0925)	(0.105)	(0.0932)	(0.105)
截距项	2.302***	2.273***	2.506***	2.824***	2.499***	2.811***
	(0.187)	(0.266)	(0.205)	(0.308)	(0.205)	(0.309)
控制变量	×	√	×	√	×	√
年份效应	×	√	×	√	×	√

续表

变量	(1)	(2)	(3)	(4)	(5)	(6)
R^2	0.002	0.008	0.002	0.008	0.002	0.008
id	21636	21636	21636	21636	21636	21636

资料来源：本表根据Stata17.0计算汇总整理，除特别说明外，资本、劳动力要素市场扭曲和市场势力系数及其二次项、交互项系数的统计显著性以 ***、** 和 * 作为标识，分别表示在1%、5%和10%的显著性水平下显著。本表的括号内为待估系数对应的标准误。模型（1）、模型（3）和模型（5）为资本扭曲和劳动力扭曲分别加入市场势力（勒纳指数）交互项后的回归结果，模型（2）、模型（4）和模型（6）是在模型（1）、模型（3）和模型（5）基础上进一步加入控制变量和年份效应后的回归结果，均使用FE估计相应待估参数。id表明本节研究的样本分组，e在本表中代表科学计数法。×表示回归方程中未加入该变量，√表示回归中加入该控制变量或效应。

此外，前文讨论了要素市场扭曲可能对能源企业TFP损失程度产生内生性影响，但TFP损失的程度也可能影响要素市场扭曲，形成“马太效应”，这可能是因为：能源行业TFP损失程度较低的企业可能更偏向投入更多的要素资源，这样能够扩大企业工业增加值，进而提高能源企业TFP，形成较高的市场规模。在这种良性循环模式下，能源企业的市场规模越来越大，进而形成较高的市场势力。

5.4.4 能源行业资本偏袒的中介作用分析

要素市场扭曲使企业之间无法对资本及劳动等进行合理配置，进而显著导致了能源企业TFP损失。此外，资本要素市场扭曲对能源企业全要素生产率损失的估计系数为正。根据表5-6、表5-7和表5-8中的汇总回归结果，出现了一个非常重要的问题：企业间要素市场扭曲的主要来源是什么？导致要素市场扭曲的来源究竟是哪些制度特征？（陈诗一、陈登科，2017；陈诗一等，2019）我们很难，甚至无法确定上游环节和下游环节每个能源企业面临的具体要素市场扭曲根源，但我们可以重点关注对不同生产环节所有能源企业或行业都可能影响的几个潜在来源。

第一，20世纪80年代中期，结合日本市场经济的发展经验，中国“试探性”地出台了相关行业的产业政策，特别是自2008年金融危机之后，2009年专门针对石化行业颁布了《石化行业调整和振兴规划》（参考图2-3），结合能源安全的考量，自“九五”以来能源行业较早被列入中央重点产业支持目录。中央和地方政府相关政策对资本市场的资源要素配置都产生了重大影响，这体现在各级政府对不同地区或行业的优惠政策上。最明显的当属银行体系变化，这种银行体系很容易导致偏向性行业融资成本低。第二，国家对某些行业或者产业存在“偏祖”，这种来自政府的“偏祖”导致产业或行业因区域差异使资本要素出现错配（陈诗一、陈登科，2017；陈诗一等，2019；王芃、武英涛，2014；刘宗明、吴正倩，2019）。关于全球资本分布扭曲原因的文献有很多，即解释 Lucas（1990）提出的“Lucas's Paradox”。但是，关于国内资本要素配置扭曲的研究仍然着墨不多，尤其是结合具体行业的研究就更少。王芃和武英涛（2014）的研究结果表明煤炭、天然气等能源细分行业的资本要素正从负向扭曲转变，能源行业内的资本要素倾向于过度投资，这种资本偏祖的天然属性如何影响要素市场扭曲仍有待扩展研究。

从制度背景看，中央和地方政府对资本市场资源的配置都有明显的影响，这反映在各级政府对某些行业的政策偏好上。不完善的制度和政府在不同时期对某些能源行业的偏好程度将决定资本要素配置状态的偏祖。为了简化处理资本市场上的资本配置问题，参考 Hsieh and Klenow（2007，2009）、Brandt et al.（2013）、陈诗一（2017）、陈诗一等（2019），本书假定资本不存在流动成本，不同能源子行业之间的资本流动不存在损失；存在一个政府主导着资本在不同能源子行业之间的分配，并且收取能源子行业的资本收益。因为政府对不同能源子行业存在着不同程度的政策倾斜，不同能源环境政策（“煤改气”“节能减排”“大气十条”等）触发能源市场不同反应（Peng et al.，2019，2020），因此，不同的能源部门在资本市场上所接收到的市场信号偏祖程度不同。在这种情况下，更受青睐的能源行业子部门获得了更大的资本，相对而言，上述能源子行业部门生产过程中的资本成本更低。参考陈诗一等（2019）计算偏祖程度的研究成果，本书定义了由公式 5-9 和公式 5-10 推算能源行业资本配置及资本偏祖程度：

$$r_i = \frac{r}{\tau_i} = \theta \frac{Y_{si}}{K_{si}} \tag{5-9}$$

$$\tau_{si} = \frac{rK_{si}}{\theta Y_{si}} \tag{5-10}$$

其中，θ 为混合替代弹性参数；τ_{si}表示政府对能源行业分部门优先考虑资本市场的偏祖程度。由公式 5-9 和公式 5-10 可知，如果能源行业子部门的资本准入成本不超过了资本市场的实际利率，那么可能会使能源企业面临不同的资本获取渠道，由此而导致能源企业在获取资本成本上也存在较大差异；

相反，能源企业将享有一定的资本偏好，有利于提高资本偏袒程度。当 τ_{si} 小于1，能源企业在资本要素配置方面受到一定的资本歧视，也就是说，由于贷款限制或高贷款成本，它可能会增加资本的边际成本。从整个能源产业构成体系来看，对某些能源子产业的偏袒意味着对其他能源子产业的歧视。优先发展某些子产业是以牺牲其他子产业的发展为代价的。因此，我们认为资本扭曲加剧了能源行业“资本偏袒”程度，进而影响能源企业 TFP。

1. 描述性分析

通过参数赋值及数据处理，本节得到能源整体及其子行业的资本偏袒程度，其描述性统计结果如表 5－9 所示。

表 5－9　　能源行业的资本偏袒程度描述性统计

区域	异质性	均值	最小值	第一分位	中位数	第三分位	最大值
全国	天然气	0.24176	0	0.03939	0.10283	0.20727	8.78467
	石油	0.08404	0	0.01102	0.02803	0.07526	4.12081
	煤炭	0.22285	0	0.01253	0.04018	0.11185	308.4479
	电力	0.53236	0	0.02347	0.07348	0.21724	218.3976
	公有制	0.52439	0	0.0367	0.10655	0.27505	218.3976
	非公有制	0.17666	0	0.01089	0.03332	0.08807	308.4479
	全国平均	0.27524	0	0.01465	0.04483	0.12824	308.44785
东部地区	天然气	0.22103	0	0.04393	0.10277	0.18256	3.75602
	石油	0.07584	0	0.01104	0.02494	0.06556	2.72764
	煤炭	0.43864	0	0.00926	0.027	0.07935	308.4479
	电力	0.45689	0	0.01729	0.06159	0.15742	218.3976
	公有制	0.60225	0	0.03629	0.10028	0.22111	218.3976
	非公有制	0.25474	0	0.00949	0.02599	0.07	308.4479
	东部平均	0.3538	0	0.01276	0.03694	0.11171	308.4479
中部地区	天然气	0.16424	0	0.04083	0.11198	0.19775	1.65915
	石油	0.07853	0	0.01351	0.04992	0.09991	1.49359
	煤炭	0.1944	0	0.01234	0.04292	0.11847	33.28303
	电力	0.4268	0	0.02938	0.07217	0.17595	68.75437
	公有制	0.47551	0	0.04132	0.10731	0.2591	68.75437
	非公有制	0.11753	0	0.01072	0.03506	0.08844	25.04157
	中部平均	0.2255	0	0.01455	0.04755	0.12731	68.75437

续表

区域	异质性	均值	最小值	第一分位	中位数	第三分位	最大值
西部地区	天然气	0.27759	0	0.0349	0.09778	0.21867	8.78467
	石油	0.09034	0	0.01127	0.03008	0.07814	3.11464
	煤炭	0.17183	0	0.01443	0.04193	0.11573	19.50271
	电力	0.77763	0	0.02731	0.11452	0.39561	111.6741
	公有制	0.43065	0	0.02929	0.09641	0.32485	22.25177
	非公有制	0.18884	0	0.0137	0.03837	0.1014	111.6741
	西部平均	0.25109	0	0.01627	0.04653	0.13723	111.6741
东北地区	天然气	0.42733	0.00103	0.03202	0.10048	0.40783	4.86874
	石油	0.10965	0	0.00949	0.02895	0.08044	4.12081
	煤炭	0.20026	0	0.01462	0.04479	0.11833	15.85143
	电力	0.72395	0	0.03818	0.15606	0.41983	83.59255
	公有制	0.78232	0	0.05827	0.17415	0.41835	83.59255
	非公有制	0.14163	0	0.01055	0.03529	0.10109	6.27694
	东北平均	0.32596	0	0.01521	0.05263	0.17716	83.59255

由表 5－9 可知，不同异质性下的能源行业资本偏袒均小于 1①，即能源子行业资本受偏袒程度最高的为电力，且公有制明显高于非公有制。这就意味着，给定现有的资本和劳动力要素扭曲，资本更倾向于流动到在能源市场上受到偏袒的子行业或企业，如电力行业和国有制能源企业。在区域上，东部地区的资本偏袒程度更高，这主要是因为东部地区资本市场相对发达，各类能源企业融资方式较多，贷款容易（陈诗一等，2019；陈永伟、胡伟民，2011；王芃、武英涛，2014）；然而，在中西部地区，即使是具有高发展潜力的能源企业也可能无法获得更多资金。

2. 结果分析

本节采用混合 OLS 回归模型首先估计资本及劳动力要素市场扭曲对 TFP 损失的影响，若资本及劳动力扭曲的待估参数显著则说明存在中介效应；其次估计加入资本偏袒变量，若待估参数显著地通过检验则可将其视作中介变量，并引入混合 OLS 估计模型中；最后，若混合 OLS 估计模型中要素市场扭曲待估参数显著则说明资本偏袒是资本及劳动力要素扭曲影响能源企业 TFP

① 与陈诗一等（2019）测算的城市资本偏袒均值有很大差异，可能的原因在于：其一，陈诗一等（2019）测算的是城市宏观层面加总数据，数据“放大”或“失真”程度较大，本书基于工业企业数据，数值信息叠加效应较小；其二，资本在城市之间的错配影响明显大于资本在不同企业类型之间错配的影响（陈诗一等，2019）。

损失的中介传导途径。考虑到能源行业面临的复杂异质性，本节在估算全样本的基础上分别将行业、区域和企业性质纳入其中，以资本偏袒；τ_{si}为中介变量的边际效应估计如图5-8、图5-9所示，图5-8和图5-9中包含了全样本以及不同异质性情况下的估计结果。从图5-7中的全样本回归结果来看：第一步回归与第四节内容中的基准模型一致，资本扭曲对能源企业TFP的影响系数显著为正；第二步回归中，资本要素扭曲对中介变量的影响系数显著为负；第三步要素市场扭曲和资本偏袒对能源企业TFP的影响分别显著为正（1%）和负（1%），表明资本偏袒确实是要素市场扭曲影响能源企业TFP的传导途径。

资本要素扭曲的系数显著为正，可以通过显著降低资本偏袒程度，进而作用于能源企业TFP，这是因为根据公式5-6和公式5-10的推导，资本扭曲在一定程度上降低了资本的边际产出比，这种非效率在“路径依赖”情形下扭曲分散了能源行业面临资本密集程度，此种情形下资本偏袒重构了能源子行业面临的资本规模与结构，进而在一定程度上分散了资本扭曲效应。资本扭曲虽然在能源市场反映为资本要素配置最优化过程中的一种偏离，但这种偏离改变了能源市场面临的资本密集程度，从而通过资本偏袒的调整重构了资本的可选择性，进而作用于能源企业TFP。值得注意的是，全样本的估计结果与天然气行业、煤炭行业、公有制能源企业、东部地区、西部地区和东北地区的中介效应估计结果一致。从图5-8中还可以看出，无论对于全样本还是分组样本，中介变量—资本偏袒均对能源企业TFP具有显著的边际负向影响。

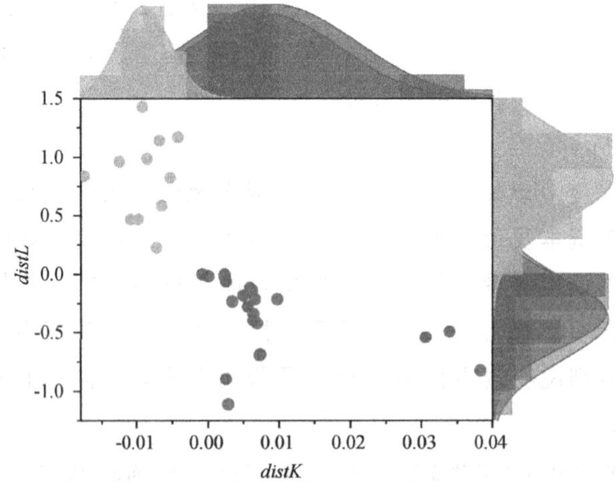

图5-8 资本偏袒中介作用下劳动力及资本扭曲对能源TFP损失的边际效应

注：散点图为系数，红色为第一步估计结果，绿色为第二步估计结果，紫色为第三步估计结果。

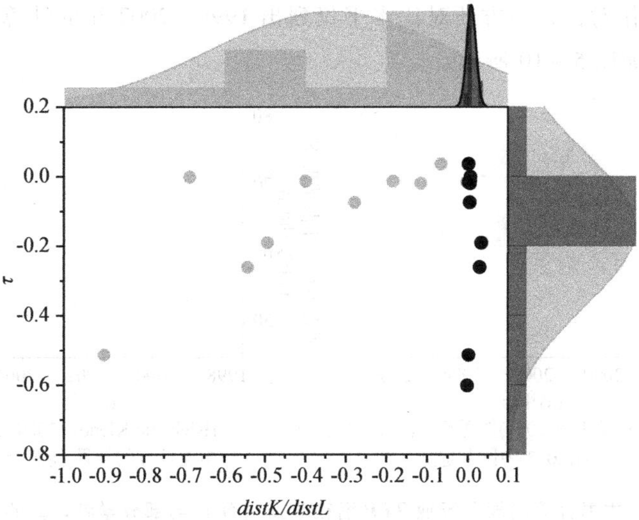

图 5－9　资本偏袒对能源 TFP 损失的边际效应

注：散点图为系数，黑色为 *distK/τ* 估计结果，黄色为 *distL/τ* 估计结果。

5.5　要素市场扭曲改善的“反事实”分析

根据前文分析结果可知，能源行业中要素市场扭曲和市场势力对能源企业 TFP 损失程度以及行业加总的 TFP 损失程度存在不同程度的差异化影响，尤其是对于资本要素市场扭曲而言，部分影响 TFP 损失的结果表明存在显著的放大效应。那么进一步，本节探讨在企业技术水平给定的情况下，如果消除全部的资本及劳动力要素市场扭曲，TFP 损失程度将减轻多少，也即存在要素市场扭曲时能源企业及 16 个能源行业的加总 TFP 将损失多少（16 个能源行业加总 TFP 的潜在收益是多少）？根据第 3 章中的理论分析，结合公式 5－2 和公式 5－3，消除市场扭曲后各行业加总 TFP 潜在收益的估计方程可以表示为：

$$TFP_{\text{shouyi}} = \frac{TFP_3^{\text{Efficient}}}{TFP_s} - 1 \qquad (5-11)$$

根据公式 5－11 可以计算出消除市场扭曲后样本期内能源行业加总 TFP 的潜在收益，本节首先计算了样本期内的能源行业年度潜在收益均值，并将计算结果与 Hsieh and Klenow（2009）、龚关和胡关亮（2013）、刘宗明和吴正倩（2019）作对比，为方便对比本书仅列出 1998—2007 年的计算结果，相应的对比结果如图 5 - 10 所示。

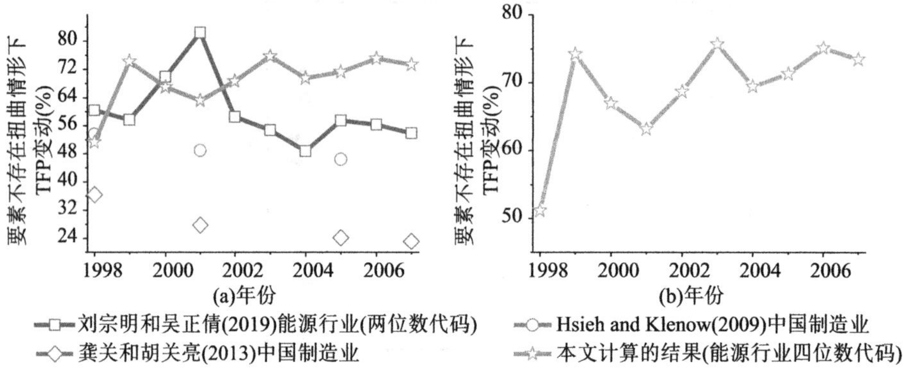

图 5 - 10 本书计算的能源行业 TFP 潜在收益（%）与部分学者计算的结果对比

5.5.1 能源企业 TFP 潜在收益年度变化特征

由图 5 - 10 可知：第一，从时序特征看，能源企业的 TFP 潜在收益比例（潜在损失比例）呈现先上升后下降的趋势，这与刘宗明和吴正倩（2019）的计算结果一致，不同的是 2002 年后 TFP 潜在收益比例存在上升区间。具体来说，经过一段时间的上升后，2001 年的 TFP 潜在收益比例降低，此后总体呈现上升趋势，并在 2003 年达到最高值。这是因为，2001—2003 年间能源市场化程度加快，先后出台多个能源行业市场化改革文件（参考图 2 - 1—图2 - 5），这种政策上变动势必影响该领域的要素投入，2003 年后能源行业市场化改革效果开始出现。第二，相较于经典的 Hsieh and Klenow（2009）模型估计结果，本书计算的能源行业企业 TFP 潜在收益比例在一定时期较高，且高于 Hsieh and Klenow（2009）的计算结果。可能的原因包括：其一，本书计算的资本及劳动力要素生产弹性系数并未假定规模报酬不变[①]；其二，Hsieh and Klenow（2009）、龚关和胡关亮（2013）研究的是制造业，样本包含了能源企业，仅分析能源行业的王芃和武英涛（2014）计算的企业间 TFP 潜在贡献程度达到了 50.31%，部分能源行业的部分要素潜在收益比例为 75%。趋势变化方面，本书计算的 TFP 潜在收益比例

① 表 4 - 2 中 Wald test CRS 结果表明部分能源行业并不符合规模报酬不变的假定。

从 2003 年后总体下降，这与 Hsieh and Klenow（2009）、龚关和胡关亮（2013）、刘宗明和吴正倩（2019）计算的趋势一致。

5.5.2 行业变化特征

表 5－10 报告了 1998—2014 年 16 个能源子行业消除要素市场扭曲后的 TFP 潜在收益均值。由表 5－10 可知，由于不同时期、不同能源行业资本、劳动力要素的市场扭曲存在较大差异，因此纠正资本、劳动力要素市场扭曲的后 TFP 的潜在收益比例（%）也会各不相同。在 16 个能源行业加总 TFP 潜在收益比例描述性统计结果中，消除资本及劳动力要素市场扭曲后行业加总 TFP 潜在收益比例范围为 50.8848%—83.1750%，这与常建新（2015）计算的制造业行业加总 TFP 潜在收益比例一致。

表 5－10　消除扭曲后制造业各行业加总 TFP 的潜在收益（%）

代码	中位数	标准差	最小值	最大值	CV	均值	se（mean）	T－values
B0610	76.175%	0.1268	0.1495%	97.0670%	0.1728	73.3505%	0.0008	977.5710***
B0620	78.106%	0.1489	1.6232%	95.6781%	0.2002	74.4106%	0.0042	178.1795***
B0690	54.844%	0.2107	13.2294%	84.4729%	0.4141	50.8848%	0.0342	14.8848***
B0710	85.066%	0.1263	6.8508%	97.2995%	0.1535	82.2661%	0.0062	132.7132***
B0720	74.277%	0.1039	58.5179%	93.4267%	0.1365	76.0796%	0.0300	25.3716***
B1110	84.783%	0.0935	43.6280%	96.5045%	0.1124	83.1750%	0.0101	81.9943***
C2511	85.866%	0.1129	0.5641%	96.8905%	0.1358	83.1479%	0.0020	414.1628***
C2512	76.930%	0.2579	19.2537%	86.8527%	0.4186	61.6084%	0.0860	7.1668***
C2520	79.854%	0.1116	2.5176%	96.6643%	0.1433	77.8602%	0.0019	410.9904***
D4411	83.311%	0.1170	1.6242%	97.9237%	0.1456	80.3244%	0.0013	605.2017***
D4412	77.400%	0.1489	0.0825%	96.8977%	0.2028	73.4337%	0.0014	509.6050***
D4413	83.323%	0.0845	68.1348%	91.2441%	0.1049	80.6171%	0.0205	39.3177***
D4419	79.077%	0.1851	10.4963%	95.9859%	0.2513	73.6794%	0.0167	44.1352***
D4420	74.796%	0.1559	0.0561%	96.7601%	0.2195	71.0346%	0.0015	459.1767***
D4510	71.373%	0.1061	57.6472%	88.9675%	0.1469	72.2167%	0.0354	20.4220***
D4520	75.057%	0.2192	2.1456%	94.7211%	0.3232	67.8287%	0.0137	49.6066***

注：*** $p<0.01$，** $p<0.05$，* $p<0.1$。

在前文分析基础上，本节讨论了四位数代码的能源行业潜在 TFP 与实际 TFP 的对比，结果表明消除资本要素和劳动力要素市场扭曲后，能源企业 TFP 在不同异质性条件下间得到非常显著的提升，但各个行业之间的提升差异较为明显。具体来看：第一，煤炭行业的“反事实”分析结果表明，烟煤和无烟煤开采洗选业、其他煤炭开采业“反事实”后的 TFP 较要素市场扭曲下的 TFP 低，这说明作为传统能源开采行业的支柱产业，煤炭行业 TFP 经过一系列的市场化改革运作，其要素市场配置已得到明显优化，虽然部分年份要素市场扭曲下的 TFP“反弹”，但并不影响这种上升趋势。第二，煤炭加工行业的对比结果表明“反事实”分析 TFP 高于实际 TFP，即加工行业的煤炭仍然深受要素市场扭曲的影响，这种变化趋势在煤气生产与供应行业也表现得尤为明显[①]。

5.6 本章小结

本章利用中国 1998—2014 年能源企业数据测算资本及劳动力要素市场扭曲，在此基础上讨论要素市场扭曲对能源企业 TFP 损失程度的影响，并引入能源企业面临的市场势力，同时对要素市场扭曲和市场势力引发的能源企业 TFP 损失进行“反事实”分析。主要结论如下：

第一，样本期内中国两位数代码的能源行业资本要素扭曲整体存在很大差别，其中扭曲程度最高的行业为煤炭开采业，达到 4.9262；其次为石油加工与炼焦业，为 1.5653，前两位行业的资本要素扭曲程度差别较大；而石油与天然气开采业，电力生产与供应业，煤气、燃气生产与供应业的资本要素市场扭曲依次为 0.7806、0.9626、0.9234。从要素市场扭曲均值来看，上游环节和下游环节能源行业中资本要素市场扭曲水平较高。劳动力要素扭曲水平最高的仍然为煤炭开采与洗选业，其次为电力生产与供应业和煤气、燃气生产与供应业，而劳动力要素市场扭曲水平值最低的行业为石油加工与炼焦

---

① 当然，本书也采用固定效应“反事实”分析方法（Liu et al.，2021）核算消除扭曲后的 TFP 增长量，结果表明消除要素扭曲后能源企业 TFP 增长变化与表 5 - 10 表征的规律类似，固定效应“反事实”分析代码参见附录 B 第 5 章内容，也可参考 https：//github. com/xuyiqing/fect。代码具体使用方法可参考文献：Liu L，Wang Y，Xu Y（2021）．“A Practical Guide to Counterfactual Estimators for Causal Inference with Time - Series Cross - Sectional Data.” Available at SSRN：https：//papers. ssrn. com/abstract = 3555463.

业。相比于劳动力要素市场扭曲，资本要素市场扭曲的均值更高，并且能源行业之间表现出更大的差异，这意味着，相比于劳动市场扭曲，能源行业之间的资本要素市场扭曲程度更高。

第二，资本要素市场扭曲程度对能源企业TFP损失程度的影响系数为负，劳动力要素市场扭曲缩小将减少能源企业TFP损失程度。加入市场势力后，资本要素市场扭曲对能源企业TFP损失程度的估计系数仍然不显著，特别是加入要素市场扭曲与市场势力的交互项后，资本要素市场扭曲的估计系数有所增加，但仍未通过检验。劳动力要素市场扭曲程度提升会强化能源企业TFP损失的扩散作用；加入劳动力要素市场扭曲与市场势力指数的交互项后，劳动力要素市场扭曲作用为负，而劳动力要素市场扭曲和交互项的估计系数则显著为正，说明能源企业面临的市场势力程度会弱化劳动力市场扭曲对产TFP损失的负向作用。

第三，资本偏袒的中介效应结果表明，资本要素扭曲的系数显著为正，可以通过显著降低资本偏袒程度，进而作用于能源企业TFP损失，资本扭曲虽然在能源市场反映为资本要素配置最优化过程中的一种偏离，但这种偏离改变了能源市场面临的资本密集程度，从而通过资本偏袒的调整重构了资本的可选择性，进而作用于能源企业TFP。

第四，从行业特征看，能源企业的TFP潜在收益比例（潜在损失比例）呈现先上升后下降的趋势，这与刘宗明和吴正倩（2019）的计算结果一致。具体来说，经过一段时间的上升后，2001年的TFP潜在收益比例降低，此后总体呈现上升趋势，并在2003年达到最高值。这是因为，2001—2003年间能源市场化程度加快，先后出台多个能源行业市场化改革文件，这种政策上的变动势必影响该领域的要素投入，2003年后能源行业市场化改革效果开始出现。

本章使用面板固定效应模型估计参数时，发现相关文献研究中均认为要素扭曲对TFP存在阻碍作用，这似乎是“铁定”的事实。本章的估计结果显示，资本扭曲对能源企业TFP损失的正向作用似乎被认为是“不合理的估计结果”，而劳动力扭曲带来的阻碍作用则与不同作者的研究结果一致。这里认为主要是由于能源行业在中国是特殊行业，作为国民经济的命脉行业，能源行业资本结构的特殊性也可能对资金等产生“挤出”或者“叠加”效应。相比之下，参考相关文献，本章在数据筛选以及模型选择方面均合理地估计了影响效应。

第6章

要素市场扭曲、市场势力与能源上游企业TFP：专业化分工视角

6.1 引 言

能源市场上游行业产品的价格大幅度波动直接影响国民经济的稳定运行（吕炜等，2017），2002—2019年以煤炭开采与洗选业、石油和天然气开采为代表的能源上游行业的整体价格指数大幅波动［图6－1(a)，(b)］，而能源开采行业全要素生产率（TFP）总体上升并不明显（Peng et al.，2019，2020）。

由图6－1（a）和（b）可知，煤炭及石油、天然气工业生产者出厂价格指数在2012年前后，能源市场上游产业的整体产品价格水平显著下降。与此同时，中国经济社会生产力也开始供给侧结构性改革。而在推行“供给侧结构性改革”一段时间后，能源市场上游行业的产品价格水平从2016年下半年开始强劲复苏。以煤炭价格为例，因煤炭价格供应面趋紧，部分能源上游企业为保证长协合同执行，进一步加剧了煤炭价格上涨预期。为什么中国能源市场上游行业的产品价格水平波动如此之大？目前，许多文献从能源市场中存在的不同类型需求着手，部分研究成果认为当经济体系受到外部冲击时，不同水平的能源产品价格受到外部冲击的反应程度存在差异，进而导致能源市场的产品价格波动幅度出现显著差异（杨继生、冯炎，2020）。的确，外部需求冲击是造成能源市场上游行业产品价格波动的主要因素，但作为与供给侧相关因素又是如何影响能源市场上游行业产品的价格波动的？上游能源行业子部门主要是有形资源要素的开采、生产和加工，更依赖区域或者行业本身存在的自然资源禀赋，在勘探、开采、生产、加工过程中，需要投入大量

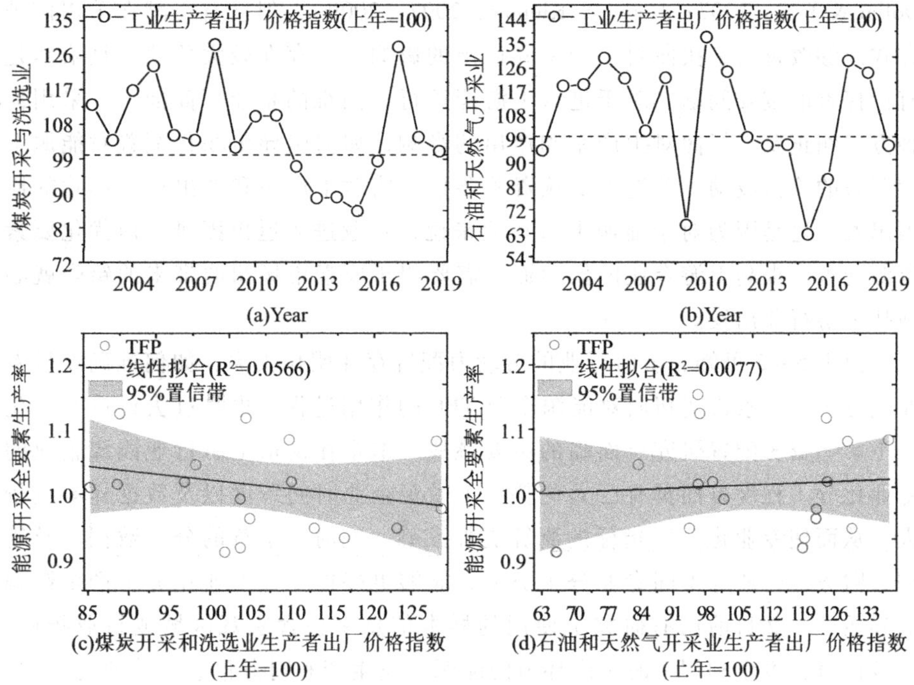

图 6－1　能源开采行业价格指数与 TFP 相关分析

注：工业生产者出厂价格指数（上年 = 100）；能源开采 TFP 数据来源于 Peng et al.（2019，2020）。

的专业设备、吸纳数量有限的工人。进入后工业化时代，上游能源行业企业集聚会出现自然资源紧张、劳动力流失、资本投资转移和土地成本上升等现象，产生拥挤效应。随着专业化信息技术的飞速发展，行业精准分工以及服务外包的出现，上游生产环节的能源企业不仅在资源要素禀赋高的地区集聚，同时还会集聚在市场需求高的地区，引导资源要素从低边际能源产出部门和向高边际能源产出部门或企业转移。而这些均无法避开老生常谈的要素资源市场化配置问题。尤其是政府实施能源价格体制市场化改革以来，要素资源市场化改革带来的要素投入变动是否是导致中国能源上游行业产品价格波动的主要原因呢？如果上游生产环节的能源企业虽进行了要素资源市场化改革，但结果是加剧而不是缓解上游环节能源企业市场产品及其原材料价格波动，那么又该如何合理引导？

尽管现有的经典文献及实证分析结果已经表明劳动力、资本等要素在能源产业或企业之间的扭曲会对生产率造成严重损失（陈永伟、胡伟民，2011；潘雄锋等，2017；杨冕等，2017；Asker et al.，2019；Bartelsman et al.，2009；

Dollar & Wei，2007；Hsieh & Klenow，2007，2009），但已有文献在采用何种方式能够改善要素扭曲对生产率和产出的影响上仍存在较大争议，且依然是有待探索的重要问题。对于进入上游能源行业困难的企业厂商而言，采用何种方式纠正要素扭曲对生产率和产出的影响，如何引导市场化配置对能源上游开采的价格波动？首先需要从资源要素扭曲对生产率和产出产生影响的原因出发。这是因为对于能源上游行业来说，企业进入退出困难，而优化要素资源配置、提高上游企业的供给面，需要纠正要素市场扭曲带来的错配就必须从上游行业出发。

由表5-3可知，上游行业的劳动力配置存在明显损失，如何准确度量专业化分工在要素市场扭曲对能源企业TFP的作用过程，也是过去讨论专业化分工影响资源配置研究所面临的主要挑战。本章在衡量上游行业能源企业的专业化分工程度方面具有巨大优势：①微观企业时间跨度以及数据样本量较大，从而使专业化分工指标的测算更加准确。同时，本章的分工数据涉及管理、财务、营业等不同专业分工类型，能够更好地探究专业化分工产生影响的异质性。②目前已有研究中使用的样本信息多包含宏观区域或行业指标，相较而言，本章利用上游生产环节的能源企业生产和财务信息构建研究样本，更具有微观基础，也符合第3章搭建的微观数理分析模型，探讨专业化分工能否改善要素市场扭曲对上游生产环节能源企业全要素生产率损失产生的影响，有助于从微观视角扩展分析具体影响机制，有助于进一步详细探究专业化分工在要素市场扭曲对能源企业TFP的影响中的具体角色。

本章的剩余结构安排如下：第二部分综述专业化分工对资源配置及生产率的影响；第三部分对第3章提出的理论模型和研究假设H3.3进行实证模型设计，同时解释说明本章所使用的样本来源及相关变量；第四部分依据计量模型利用上游生产环节的能源企业生产及财务数据检验研究假设，分析实证结果并进行稳健性检验；最后是得出本章的研究结论。

6.2 专业化分工影响TFP综述

6.2.1 专业化分工与资源配置研究

从已有文献讨论专业化分工与资源配置间的关系来看，众多学者的研究成果表明专业化分工可以提高资本和劳动力的配置效率。这主要是因为企业在生产过程中，生产要素可以通过专业化分工集聚提高资本、劳动力、土地、技术等要素的流动速度，进而提高企业生产力（陈诗一等，2019；杨校美，2020），从而提高资本和劳动力配置效率，缓解资本、劳动力以及中间投入要素的扭曲程度（程中华等，2017；陈诗一等，2019；崔书会等，2019）。具体来说，一方面，能源市场上、下游环节所在企业具备不同的生产工艺、生产流程、生产模式和产品销售模式，通过设置专业的工具和异质性技术，为市场提供拥有更高渗透性和更强个性化的能源产品。此外，能源市场，特别是上游环节高水平的专业分工可以减少资本或劳动力要素参与因市场化过程中的信息不对称产生的额外成本，提高要素配置效率（黎峰，2018）。另一方面，能源企业通过生产更加个性化、专业化的能源产品，反过来将资本及劳动力等要素配置到更加高效的生产部门或环节，由此可有效纠正能源市场上游环节的要素扭曲程度，提高资本、劳动力等资源要素的配置效率。同时，能源市场上游环节的生产性企业要素集聚产生的知识和技术溢出效应，使得产业链相关企业之间的模仿、示范和人员流动越来越快，竞争压力也越来越大，促使上游环节的相关能源企业加快完善专业分工，不断创新，提供更具异质性的产品，这不仅提高了相关生产要素的配置，同时也降低了企业的额外要素获取成本，进一步缓解了企业因素造成的扭曲。

关于专业化分工与劳动力配置方面的研究，已有文献着重讨论了生产性行业之间的关联性和溢出效应特征（季书涵等，2016，2017，2019）。所以，与上述集聚带来的专业化分工不同的是，从劳动力要素配置视角来看，能源产业与企业的关联性、外部性和规模性都会影响生产率，而且相互关联的上下游能源企业为了享受专业化分工而带来的成本优势，倾向于集约生产模式。从劳动力供给的角度来看，许多竞争力强、利润高的高生产率企业聚集在一起，形成了对技术型劳动力强大的吸引力，降低了技术型劳动力的职业检索成本，提高了技术型劳动力的匹配水平。另外，技术型劳动力的比例与产业的集成正比（李静、楠玉，2019；刘庆林等，2010；Hopenhayn，1992，2014；Mu & Ye，2018），能源市场中生产性企业的集聚会导致技术型劳动力在劳动市场的规模优势，进而为能源企业的发展提供知识型、技能型和创新型劳动者，从而提高能源上游市场中的劳动力要素配置效率。另一方面，能源市场中生产性企业能够通过提高技术型劳动力收入水平，提高边际劳动生产率（孟祺，2010；王俊豪、王建明，2007；王珍珍，2008；王中华等，

2009)，促进企业整体要素的生产率提高。所以，能源上游行业中生产性企业专业化区域内的技术型劳动力的比例越高，越有利于提高劳动力要素的配置效率和劳动生产率。

6.2.2 专业化分工与生产率或TFP研究

由于专业化分工影响资源配置，必然会波及生产率或TFP（Antweiler & Trefler, 2002；Grossman & Helpman，2002；Grossman & Hansberg，2012）。从已有研究来看，大多数学者认为专业化分工优化资源要素的配置效率，能够有效提高发达国家的生产效率水平（胡昭玲，2007；王中华等，2009；郑玉等，2017；Sevn，1998；Goerg & Hanley，2005)，但对发展中国家的技术进步水平或生产效率的影响存在争议（程盈莹、王洪渊，2014)。Pack and Saggi (2001) 认为，发展中国家在参与专业化分工时通过技术转移、技术模仿、技术创新等方式提高其技术进步水平，从而提高母国的生产率水平，但不少学者研究发现技术外溢通常具有一定的人力资本门槛（Xu，2000；钟昌标等，2013)。徐毅和张二震（2008）利用投入产出表计算出中国参与专业化分工水平，并讨论了专业化分工在人力资本作用下其对技术进步水平的影响效应，结果表明专业化分工可以在人力资本机制作用下向对本土技术进步有利方向发展。部分学者还发现专业化分工的技术进步促进效应与行业本身所具备的特有属性有密切关联，代表性文献如张小蒂和孙景蔚（2006)、胡昭玲(2007)、刘庆林等（2010)、郑玉等（2017)。

其他学者认为，发达国家的技术封锁和发展中国家的技术依赖可能导致低水平发展（程盈莹、王洪渊，2014；蒋冰冰，2012；李静、楠玉，2016，2019；张秋菊、朱钟棣，2008；Dunning，1998；Srcholec，2007)，这反过来又会导致专业化对发展中国家的技术进步几乎没有影响，甚至阻碍了技术和创新发展对发展中国家工业现代化升级，中国长期出口低附加值产品得到了许多研究文献的支持（蒋含明、石明，2019；王文珍、李平，2018)。Dunning (1998) 的研究成果指出FDI是发展中国家参与专业分工的主要方式，但FDI降低国家技术创新能力，从而不利于提高经济增长过程中生产效率。张秋菊和朱钟棣（2008）的研究结论表明中国技术外包的长期影响很小，而Srcholec (2007) 则认为跨国类型的专业分工（国际垂直专业化分工）阻碍了发展中国家专业化对技术进步的积极影响。程盈莹和王洪渊（2014）的研究成果表明技术外包可能导致技术进步出现重大差异。李静和楠玉（2016，2019）的相关研究成果指出发达国家的“技术锁定”已经取代了研发部门人力资本（Goerg & Hanley，2005；Grossman & Helpman，2002；Grossman & Hansberg，2012；Sevn，1998），从而导致发展中国家出现研发动力不足，最终使专业化分工引致的技术进步放缓。

在专业化分工细分研究方面，现有文献从专业化分工内部和外部角度着手，比如将专业化分工区分为垂直分工和外包（Amiti and Wei，2006；Grossman and Helpman，2006；姚星，2017），也有部分学者从构成分工的各项费用出发（胡昭玲，2007；王珍珍，2008；刘庆林等，2010；施炳展、李建桐，2020）。Grossman and Helpman（2006）对企业内部和外包的专业化生产模式选择行为分析，研究结果表明，外包降低了企业的经营管理成本，使企业在专业分工中获得了“干中学”的效果，提高了企业的生产率。Amiti and Wei（2006）基于美国制造业企业数据，发现企业的服务外包对生产力提升的积极影响大于材料外包。王中华等（2009）认为，专业化分工促进了中国产业的技术进步和生产率提高，但其影响与产业特征有关，特别是在资本密集型和高出口密集型部门，专业化在促进技术进步和生产力方面发挥着更大的作用。

以上文献分析了制造业分工专业化对劳动及企业生产率的影响效用、过程、机制和结构，原毅军和刘浩（2009）讨论了专业化对服务行业企业的劳动生产率的影响，结果表明服务行业的外包分工提高了企业的生产力水平，促进了相关资源的整合，对服务业的生产力也有积极的正向作用。姚星（2017）研究了服务业纵向分工和四种不同外包方式对服务业企业的生产率影响，相应结论认为服务行业中的离岸外包和离岸分包对行业或企业TFP产生了明显的消极影响。

在有关中国企业参与专业化分工对生产率影响的文献研究中，胡昭玲（2007）利用代表性工业行业的总产值指标反映企业生产率变化，从要素密集度和出口密集度两个方面分析专业化分工对企业生产率的影响效果。王珍珍（2008）、刘庆林等（2010）则通过工业增加值变量表征企业生产率的变化，详细研究行业异质性导致的要素密集度变化特征。孟祺等（2010）重点考察了参与企业专业化分工的所有权性质对企业生产率的影响效应。综合来看，上述文献重点集中在对专业化分工的产出指标影响，未考虑行业或者企业所面临的技术进步效果对生产率的影响效果，对行业异质性研究不够丰富。另外，对于不同行业参与专业化分工的不同影响效果，没有进行深层原因剖析，这样就导致部分实证研究只停留在对实证结果影响效应的正负或大小判定层面上。

能源上游企业众多环节，如能源勘探、开采、生产加工等越来越委托或与科研院所合作，通过所谓的外包等手段提高资源配置水平，集中核心资源在自身核心业务上，有效降低成本，提高专业化程度。这也表明了能源上游企业生产逐渐抛弃“大而全”而转向“小而精”的方向发展。上游生产环节的能源企业层面的专业化分工水平是其理性选择的结果，其程度大小是由企业所面临的市场技术水平等内生决定的，其面临的生产要素使用成本存在内生的不一致差异，这就决定了上游生产环节的能源企业全要素生产率。因此，本书尝试从专业化分工角度解读要素市场扭曲对能源企业全要素生产率的影响。

6.3 研究设计

6.3.1 研究模型构建

根据第3章理论模型推导，在均衡条件下，一方面，企业专业化分工提升，为了转化专业化分工带来的成本，需要额外抢占市场份额，企业会偏向提高市场势力，扩大核心产品种类，以巩固其竞争优势，提高生产率；另一方面，为了优化资源配置，能源企业把生产过程中边际成本过高的产品投放市场，避免造成要素或产品的浪费。在优胜劣汰的机制中，能源企业的核心优势产品占有率提高，劣质产品逐渐退出市场，从而提高能源企业生产率。根据3.2.5理论模型及研究假设3.2和研究假设3.5，本章有必要区分专业化分工水平，市场势力、要素市场扭曲与能源上游企业全要素生产率损失的机制。考虑如下模型：

$$TFP_{sd(it)} = \beta_0 + \beta_1 dist_{\tau,k,l,it} + \beta_2 (dist_{\tau,k,l,it})^2 + \beta_3 division_{it} + X_{it}\beta + \delta_i + \vartheta_t + \epsilon_{it} \tag{6-1}$$

其中，下标 i 和 t 分别对应企业和年份，$TFP_{sd(it)}$ 和 $division$ 分别对应能源企业全要素生产率损失、能源企业专业化分工程度，β 为公式6-1相关变量待估参数。$dist_{\tau,k,l,it}$ 代表上游能源行业企业所面临的总扭曲程度、资本扭曲和劳动力扭曲水平，考虑到扭曲及专业化可能存在的非线性影响，本章在实证模型中加入衡量扭曲程度变量的二次项（$dist_{\tau,k,l,it}$）^{2}。根据既有文献引入企业层面的控制变量，所有非典型变量都包含在误差项中，误差项由三部分组成：δ_i 来说明企业的固定效应，不会随着时间的推移而改变；ϑ_t 表示时间固定效果，不受能源企业个体特征变化的影响因素；ϵ_{it}代表随机扰动元素，用于绘制其他非典型因素。

6.3.2　数据来源及说明

1. 数据来源

本章继续沿用 1998—2014 年能源企业样本数据，参考 Mu and He（2018）的划分（如图 2-1 所示），能源上游包括了勘探、开采和生产加工环节，因此能源企业样本数据保留能源开采、辅助开采及能源加工行业，具体包括的四位数代码能源行业为 B06、B07、B11 和 C25。

2. 指标说明

被解释变量：能源企业 TFP 损失程度。参考第 5 章的计算结果。

核心解释变量：专业化分工。参考施炳展和李建桐（2020）专业化分工的做法，使用企业中间投入与总资产比值衡量能源企业参与专业化分工程度，记为 *division*。同时，本章还区分了从企业外部购买的中间投资品类型，构建了更详细的测度指标，用以衡量中国能源上游环节企业的专业化分工程度。同样地，本章计算能源上游环节企业专业化分工的原始指标数据也来自中国工业企业数据库（1998—2014 年）。详细指标构建情况如下：能源上游环节企业对外购买销售服务的相对比例，等于当年企业中间投资中的销售成本除以企业总资产（$division_{sale}$）；能源上游环节企业外部收购企业管理服务的相对比例，等于当年企业在中间投资中的管理支出除以企业总资产（$division_{management}$）；能源上游环节企业会计和金融服务外部成本的相对份额，等于当年企业中间投资的财务成本除以企业总资产（$division_{account}$）；能源行业上游环节企业外部购买商业服务的相对份额，等于当年企业在中间投资中的营业成本除以企业总资产（$division_{operating}$）。需要注意的是，本章使用的细分专业化分工指标与计算中间投入品的来源并不一致。

核心解释变量：上游环节能源企业面临的市场势力。具体计算方法仍然研究勒纳指数的相关公式，详细内容参阅第 5 章第 5.4.3 节的相关结果。

控制变量。参考施炳展和李建桐（2020）、鲁晓东和连玉君（2012）关于工业企业及制造业的相关研究，本章还控制了企业年龄（*AGE*）、企业盈利能力（*ROA*，净利润除以年平均资产总额）、托宾 Q 值（*TOBIN*）、总负债率（*TOTALL*）、短期负债率（*SHORTL*）、长期负债率（*LONGL*）等变量对能源行业上游企业 TFP 损失的可能影响。此外，我们还控制了能源行业上游企业所在的省市、样本年度和行业的影响。为统一计算，均对控制变量作对数处理。

3. 描述性统计

表 6－1 汇总了上游生产环节能源企业样本中核心变化和控制变量的描述性统计结果。专业化分工水平的均值趋势说明当前能源行业上游企业分工与总体的工业企业分工水平还存在差距，但部分细化分工的水平是高于整体的工业水平。勒纳指数（*lerner*）均值为 0.8438，表明能源行业上游企业市场势力较强，远高于其他行业所面临的市场势力，这也反映了中国能源行业已具备垄断特征。

表 6－1　　本章所用指标描述性统计

名称	变量说明	代码	均值	标准差
专业化分工	中间投入/总资产	*division*	0.6416	0.2909
	销售费用/总资产	$division_{sale}$	0.0292	0.0479
	管理费用/总资产	$division_{management}$	0.1076	0.8204
	财务费用/总资产	$division_{account}$	0.0967	2.0509
	营业费用/总资产	$division_{operating}$	0.7612	0.1939
市场势力	勒纳指数	*lerner*	0.8438	0.0164
企业年龄		*AGE*	2.2013	0.7715
上游企业盈利能力	总资产净利润率	*ROA*	0.0287	0.1918
托宾 Q 值		*TOBIN*	1.6404	2.3085
净资产收益率		*ROE*	0.0204	0.8128
总负债率	总负债/公司规模	*TOTALL*	0.5373	0.4196
短期负债率	流动负债/公司规模	*SHORTL*	0.3506	0.3558
长期负债率	长期负债/公司规模	*LONGL*	0.1703	0.2108

控制变量方面：样本企业年龄的对数均值为 2.2013，从标准差来看，能源行业上游企业全要素生产率损失可能会受到控制变量标准差差异的影响。

此外，本章还计算了主要变量之间的 Pearson's 和 Spearman's 相关系数（如图 6－2 所示）。就上游能源行业企业 TFP 而言，专业化分工的 5 个指标中

$division$ 和 $division_{operating}$ 与其正相关，而 $division_{sale}$、$division_{management}$ 和 $division_{account}$ 与其负相关，且在5%及以上显著性水平上显著，表明专业化分工水平总体虽然能够促进 *TFP*，但细分分工水平对 *TFP* 的影响还有待检验。就分工与要素扭曲而言，专业化分工及其细分分工水平对总扭曲、资本和劳动力要素扭曲的相关系数存在较大差异，但相关系数均在5%及以上显著性水平上显著，表明专业化分工及其细分分工水平对扭曲的作用仍待检验。

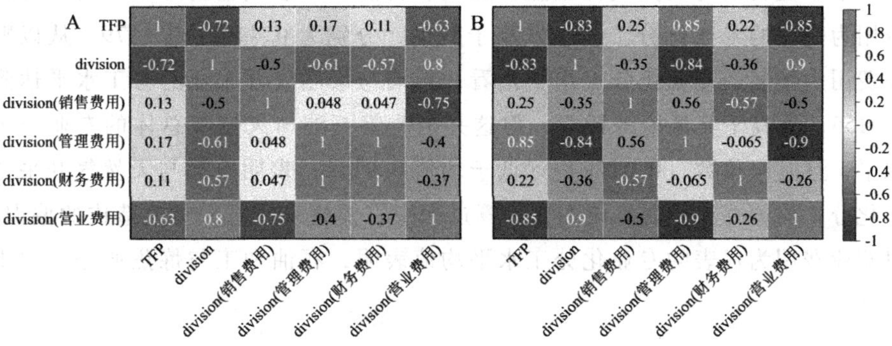

图6-2　本章所用变量的相关性系数矩阵

注：*A* 汇报了 *Pearson's* 两个系数；*B* 为 *Spearman's* 相关系数；主要系数均通过1%显著性水平检验。

6.4　专业化分工与TFP的特征事实

6.4.1　专业化分工变化特征

表6-2给出了上游不同能源行业（煤炭开采业，石油与天然气开采业，煤炭、石油和天然气开采辅助业，石油加工及炼焦业）的专业化分工总水平及其细分分工水平描述性统计情形。由表6-2专业化分工总水平可知，石油加工与炼焦业的专业化分工水平最高（0.7808），其次为石油与天然气开采业（0.6586），专业化分工水平最低的能源子行业为煤炭开采业，仅为0.4704。从总的分工水平可知，能源加工专业化分工远高于能源开采，且各个子行业之间的专业化分工水平差异较大。值得注意的是，归属于石油与天然气开采业能源行业上游企业专业化分工水平存在负值。对比专业化分工总水平均值

与中位数发现，均值反映的相关结论同样适用于中位数。变异系数表明能源行业的专业化分工总水平数值较为集中，不存在大范围波动情况。

此外，表 6－2 也给出了其余 4 种细分的专业化分工子类，分别为反映能源行业上游企业销售费用的 division_{sale}，反映管理费用的 $\text{division}_{management}$，反映财务费用的 $\text{division}_{account}$ 和反映营业费用的 $\text{division}_{operating}$。从均值结果来看，以销售费用为代表的专业化分工细分子类的均值较低，远低于整体的专业化分工水平。但石油与天然气开采业，煤炭、石油和天然气辅助开采业的以管理费用为代表的专业化分工水平又高于其他，分别为 0.4402、0.1179。从以财务费用为代表的专业化分工水平来看，石油与天然气开采业的分工水平达到 0.9155，远高于其他能源行业，但这并未改善石油与天然气总体的专业分工水平，且其中位数（0.0179）远低于均值 0.9155，表明石油与天然气开采专业化分工均值存在虚高，因而在计算过程中需要格外注意异常值造成的偏误。以营业费用为代表的专业化分工水平均值表明，石油加工与炼焦业分工水平较高。

表 6－2　　　　能源行业上游专业化分工差异描述性统计

分工水平	代码	均值	标准差	CV	最小值	中位数	最大值
division	B06	0.4704	0.2490	0.5293	0.0415	0.4553	2.4443
	B07	0.6586	0.3583	0.5440	-0.8895	0.7130	1.8189
	B11	0.6035	0.2349	0.3892	0.0581	0.6095	1.2635
	C25	0.7808	0.2210	0.2830	0.1408	0.8180	1.2442
$division_{sale}$	B06	0.0495	0.0789	1.5933	0	0.0254	0.6623
	B07	0.0393	0.0426	1.0827	0	0.0311	0.4032
	B11	0.0359	0.0661	1.8409	0	0.0125	0.4077
	C25	0.0246	0.0283	1.1529	0.0017	0.0137	0.2048
	B06	0.0997	0.0726	0.7279	0.0206	0.0907	1.2006
	B07	0.4402	3.4573	7.8536	0.0174	0.0535	39.4653
	B11	0.1179	0.1736	1.4731	0.0120	0.0896	2.0455
	C25	0.0540	0.0555	1.0273	-0.3065	0.0407	0.4438
	B06	0.0203	0.0274	1.3508	-0.0636	0.0136	0.1995
	B07	0.9155	8.8881	9.7084	-0.0268	0.0179	101.8483
	B11	0.0041	0.0682	16.7867	-0.5394	0.0108	0.2063
	C25	0.0193	0.0266	1.3777	-0.0144	0.0144	0.2208

续表

分工水平	代码	均值	标准差	CV	最小值	中位数	最大值
$division_{sale}$	B06	0.6936	0.1501	0.2164	0.2286	0.6855	1.6934
	B07	0.7524	0.5108	0.6789	0.0088	0.7527	6.1703
	B11	0.7591	0.1675	0.2206	0.2178	0.7786	1.2468
	C25	0.8656	0.0918	0.1060	0.5416	0.8810	1.1219

注：B06、B07、B11、C25 分别代表煤炭开采业、石油与天然气开采业、能源开采辅助业（煤炭、石油和天然气）、石油加工及炼焦业。

图 6－3 给出了能源行业上游企业专业化分工水平数量的变化及其 95% 置信区间，其中图 6－3(A)、图 6－3(B)、图 6－3(C)、图 6－3(D) 分别代表煤炭开采业、油气开采业、能源产业辅助开采业、石油加工及炼焦业。图 6－3(A) 表明以营业费用为代表的专业化分工水平最高，高于煤炭开采业专业化分工水平（0.4704）。图 6－3(B) 的结果表明虽然石油与天然气专业化分工水平较高，但数值波动范围较大。

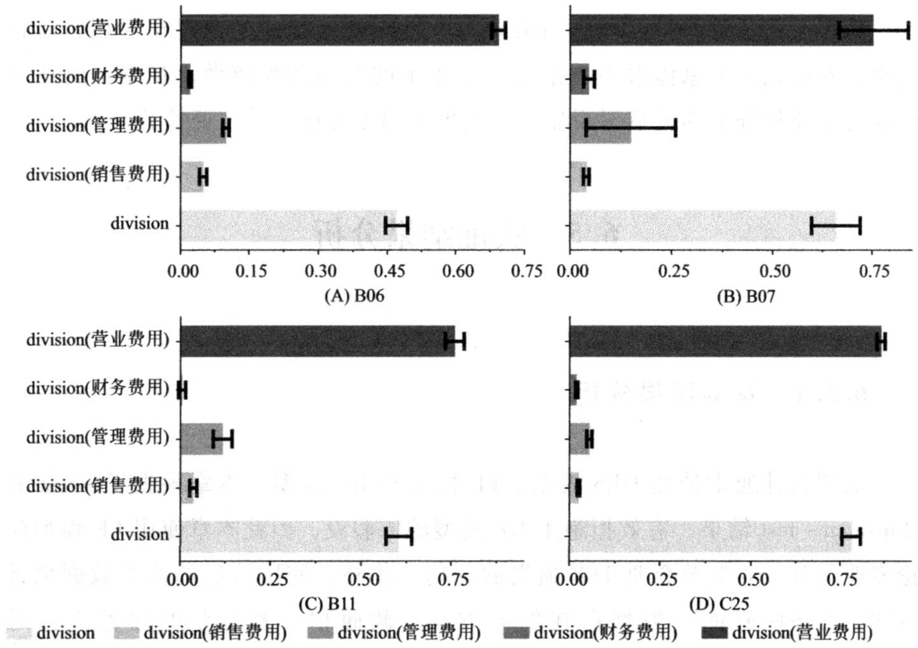

图 6－3　不同行业不同专业化分工均值对比

注：A、B、C、D 分别代表能源行业 B06、B07、B11 和 C25 专业化分工均值及 95% 置信区间。

6.4.2 专业化分工与 TFP 相关性说明

基于图 6-2 的相关性系数矩阵，从理论模型的预期结果来看，专业化分工能够纠正能源行业上游企业要素市场扭曲引发的 TFP 损失，从而有效提升能源企业全要素生产，那么专业化分工与 TFP 损失水平应该呈现显著负向相关关系，那么在要素扭曲情形下专业化分工是否仍然与 TFP 呈现负向相关关系呢？为此，本节通过检验专业化分工、不同扭曲情形与能源行业上游企业全要素生产率的相关性，可以从特征事实角度讨论专业化分工带来的影响①，结果表明：

第一，在总扭曲、劳动力扭曲和资本扭曲不同类型下专业化分工变化更多地来源于以营业费用为代表的细分分工水平，以管理费用为代表的细分分工对专业化分工水平的影响较小。以管理费用和财务费用为代表的专业化细分分工水平与 TFP 的散点图变化较为集中，且 TFP 越低，劳动力要素扭曲的程度越大。

第二，通过将总扭曲程度与劳动力及资本要素扭曲的情况作对比，可以发现，专业化分工总体水平及细分分工水平的分布较为离散，且企业的要素投入与专业化分工的关系不明显，以上事实均需要进一步实证检验。

6.5 实证结果分析

6.5.1 基准结果分析

面板估计通常使用 OLS 模型、FE 模型和 RE 模型，本章根据 F-test 和 Hausman-test 结果，有效拒绝了 RE 模型的原假设，因此本章使用 FE 模型讨论专业化分工对能源企业 TFP 损失的影响。此外，使用普通的面板数据估计方法，无法回避面板数据存在的异方差、截面相关和变量时序性等问题（Phillips & Sul，2003），因此，本章使用最小广义平方法（Generalized Least

① 为节省篇幅，本节未放置要素市场扭曲情形下专业化分工与 TFP 损失气泡图。

Square Methods，简称 GLSM）对能源上游环节的面板数据进行回归。又因为本章使用的数据结构大 N 和小 T 类型，参考 Driscoll and Kraay（1998），本章在 GLSM 模型基础上加入 Driscoll - Kraay 标准误调整后的 FE 模型估计在要素市场扭曲情形下专业化分工对能源上游企业 TFP 损失的影响。

本章讨论了资本和劳动力要素扭曲下专业化分工对上游能源行业企业 TFP 损失的影响，结果如表 6 - 3 所示。表 6 - 3 报告了中国能源行业上游企业专业化分工及其细分行业在资本及劳动力扭曲情形下影响 TFP 损失的面板固定效应回归检验结果，表 6 - 3 第（1）列表示资本、劳动力扭曲及其二次项对 TFP 损失的影响，第（2）列—第（6）列加入不同专业化分工水平对上游能源行业企业 TFP 损失的估计结果，同样，为保证模型估计结果的稳健性，表 6 - 3 的回归结果均控制了省市、行业、年份以及能源企业个体效应。

回归结果显示，上游环节能源企业 TFP 与 *distK* 存在显著的负相关关系；与劳动力要素扭曲（*distL*）和资本要素扭曲二次项（$distK^2$）呈显著的负相关关系，在 1% 的水平上通过检验。与资本要素扭曲项及其二次项的估计结果说明了资本要素扭曲对 TFP 损失的影响呈现非线性关系，专业化分工对 TFP 损失的影响显著负相关，且专业化分工明细纠正了要素扭曲对上游能源行业企业 TFP 损失程度的影响程度。其中专业化分工使资本扭曲对 TFP 的影响由 -0.0412 变为 -0.0411，提高了 0.01 个百分点，资本扭曲二次项系数则增加了 0.01 个百分点；劳动力扭曲对 TFP 损失的影响增加了 0.7 个百分点，而劳动要素市场扭曲的二次项系数则下降了 0.41%。由此可见，专业化分工均纠正了要素市场扭曲对 TFP 损失的影响，使要素市场扭曲对上游能源行业企业的影响更为集中，一方面纠正了资本要素扭曲对能源企业 TFP 损失的叠加效应，另一方面则减轻了劳动力扭曲对 TFP 损失的直接影响。上述实证研究结论验证了本书在第 3 章提出的研究假设 H3.3。从理论模型的推导和扩展可知，专业化分工可以为劳动者及其家庭成员搜寻匹配合适的工作，使其获得更高的劳动收入（胡尊国等，2015；杨小凯，2019；Yang，1988），这就表明劳动力的专业化分工带来的资本要素市场扩张将提高岗位资源匹配度，岗位资源匹配的改善将提高劳动生产率从而为企业 TFP 提高提供基础（张天华、邓宇铭，2020）；同时，经济发展导致的劳动力成本上升也将有助于提高劳动者积极性，为提高劳动力要素配置效率提供条件，从而避免了对上游环节能源企业的全要素生产率造成损失。控制变量的估计结果与表 6 - 3 的估计结果并未发生较为明显的变化。此外，细分的专业化分工水平［第（3）列～第（6）列］

对上游能源行业企业的影响与第（2）列的估计效果类似，均在一定程度纠正了要素扭曲对上游能源行业企业 TFP 损失的影响，但以销售费用、管理费用和财务费用为代表的专业化分工水平对企业 TFP 损失显著为负。

表 6－3　不同专业化分工类型下资本和劳动力扭曲对 TFP 的影响

变量	(1)	(2)	(3)	(4)	(5)	(6)
distK	-0.0412***	-0.0411***	-0.0402***	-0.0379***	-0.0395***	-0.0407***
	(0.0017)	(0.0017)	(0.0021)	(0.0020)	(0.002)	(0.002)
distL	-0.6351***	-0.6281***	-0.6264***	-0.5992***	-0.6098***	-0.6058***
	(0.0172)	(0.0173)	(0.0175)	(0.017)	(0.017)	(0.0171)
$distK^2$	-0.0002***	-0.0022***	-0.0021**	-0.0020***	-0.0021***	-0.0022**
	(0.0002)	(0.0001)	(0.0001)	(0.0001)	(0.0001)	(0.0001)
$distL^2$	-0.4490***	-0.4459***	-0.4381***	-0.4454***	-0.4230***	-0.4175***
	(0.0212)	(0.0212)	(0.0214)	(0.0206)	(0.021)	(0.021)
		-0.0764***				
		(0.0264)				
			1.391***			
			(0.0122)			
				0.998***		
				(0.0854)		
					1.341***	
					(0.0246)	
						-0.578***
						(0.0883)
控制变量	控制	控制	控制	控制	控制	控制
省市固定	控制	控制	控制	控制	控制	控制
行业固定	控制	控制	控制	控制	控制	控制
年份固定	控制	控制	控制	控制	控制	控制
R-squared	0.0656	0.0657	0.0666	0.0675	0.0670	0.0671

资料来源：本表中的待估参数括号内为考虑异方差的稳健标准误结果，*R-squared* 表示模型整体估计的拟合优度；除特殊说明外，表格中的核心变量均通过 1% 水平上的显著性检验（***）。

从能源上游环节的企业层面看，能源部门资本要素的实际价格长期受到中国利率汇率调节，接近出清（市场均衡）的市场价格，直接降低了能源企业财务成本，从而通过能源企业资本要素投入实现较高的边际生产水平；同时，当资本要素的盈余收入减少时，市场会提高资本要素价格，以减少其扭曲水平，但也会增加能源企业购买资本要素的相应成本，这可能导致企业不得不深度参与市场竞争，倒逼能源企业提高 TFP。此外，政府政策偏袒（第 5 章第 5.4.4 节）也是资本要素市场扭曲影响能源企业 TFP 的主要原因之一。在政府层面，除了能源上游环节企业内部积累资本外，能源企业勘探、开采、生产以及加工的最初阶段还需要大量资本要素投入，以及来自银行等金融机构的更多贷款及政府补贴，特别是对于兼顾能源安全等维持社会稳定的能源部门。“信贷所有权歧视”的现象，往往导致政府在干预金融机构贷款的同时，也会引导大量银行等金融机构或者民间资本流向拥有更多惰性的能源企业，而忽略了企业财务目标的非国有控股能源类企业（第 2 章能源企业存在忽略财务会计目标的症结）。同时，部分能源企业通过与政府建立长期“合作”抑或“寻租”关系而轻易获得成本较低的资本，可能导致这部分能源企业只会关注短期收益，而忽略了源于技术进步和技术创新引致的长期收益，最终会对企业 TFP 产生负面影响。综上所述，一方面，资本要素扭曲可能迫使企业提高 PK 或 PL，从而提高企业整体 TFP；另一方面，资本要素扭曲可能导致资源分配不当，从而对能源企业整体 TFP 产生不利影响。资本要素扭曲和资本扭曲二次项估计结果均验证了上述原因。

对于能源行业上游企业来说，能源安全引致的能源企业的“求稳欲”，将导致能源上游环节企业倾向于传统劳动密集型投入。为了控制劳动要素成本，能源上游环节企业追求降低劳动要素价格的目标，最终造成劳动力要素市场扭曲进而降低生产活动积极性的现象，导致生产效率损失及阻碍能源企业 TFP 的提升。从政府层面看，一方面，城乡二元结构和户籍制度无形中制约了劳动力的跨区域流动，挤出部分劳动要素，抑制了能源上游企业的全要素生产率；另一方面，由于研发劳动力要素具有“自主性、择优性”的特点，更倾向于流向边际收益高的上游生产环节能源企业。对于经济发展水平较差的地区，为依靠能源产业禀赋要素带动区域经济社会发展，地方政府只能支付额外的优惠帮助能源企业留住技术型劳动要素。此时，政府偏袒的财政支出更多的是从劳动密集型能源产业向技术密集型能源产业转移，以实现高效率、高质量的企业绩效，从而增加地区生产总值，由此造成的劳动力要素价格与边际产出偏离的情形在短期内能促进生产效率提高，提升企业 TFP。

6.5.2 异质性分析

参考实证模型，本章将其他没有控制的可能影响工业产出的部分归入误差项，这些误差项（如公式6-1所示）包括了非典型异质性因素，如能源企业所在地理位置、能源企业的所有制类型、能源行业特性等。因此本节在上述可能存在的异质性基础上继续讨论专业化分工对能源行业上游企业TFP损失的影响。

1. 专业化分工影响能源上游企业TFP损失是否存在行业异质性?

为了分析专业化分工对能源行业上游企业TFP损失的影响是否存在行业异质性，本节按照行业两位数代码对不同能源行业上游企业的TFP损失分别进行回归，结果均控制了行业、省市和企业效应。表6-4是能源上游企业分行业的估计结果，其中Panel A表示能源上游开采行业专业化分工对企业TFP损失的估计结果，主要包括B06、B07和B11，涉及煤炭、石油和天然气开采，能源辅助开采；Panel B表示能源加工行业专业化分工对企业TFP损失的估计结果，主要包括C25。可以看到，能源开采、加工和供应行业样本中，细分专业化分工类型能够纠偏要素市场扭曲对上游能源行业企业TFP损失的影响，从而提升能源企业TFP，而专业化分工总体水平却并未能有效纠正要素扭曲对能源上游企业TFP损失的影响，反而扩大了要素扭曲对TFP损失的影响程度。能源加工行业方面，仅以销售费用和营业费用为代表的专业化分工水平纠正要素扭曲对TFP损失程度的影响，其余专业化分工类型并未显著改善要素市场扭曲对能源上游公司TFP损失的影响，从专业化分工水平对能源企业TFP损失从程度的估计结果来看，也仅$division_{sale}$、$division_{operating}$的待估系数通过显著性检验。

表6-4　　上游行业专业化分工对能源企业TFP的影响

变量	(1)	(2)	(3)	(4)	(5)	(6)
Panel A：能源开采（上游）—煤炭、石油和天然气开采业						
distK	-0.0534***	-0.536***	-0.517***	-0.485***	-0.509***	-0.518***
	(0.029)	(0.0291)	(0.0289)	(0.0271)	(0.0288)	(0.0289)
distL	-0.0542***	-0.0549***	-0.0520***	-0.0446***	-0.0498***	-0.0503***
	(0.004)	(0.0045)	(0.0034)	(0.0033)	(0.0041)	(0.0035)

续表

变量	(1)	(2)	(3)	(4)	(5)	(6)
$distK^2$	-0.0038***	-0.0039***	-0.0037***	-0.0033***	-0.0036***	-0.0037***
	(0.0003)	(0.0003)	(0.0002)	(0.0003)	(0.0007)	(0.0009)
$distL^2$	0.3625***	3.658***	3.428***	2.836***	3.207***	3.249***
	(0.0356)	(0.0359)	(0.0355)	(0.0337)	(0.0360)	(0.0367)
division		0.0519				
		(0.0650)				
$division_{sale}$			1.097***			
			(0.273)			
$division_{management}$				2.050***		
				(0.214)		
$division_{account}$					2.573***	
					(0.549)	
$division_{operating}$						-0.529***
						(0.144)
R - squared	0.0669	0.0670	0.0676	0.0722	0.0684	0.0679
Panel B：能源加工（中游）—石油加工和炼焦业						
distK	-0.0779***	-0.0792***	-0.0770***	-0.0788***	-0.0784***	-0.0768***
	(0.0118)	(0.0118)	(0.0109)	(0.0118)	(0.0119)	(0.0116)
distL	-1.520***	-1.521***	-1.457***	-1.483***	-1.533***	-1.45***
	(0.0846)	(0.0844)	(0.0788)	(0.0924)	(0.0898)	(0.0868)
$distK^2$	-0.0014***	-0.0014***	-0.0014***	-0.0014***	-0.0014***	-0.0014***
	(0.00027)	(0.00027)	(0.00025)	(0.00027)	(0.00027)	(0.00027)
$distL^2$	2.238***	2.323***	2.322***	2.323***	2.438***	2.258***
	(0.2006)	(0.2232)	(0.1954)	(0.2231)	(0.2225)	(0.2535)
division		0.133				
		(0.0957)				
$division_{sale}$			4.310***			
			(0.705)			
$division_{management}$				0.490		
				(0.487)		
$division_{account}$					-0.498	
					(1.189)	

续表

变量	(1)	(2)	(3)	(4)	(5)	(6)
$division_{operating}$						-0.766***
						(0.271)
R - squared	0.0683	0.0688	0.0693	0.0707	0.0694	0.0696
控制变量	控制	控制	控制	控制	控制	控制
年份固定	控制	控制	控制	控制	控制	控制
省市固定	控制	控制	控制	控制	控制	控制
企业固定	控制	控制	控制	控制	控制	控制

资料来源：本表中的待估参数括号内为考虑异方差的稳健标准误结果，R - squared 表示模型整体估计的拟合优度；除特殊说明外，表格中的核心变量（要素市场扭曲及其二次项、专业化分工部分指标，*division*，$division_{managemen}$，$division_{account}$估计结果不显著）待估参数均通过 1% 水平上的显著性检验（***）。Panel A、Panel B 分别表示能源上游开采行业样本、能源加工行业样本，其中能源上游开采行业包括 B06、B07、B11，能源加工行业包括 C25。

2. 专业化分工对能源上游企业 TFP 损失的影响：企业的所有制类型重要吗？

表 6 - 5 报告了分所有制的回归结果，回归模型控制了年份效应、省市效应、规模效应和行业效应等。结果显示，专业化分工对能源上游国有企业的 TFP 损失均有显著的影响，且在一定程度上改善了资本和劳动力要素市场扭曲对企业 TFP 损失的影响。同时较高的专业化分工水平也影响非国有制能源上游企业 TFP 损失，虽然专业化分工总体估计结果不显著，但细分专业化分工类型均对非国有制企业 TFP 损失产生显著影响（1%）。但是，专业化分工总体并未改善要素市场扭曲对能源企业 TFP 损失的影响，尤其是资本扭曲二次项的估计结果。

表 6 - 5　　不同企业类型下的专业化分工对能源企业 TFP 的影响

变量	(1)	(2)	(3)	(4)	(5)	(6)
Panel A：国有控股企业						
distK	-0.0683***	-0.0670***	-0.0669***	-0.0650***	-0.0648***	-0.0663***
	(0.0025)	(0.0026)	(0.0026)	(0.0025)	(0.0026)	(0.0026)
distL	-0.6805***	-0.6672***	-0.6775***	-0.65***	-0.6632***	-0.6607***
	(0.0196)	(0.0202)	(0.0203)	(0.0195)	(0.0196)	(0.02)

续表

变量	(1)	(2)	(3)	(4)	(5)	(6)
$distK^2$	-0.0006 ***	-0.0006 ***	-0.0006 **	-0.0005 *	-0.0005 *	-0.0006 **
	(0.0001)	(0.0001)	(0.0003)	(0.0003)	(0.0003)	(0.0003)
$distL^2$	0.4810 ***	0.4729 ***	0.4781 ***	0.4648 ***	0.4695 ***	0.4607 ***
	(0.0227)	(0.0228)	(0.0232)	(0.0222)	(0.0225)	(0.0230)
division		0.0911 **				
		(0.0355)				
$division_{sale}$			-0.755 **			
			(0.354)			
$division_{management}$				-0.839 ***		
				(0.101)		
$division_{account}$					-0.994 ***	
					(0.180)	
$division_{operating}$						0.306 ***
						(0.0720)
R - squared	0.0691	0.0692	0.0698	0.0705	0.0697	0.0695
Panel B：非国有控股企业						
distK	-0.0357 ***	-0.0359 ***	-0.0353 ***	-0.0310 ***	-0.0355 ***	-0.0358 ***
	(0.00238)	(0.00239)	(0.00250)	(0.00239)	(0.00236)	(0.00232)
distL	-0.7088 ***	-7.077 ***	-6.876 ***	-6.831 ***	-6.763 ***	-6.753 ***
	(0.0334)	(0.334)	(0.343)	(0.325)	(0.342)	(0.330)
$distK^2$	-0.0018 ***	-0.0018 ***	-0.0017 ***	-0.0015 ***	-0.0017 ***	-0.0018 ***
	(0.0001)	(0.0004)	(0.0005)	(0.0004)	(0.0004)	(0.0004)
$distL^2$	-0.5387 ***	-0.5387 ***	-0.5105 ***	-0.6018 ***	-0.494 ***	-0.50 ***
	(0.045)	(0.0354)	(0.0642)	(0.047)	(0.045)	(0.0451)
division		0.0278				
		(0.0445)				
$division_{sale}$			-1.200 ***			
			(0.282)			
$division_{management}$				-1.110 ***		
				(0.154)		
$division_{account}$					-0.875 ***	
					(0.233)	

续表

变量	(1)	(2)	(3)	(4)	(5)	(6)
$division_{operating}$						0.626***
						(0.104)
R - squared	0.0682	0.0683	0.0687	0.0705	0.0689	0.0698
控制变量	控制	控制	控制	控制	控制	控制
年份固定	控制	控制	控制	控制	控制	控制
省市固定	控制	控制	控制	控制	控制	控制
行业固定	控制	控制	控制	控制	控制	控制

资料来源：本表中的待估参数括号内为考虑异方差的稳健标准误结果，R - squared 表示模型整体估计的拟合优度；除特殊说明外，表格中的核心变量（要素市场扭曲及其二次项、专业化分工部分指标）待估参数均通过 1% 水平上的显著性检验（***）。Panel A、Panel B 分别表示能源行业上游国有控股企业和非国有控股企业样本。

具体而言，在控制其他解释变量不变的情况下，专业化总体水平每上升 1 个百分点，能源行业国有上游企业 TFP 损失将下降 0.911%，并且该负向影响显著地改善了资本扭曲 0.13 个百分点、劳动力扭曲 1.33 个百分点、资本扭曲二次项 0.13 个百分点、劳动力扭曲二次项 0.76 个百分点；而对能源行业非国有上游企业而言，专业总体水平每提升 1 个百分点将降低企业 TFP 损失 0.278%，但仅显著纠正劳动力要素市场扭曲 0.11 个百分点。出现上述现象的原因可能在于：在我国，特别是能源行业，相比于非国有制企业，国有企业的相关制度更加完善，执行国家规定更加严格，融资环境也更为宽松。我国能源上游国有企业可以凭借其制度和资本优势，采取一系列的适应性措施，降低要素扭曲对其 TFP 损失的不良影响，积极纠正。能源上游非国有企业的规模较小，技术水平较低，同时面临较大的政策约束，从而应对要素市场扭曲的能力也较弱。

3. 专业化分工对能源上游公司 TFP 损失的影响：地理位置扮演了何种角色？

分区域回归结果显示①，不同地区专业化分工对能源上游企业 TFP 损失的影响存在较大差异，且就影响要素市场扭曲对上游能源行业企业 TFP 损失来看，不同区域专业化分工带来的改善程度不尽相同。东部地区和中部地区专

① 为节省篇幅，分区域结果不作详细报告。

业化分工并未显著改善要素扭曲对企业 TFP 损失的影响，反而扩大了要素扭曲的损失程度，而西部地区的专业化分工显著降低了要素市场扭曲对能源上游企业 TFP 损失的影响。根据分区域回归结果，对比三大经济区域的回归结果，发现资本和劳动力要素市场扭曲对能源行业上游企业 TFP 损失的影响与全样本估计结果大体一致。

4. 控制变量稳健性分析

上游能源行业企业所在地区异质性变系数估计的控制变量及其 95% 置信区间结果如图 6－4(a)、(b)、(c) 所示。将东部、中部和西部地区上游能源行业企业估计结果对比发现：首先，区域异质性变系数估计的控制变量与总体估算结果类似，估计系数的正负号方向一致；其次，分区域样本（东部、中部、西部）中模型对控制变量的估计结果与能源开采及加工样本的估计结果相似；最后，东西部地区的样本中净资产收益率 *ROE* 估计结果保持一致，同为负向，而中部地区和全样本估计的 *ROE* 系数均为正向。

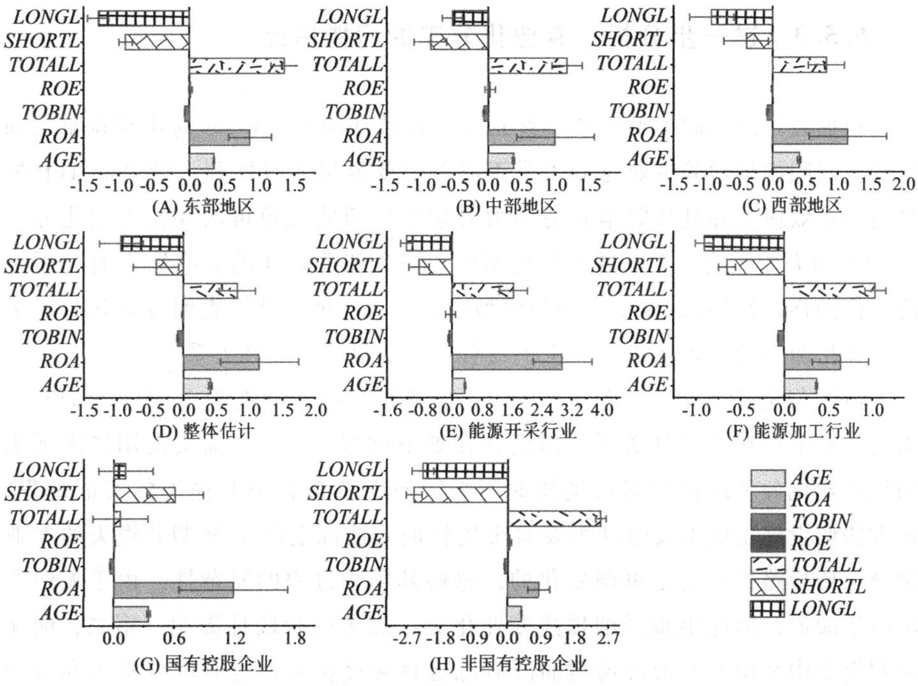

图 6－4　主要控制变量的区域异质性变系数估计结果统计描述

注：(a)、(b)、(c)、(d)、(e)、(f)、(g)、(h) 分别表示东部地区、中部地区、西部地区、能源开采、能源加工、国有控股企业、非国有控股企业和全样本估计的控制变量系数值。

行业异质性变系数估计的控制变量及其95%置信区间结果如图6－4(d)、(e) 所示。将能源开采—加工—供应估计结果与整体估计结果对比发现：第一，行业异质性变系数估计的控制变量与整体估计结果相似，正负向保持一致；第二，能源加工行业样本估计的控制变量系数远高于其他样本估计结果。

企业所有制异质性变系数估计的控制变量及其95%置信区间结果如图6.4(f)、(g) 所示。将国有控股能源企业与非国有控股企业估计结果对比发现：第一，国有控股和非国有控股企业样本估计结果存在很大差异，由图6－4可知，非国有控股能源企业样本对控制变量的估计结果与整体结果一致，而国有控股样本估计的控制变量系数主要为正向（*ROE* 和 *TOBIN* 除外）；第二，虽然国有控股能源企业估计结果主要为正向，但估计系数的绝对值明显小于非国有控股样本对控制变量的估计结果；第三，从企业所有制类型估计结果来看，全样本估计的控制变量系数变化主要来源于非国有控股能源企业估计的控制变量系数。

6.5.3 进一步分析：专业化分工的门槛估计

根据设定的基础模型，本节首先运用面板 Driscoll－Kraay 标准误调整的固定效应回归模型检验专业化分工是否改善了要素扭曲对能源上游企业 TFP 损失的影响效应，并且从资本和劳动力要素市场扭曲视角再次探讨专业化分工对 TFP 损失的影响。在基准回归模型中考虑到扭曲存在的非线性影响（周杰琦、徐国祥，2020），本章在回归模型中加入二次项，结果表明专业化分工影响要素扭曲对能源企业 TFP 损失的过程中存在显著非线性关系。

虽然前文已验证专业化分工在改善要素市场扭曲对能源上游企业 TFP 损失的影响中存在非线性关系，但仍存在如下问题：第一，前文使用二次项来捕捉专业化分工改善要素市场扭曲影响能源上游企业 TFP 损失的实证过程，该方法假设修正资本及劳动力要素市场扭曲对能源上游企业 TFP 损失的专业化分工传导路径影响是单调变化的，忽略其影响过程的复杂性，由于无法给出内生阈值，因此很难详细描述专业化分工改善的阶段性影响。第二，前文回归模型中采用的要素市场扭曲既有综合性测度指标，也有区分资本和劳动力扭曲的情形属于综合测度指标，在有效区分要素市场扭曲发挥作用的关键维度情况下，专业化分工带来的纠偏效果较综合要素扭曲测度要好。借鉴 Kremer et al.（2013）以及张丹和陈乐一（2019）构建混合动态面板门槛模型。

Kremer et al.（2013）结合Arellano and Bover（1995）提出的正交离差转换方法和Caner and Hansen（2004）研究的截面变量估计方法，系统性地总结Hansen（2000）的面板门槛模型，在此基础上提出动态面板门槛模型（Dynamic Panel Threshold Model，简称DPLM）。这种允许解释变量内生的动态面板门槛模型的一般形式如下：

$$TFP_{sd(it)} = \psi TFP_{sd(it-1)} + \beta_1 \pi_{it} I\{\cdot\} + \phi_1' x_{1,it} + \phi_2' x_{2,it} + \delta_i + \vartheta_t + \epsilon_{it} \quad (6-2)$$

公式6－2中$i=1,\cdots,N$；$t=1,\cdots,T$；$(TFP_{sd(i,t-1)}, x_{2,t})$表示非平衡面板数据中的内生解释变量，$TFP_{sd(it)}$为表示能源上游环境企业全要素生产率损失程度，记为被解释变量；$TFP_{sd(i,t-1)}$为能源上游环境企业全要素生产率损失程度的一阶滞后项，π_{it}为决定动态面板门槛模型的区制因变量，γ为门槛待估参数值；$I\{\cdot\}$为动态面板门槛模型中的指示函数，具体为$I\{q_{it}\leqslant\gamma\}, I\{q_{it}>\gamma\}$，$q_{it}$为动态面板模型中的门槛变量，依据本章研究设定，本书设定为能源上游环节企业面临的市场势力情况；$x_{1,it}$为外生解释变量，$x_{2,it}$表示内生解释变量；ϵ_{it}表示个体随机扰动项，具体包括能源企业异质性、企业所在地理位置，行业特征等。

本章设定的动态面板门槛模型中存在个体固定效应μ_i，因此，有必要在估计前通过模型变换消除企业个体效应。消除个体效应通常有两种方法（张丹、陈乐一，2019；Arellano & Bover，1995；Hansen，2000；Kremer et al.，2013）：组内变换和一阶差分。然而，在动态面板门槛模型中，被解释变量的滞后项与个体误差项的平均值之间存在序列相关性，因此组内转换无法消除能源企业个体固定效应。鉴于动态面板模型中存在组内转换和一阶差分消除企业个体固定效应的缺陷，本节参考Kremer et al.（2013）提出的模型方法，通过正交离差变换消除固定效应。

1. 上游环节能源企业的门槛值估计与检验

根据DPLM的操作步骤，本节首先对相关变量进行前向正交离差变换，消除上游环节能源企业可能存的个体FE，然后对其工具变量及外生变量进行面板最小二乘法估计，获得拟合值，通过拟合值设定代理变量，采用DPLM模型估计方法确定门槛值系数及其95%置信区间［Lower，Upper］，然后依据门槛系数划分样本，最后利用GMM两步法进行DPLM门槛系数进行估计，结果如表6－6所示。由表6－6可知，以能源企业面临的市场势力为门槛变量，无论是在要素市场扭曲总水平还是区分要素市场扭曲，在置信区间95%或90%下，专业化分工纠偏要素市场扭曲对能源企业TFP损失的动态门槛估计均只有一个门槛值。其中，在不区分要素市场扭曲情形下，市场势力门槛值是0.8626，高于市场势力均值，且不同置信区间下估计的门槛值一致；而在区分资本和劳动力要素市场扭曲情形中，市场势力门槛值是0.8386。结合表6-6也可以发现，市场势力的门槛估计结果存在显著性，即专业化分工纠正要素市场扭曲影响能源企业TFP损失过程中，市场势力发挥了显著的门槛作用。

表6-6　市场势力门槛值估计结果

γ	Threshold	Upper	Lower
Panel A：τ			
$\hat{\lambda}$（95%）	0.862612*** [0.8438]	0.8626119	0.848525
$\hat{\lambda}$（90%）	0.862612*** [0.8438]	0.8626119	0.848525
Wald χ^2	1127.3***（$p<0.001$）		
Panel B：*distK*，*distL*			
$\hat{\lambda}$（95%）	0.838561** [0.8438]	0.8395599	0.83823
$\hat{\lambda}$（90%）	0.838561* [0.8438]	0.8394858	0.838266
Wald χ^2	515.85***（$p<0.001$）		

资料来源：Panel A代表参与专业化分工影响要素市场总扭曲水平对能源企业TFP的动态门槛估计样本，Panel B代表参与专业化分工影响资本及劳动力要素市场扭曲程度对能源企业TFP的动态门槛估计样本，括号代表不同的置信区间水平，方括号中为市场势力均值；除正文特别说明外，DPLM模型的门槛估计系数均显著通过检验。

2. 上游环节能源企业的模型实证结果分析

前述，本章主要是在区分要素市场扭曲情形下讨论专业化分工对上游能源行业企业TFP的影响，因而本节依据市场势力相应的门槛值*lerner*为0.8386进行区间划分，以上游能源行业企业TFP损失的滞后一阶（二阶或三阶）项作为工具变量解决DPLM模型可能存在的内生性问题，同时运用GMM两步法检验专业化分工对经济波动的稳健门槛效应。表6-7所示的估计结果中，Sargan检验结果显示能源行业企业TFP损失的滞后一阶（二阶或三阶）项设定合理，且AR（2）表明DPLM模型不存在二阶序列相关，上游生产环节的能源企业全要素生产率损失的AR（1）系数显著通过检验，说明能源企业全要素生产率损失本身具有动态性。动态面板门槛模型对控制变量的估计系数与前文估计结果差异不大。

表 6－7 门槛估计结果与面板固定效应估计结果对比

变量	面板标准误调整 FE		动态面板门槛 GMM 估计			
	(1)	(2)	(3)	(4)	(5)	(6)
			0.151	0.151	0.270	0.270
			(0.238)	(0.238)	(0.221)	(0.221)
$q_{it}>\gamma$			3.493***	3.493***	0.174	0.174
			(10.99)	(10.99)	(1.353)	(1.353)
$q_{it}\leqslant\gamma$			3.445***	3.445***	—	—
			(10.54)	(10.54)	—	—
distK	−0.0412***	−0.0411***			−0.0417	−0.0417
	(0.0015)	(0.0014)			(0.645)	(0.645)
distL	−0.6351***	−0.6281***			−0.4941**	−0.4941**
	(0.072)	(0.073)			(0.2482)	(0.2482)
	−0.00220***	−0.00219***			−0.00229	−0.00229
	(0.0001)	(0.0001)			(0.0054)	(0.0054)
$distL^2$	−0.4450***	−0.4460***			−0.3091	−0.3091
	(0.0212)	(0.0212)			(0.0237)	(0.0367)
division		−0.0774***	−0.184	−0.184	−0.264	−0.264
		(0.0277)	(0.630)	(0.630)	(0.674)	(0.674)
τ			−0.546	−0.546		
			(1.370)	(1.370)		
τ^2			−0.507	−0.507		
			(1.313)	(1.313)		
控制变量	控制	控制	控制	控制	控制	控制
截距项	0.8679***	0.8622***	−2.00**	−2.00**	0.6449***	0.6449***
	(0.0374)	(0.0425)	(0.886)	(0.886)	(0.174)	(0.174)

资料来源：本表根据 Stata17.0 整理汇总，括号内为待估参数对应地考虑了异方差稳健标准误值；*、**、*** 分别表示在 10%、5% 和 1% 的水平上显著。

从专业化分工与能源上游企业 TFP 损失的估计结果来看，$q_{it}>0.8386$ 时主要变量系数存在较大差异（表 6－7）。当 $q_{it}>0.8386$ 时，专业化分工影响能源企业 TFP 损失的系数并不显著，而仅 *distL* 系数显著为负，但 *distK* 及二次项系数（$distK^2$ 均未通过显著性检验，表明专业化分工与能源企业 TFP 之间存在非线性关系，伴随上游能源行业企业市场势力的增强，专业化分工在降低劳动力要素市场扭曲对TFP损失的效应先减缓后增大。

专业化分工水平的增加可能在短期内对能源上游环节的企业开采、生产、加工和投资产生影响。然而，随着专业化分工水平的进一步增加，将使整个能源行业上游环节企业面临更高的市场势力，会使能源企业不断规范其生产行为，引发能源产业转移和资源要素的再分配和主导产业的转移，从而对上游环节能源企业的TFP损失产生影响。专业化分工可以通过市场势力影响微观企业行为，倒逼要素再配置。当专业化分工强度提高时，能源企业面临市场势力较大，拥有一定市场话语权，对资源要素配置产生一定影响。专业化分工强度的提升短期内可能会增加企业的非生产性成本，使企业利润减少，这样会导致能源企业生产过程所需的要素价格下降，诱发能源企业TFP下降。当市场势力越过某个拐点值时，专业化分工会通过较高的资本和技术密集型投入，实际增加要素投入，提升能源企业TFP。当然，专业化分工通过人力资本才能纠正劳动力要素扭曲，影响能源企业TFP。

6.5.4 稳健性测试及内生性分析

本章从四种角度检验专业化分工对要素市场扭曲影响上游环节能源企业TFP损失的纠偏效果结论的稳健性。首先，本书核心变量能源企业TFP损失是通过ACF模型测算得出，为避免可能存在的测量误差问题，本节需要对相关结果作稳健性检验，为了排除指标选取带来的回归偏误，基于GMM方法测算能源行业上游企业全要素生产率，然后估算TFP损失并进行回归，结果表明调整估计方法并未改变主要变量参数，且区分要素市场扭曲情形下也没有明显改变，这就表明从替换估计方法角度得出的结果与基准回归结论保持一致，可见利用ACF法测算的上游环节能源企业TFP数据进行回归所得结论十分稳健。

其次，选取能源行业上游企业TFP增长率作为企业生产率的代理变量来替代基准模型中的TFP损失值（最终估计系数符号应相反），与表6-3和表6-4的估计结果相比，选取不同的度量指标并没有改变专业化分工纠正要素市场扭曲对能源行业上游企业TFP损失的影响。

再次，上游能源行业企业数据库部分指标缺失了很多关键变量，为排除推算的数据可能存在的测量误差我们使用分时段数据重复上述分析，具体步骤包括：由于本章节样本观测窗口期是 1998—2014 年[①]，分时间段的估计发现新的样本期内实证结论几乎没有变化。仅在 2000—2008 年和 2010—2019 年两个时段中能源行业上游环节的专业化分工对能源企业 TFP 损失的显著性有所下降。

最后，分区域估计能源上游环节企业专业化分工对 TFP 损失的影响。根据本书所考察地区的样本，东部、中部和西部地区均存在一定的能源资源丰富的省市，这些城市对能源企业营商环境扶持力度远高于能源资源贫乏的省市，因此，有必要进行一项测试：排除样本在特定的能源资源要素丰富的省市。我们重新估计发现，与基于所有区域样本的估计值相比，重新估计后关键变量的实证结论未发生明显变化，结果整体上仍然支持了研究假说。

6.6　本章小结

如何准确度量专业化分工在要素市场扭曲对能源企业 TFP 的作用过程，也是过去讨论专业化分工影响资源配置研究所面临的主要挑战。本章从专业化分工视角讨论其是否会改善能源企业全要素生产率损失，基于 Yang（1988）专业化递增报酬分工理论模型，利用 2000—2019 年能源行业上游企业样本数据验证理论假说，结果发现：

首先，理论模型表明企业面临的市场势力将随着专业化分工程度的演进而得到提高，专业化分工会使企业倾向于扩张核心优势的产品，抢占市场份额，改变企业市场势力，优化资源配置，从而使专业化分工能够促进企业生产率的提高。理论角度预期专业化程度会受到市场势力的限制，当产品或服务的需求增长到一定规模时，企业专业化分工程度加深，且分工的水平会随着市场势力扩大而提高。

其次，石油加工与炼焦业的专业化分工水平最高，其次为燃气、煤气生产与供应业，专业化分工水平最低的能源子行业为煤炭开采业。从总的分工水平可知，能源加工和供应专业化分工远高于能源开采，且各能源行业之间的专业化分工水平差异较大。国家要求 2025 年前，能源制造业形成具有比较

① 样本期覆盖美国次贷危机，为剔除重大外部冲击对估计结果的严重干扰，稳健性检验分别对 1998—2008 年、2000—2009 年、2010—2014 年以及 2009—2014 年 4 个时段进行估计。为节省篇幅，本节在正文中未报告相关估计结果。

优势的较完善产业体系，基本形成能源重大技术装备等专业化合理分工产业格局，反映了当前提升能源专业化分工的迫切性。

再次，专业化分工可以通过改善要素市场总的扭曲程度提高对能源企业TFP的影响。专业化分工均纠正了要素市场扭曲对TFP的影响，使要素市场扭曲对上游能源行业企业的影响更为集中，一方面纠正了资本要素扭曲对能源企业TFP的叠加效应，另一方面则减轻了劳动力扭曲对TFP的直接影响。此外，专业化分工在纠正要素市场扭曲影响能源行业上游企业TFP过程中还会受制于异质性影响，具体包括企业所有制、行业特征以及企业所在地理位置等。

最后，从专业化分工与能源上游企业TFP的门槛估计结果来看，专业化分工影响能源企业TFP的系数并不显著，而仅劳动力要素扭曲系数显著为负，但资本要素扭曲及二次项系数均未通过显著性检验，表明专业化分工与能源企业TFP之间存在非线性关系，伴随能源上游企业市场势力的增强，专业化分工在纠正劳动力要素市场扭曲方面呈现先减缓后增大的特征。

本章通过跨期微观能源上游企业样本，更加精准地衡量专业化分工指标，并从管理、财务、营业等不同专业分工角度验证研究假设，更好地探究专业化分工纠正要素市场扭曲对TFP损失的异质性影响。相比较而言，本章直接利用上游能源企业，更具有微观基础，更适合探讨专业化分工改善要素市场扭曲对能源企业TFP产生影响的研究假设，有助于进一步详细探究专业化分工在要素市场扭曲对能源企业TFP的影响中的具体角色。

第7章

要素市场扭曲、市场势力与能源下游企业TFP：企业自生能力解读

产业高质量发展离不开下游供给推动，而下游环节的供给推动是指市场中产业价值链下游环节的生产型或服务型企业参与上游环节的企业生产、加工活动，抑或是下游环节的生产型或服务型企业借助上游环节的供应推动下游企业产出、价值链条上的调整与升级（林毅夫、付才辉，2019；郑洁、付才辉，2020）。从定义看这种供给推动是优化要素配置、纠正要素市场扭曲的有效手段。现阶段，能源产业的下游供给调整与升级具有以下特征：第一，能源产业投资上，政府着力加强能源市场中的基础设施建设，提高资源要素投入力度，重点实施的电网改造、西电东送、西气东输、大型核电等能源基础设施建设虽然取得巨大成就，但也造成了下游能源产品供应面趋紧，部分企业要素配置无法跟上；第二，能源供给上，表现在以缓解国内下游的供需矛盾，不断推进和培育新能源及循环经济产业，这在一定程度上对下游能源供给形成一定冲击和挤出。就目前的能源产业价值链垂直分工格局来看，主导的驱动者是TFP较高的能源大型企业，比如中石化、中海油、中石油等，它们对能源产业下游企业的供应调整与升级，能够有效促进主要依赖技术溢出效应释放带来的利润效益，但效果往往依赖于下游环节的能源企业深度加工及供应方式。那么能源产业下游企业自身利用方式又取决于什么呢？加强自身利用方式、推动供给能否改善要素市场扭曲带来的企业TFP损失呢？本章通过能源企业自生能力尝试回答这一问题。

7.1 引 言

从微观角度来看，能源行业价值链上的供应面之所以能够纠正要素市场扭曲带来的TFP损失，关键在于能源供应行业的企业能够在除了供应、消费、转化上游能源企业的产品外，还存在能源企业内部化上游转移而来的技术以及供应面能够释放技术以推动产品以及价值链条升级的现象，即能源产业的下游环节所在企业通过自身能力来完成建设和推广能源产品以及价值链升级，下游环节的能源企业扩大其价值链活动，能够在一定程度上增加其深度加工及供应价值的产业链水平。具体来看，在下游生产环节处于能源产业价值链末端的一般厂商，具备低技术加工优势和制造能力，根据终端消费客户所提供的规格要求进行生产供应。这一阶段企业的所需技术相对较高，获得的利润可观，且具有战略意图的下游环节能源企业在环境压力下，能够进一步提升和推广其核心竞争力，通过扩展自身的价值链的长度，可以获取更多的生产利润价值。如果下游环节的能源企业能够成功完成这一步骤并获得额外的供应能力，那么这些能源企业就有自主开发新产品和改进产品功能的相应能力，下游能源企业可升级技术、实现技术溢出，进而提高市场占有率，形成高市场势力。下游能源企业具备了独立二次生产产品和供应消费者能力，处于此阶段的那些能源企业并非就处于产业升级的停滞阶段，这些能源企业往往成为推动整个能源行业升级的重要力量，这是因为这些企业会不断更新自身能力，重新定义能源产业，实现能源市场中上游和下游的产业链升级，从而实现在市场化的作用下纠正要素市场带来的扭曲情形。既然自身能力是完成升级、纠正要素扭曲的最为关键的因素，那么为什么众多的下游能源企业，尤其是电力企业没有依据自身能力纠正要素扭曲呢？这就需要进一步分析能源行业下游供应升级与调整提升的内涵。

因此，本章从企业自生能力角度出发，探讨分析企业自生能力影响能源企业TFP损失的机制。具体包括以下内容：首先，基于第3章第3.2节数理模型探讨下游能源企业自生能力如何影响要素扭曲造成的TFP损失，在能源行业独有的市场势力及行业自身所处的政府主导经济的体制背景下，能源企业自生能力是否会加重要素价格扭曲对企业TFP损失的影响？下游环节能源市场是否会因企业的所有制差异而导致要素市场扭曲对企业全要素生产率损失产生不同影响效果？进一步地，上游生产环节能源企业所面临的自生能力，是否可以调节要素市场扭曲对能源企业全要素生产率损失的影响？其次，基于上述三个问题，构建本章的研究模型，详细说明数据来源及相应变量的描述性统计。最后，针对相关研究假设进行实证检验，在调节效应分析基础上总结本章的相关结论。

7.2　理论假设扩展分析

本节根据第 3 章对能源下游作用机制阐述进行扩展分析，主要内容包括以下方面。

7.2.1　下游环节能源企业自生能力与全要素生产率损失

中华人民共和国成立之初，政府为了实现重工业的“赶超战略”，鼓励优先发展的不具备比较优势的企业，从而形成了独具特色的、兼具经济责任和复杂政治任务的一大批复合体企业。与此同时，中央及地方政府通过各种财政或者行政政策扶持这种复合体企业，并通过扭曲劳动力、资本、土地、资源要素等市场价格来确保、维持复合体企业的生存和发展，最终使这种复合体企业缺乏竞争，在市场化过程中本质上是没有生存能力（Lin，1999；林毅夫和付才辉，2019；李广瑜，2017；郑洁、付才辉，2020）。在这种背景下，林毅夫（1999）提出了企业自生能力的概念，并不断完善形成新结构经济学。从广义概念上来看，企业自生能力是指企业可以在市场竞争中获得正常利润（林毅夫和付才辉，2019；李广瑜，2017；郑洁、付才辉，2020；Lin，1999；Liang et al.，2012）；从狭义上看，企业自生能力指的是国有企业自生能力和它背后包含系统及制度安排的问题（林毅夫和付才辉，2019；Lin，1999）。对于国有企业，政府与企业之间的密切“寻租”关系，使其能得到低于市场均衡价格的生产要素。在面对生产要素、全要素生产率损失等方面，国有企业可以获得额外的政府减税和其他资金补偿，从而产生“软预算约束”的问题（申广军等 2016，Liang et al.，2012；Lin，1999）。对于下游能源企业而言，将自生能力与能源企业 TFP 损失之间的关系理解为：能源下游环节的企业只有在市场竞争过程中直面消费者，通过市场价值规律获得企业正常利润，进而在市场竞争的激励下实现资本积累，才能通过市场势力改善 TFP 损失程度。具体来说：

根据公式 3－72 的相关推论，下游环节能源企业因政府额外的扶持政策可以降低在生产过程中产生的产品边际成本，同时还能降低能源市场中的不确定性，从而激励下游环节的能源企业扩大再生产，增加产出。此外，由于下游环节能源企业生产供应过程中由于市场失灵导致其与消费直接间存在不确定性与信息不对称性等现象，而政府“偏袒”可以帮助下游环节的能源企业获得额外的要素投入，但是，对能源下游企业异质性来说，这种扶持政策带来的要素配置以及由此产生的产出效果可能存在差异。

要素的相对价格决定着能源下游环节的企业产品供给及要素投入比例，进而影响着下游环节能源企业生产动机。要素市场扭曲会向下游环节的能源企业发出错误市场信号，由于资本、劳动力等生产要素扭曲会对下游环节能源企业产生相对应的影响。例如，当低估能源企业的劳动要素市场价格时，下游环节能源企业倾向于吸纳劳动力，从而导致能源生产活动被“锁定”在劳动密集型生产环节。

7.2.2 下游环节能源企业自生能力的调节作用

就供给端而言，企业自生能力在要素市场扭曲与能源下游企业 TFP 损失之间能够起到纽带作用。这是因为下游企业直面消费者，能源企业自生能力与企业盈利能力相挂钩，在推进能源企业高质量可持续发展进程中，要素市场扭曲会导致 TFP 损失，在市场势力作用下企业获取超额利润，这种情况会扭曲消费者与企业之间的互动关系，加深要素市场扭曲程度，久而久之会逐渐淘汰自生能力较低的能源下游企业。因而，能源下游行业在抑制生产要素扭曲的同时，引导更多高质量生产要素得以优化，实现能源企业要素利用率提升。总体而言，要素市场扭曲本身为能源下游企业 TFP 蒙上了一层外衣，使消费者与企业之间存在严重信息不对称，而企业自生能力有助于提高要素配置质量，纠正要素市场扭曲带来的 TFP 损失作用，有利于改善 TFP 损失状况。

就需求端而言，企业自生能力在要素市场扭曲与能源下游企业 TFP 损失之间扮演着加速器的角色。上游企业基于专业化分工对下游市场的供给能力有所增加，迫使下游企业不断根据上游供给调整生产规模与结构，企业自生能力借助制度安排不断调整需求，配合产业政策的运用，释放强有力的政策信号，改变市场预期，引领产业供给推动的方向，同步推动要素配置改善和 TFP 提升。

7.3　研究设计

7.3.1　研究模型的构建

本章延续使用第 5 章的面板数据模型，为了检验企业自生能力对要素市场扭曲影响能源企业 TFP 损失程度的纠偏，特设定一般面板数据模型，结果如公式 7 - 1 所示：

$$TFP_{sd(it)} = \gamma_0 + \gamma_1 viability_{it} + \gamma_2 lerner_{it} + \gamma_3 distK_{it} + \gamma_4 distL_{it} + X\gamma + \epsilon_{it} \tag{7-1}$$

其中，$TFP_{sd(it)}$为衡量能源行业下游企业 TFP 损失程度的指标，$viability_{it}$表示能源行业下游企业自生能力，$lerner_{it}$代表了能源行业下游企业面临的市场势力，$distK$, $distL$ 分别表示能源行业下游企业的资本、劳动力扭曲水平，结果沿用第 5 章的测算值。沿用第 5 章和第 6 章主要的控制变量 X，ϵ_{it}为残差项。能源企业自生能力与市场势力的交乘项用于衡量企业自生能力是否在市场有利地位时获得配置资源的能力。在计量模型 7 - 1 中，i 代表能源下游环节企业，t 代表第 t 期（1998—2014 年），γ 代表模型中控制变量的待估参数。

Lin（1999）、林毅夫（2002）、林毅夫和刘培林（2001）、林毅夫和付才辉（2019）、李广瑜（2017）、卢现祥和许晶（2012）以及郑洁和付才辉（2020）等研究成果详细阐述了企业自生能力与国有企业、环境治理等变量之间的关系。那么相对而言，国有企业是无自生能力的企业（申广军，2016；林毅夫等，2017；林毅夫、付才辉，2019）。因此，本章节参考林毅夫和刘培林（2001）、林毅夫和付才辉（2019）以及郑洁和付才辉（2020）的研究成果，通过选取能源下游环节中的国有企业比例作为表征企业自立能力的核心指标。通常来说，企业在一个地区或行业中的国有企业所占比例越高，相应的行业中企业也就越缺乏自生能力[①]。具体来说，参考卢现祥和许晶

---

① 对于企业自生能力的度量问题，目前仍处于探索阶段（郑洁和付才辉，2020）。本章以国有企业比重作为反映企业自生能力的代理变量，在现阶段情况下不失合理性。当然，本章也是使用李广瑜（2017）的相关指标做稳健性检验。

(2012)、杨帆等（2016）、郑洁和付才辉（2020）具体的计算方法，能源下游环节中国有企业比重的计量方法是将能源下游环节中的国有及国有控股能源企业工业产值除以能源下游行业工业总产值。该指标越大，说明能源行业下游环节中国有企业比重越大，能源下游环节的企业自生能力的程度越大，能源企业 TFP 损失越严重。

能源市场下游环节的企业自生能力概念指的是能源下游企业的盈利能力，从 Lin（1999）的狭义概念出发，通过能源市场下游环节国有企业的生存能力和体制机制存在的问题和特征，参考李广瑜（2017）的相关指标，通过“利润”来衡量能源下游环节企业的自生能力水平。在实际研究分析过程中将下游环节能源企业分为国有能源企业和非国有能源企业，电力生产与供应及燃气、煤气的工业，分样本检验企业自生能力能否纠正要素市场扭曲对能源下游环节企业全要素生产率损失的差异。

7.3.2 变量与数据的说明

本章数据同样选取自中国工业企业数据库中的能源下游企业样本，具体包括电力生产与供应（D44）、煤气燃气生产与供应业（D45）。本章涵盖的样本时间跨度为 1998—2014 年，具体的下游环节能源企业样本数据处理过程参考第 4 章第 4.2 节说明以及附录 B 的相关代码。表 7 - 1 界定了变量的定义及主要统计变量。

表 7 - 1　　本章主要变量的描述性统计结果

变量	缩写	N	均值	最小值	最大值
能源企业全要素生产率	*TFP*	76291	4.845455	-3.694301	13.19063
能源企业自生能力 1		112615	0.0089456	0	20.17188
能源企业自生能力 2		110349	0.1346898	-816	367
市场势力	*lerner*	78174	0.8473187	0.2697071	0.9819787
资本要素市场扭曲	*distK*	79668	1.176801	-0.615042	20270.04
劳动力要素市场扭曲	*distL*	79668	0.2861979	-2.087508	3511.5
能源企业规模		104098	1.105598	0	3.091043
能源企业年龄	*AGE*	109948	2.227837	0	7.601902
能源企业出口		107007	0.003572	0	1

续表

变量	缩写	N	均值	最小值	最大值
短期负债		108911	9.441951	0	18.08857
长期负债		63651	9.037731	0	19.23427

资料来源：根据样本计算汇总；能源企业自生能力 1 计算方法参考郑洁和付才辉（2020），利用能源企业国有及国有控股企业工业总产值除以工业总产值；能源企业自生能力 2 计算方法参考（李广瑜，2017）使用“企业利润率 = 总利润/总成本 × 100”衡量企业自生能力。

7.4　实证结果分析

7.4.1　基准回归结果分析

本章回归分析的思路如下：根据第 3 章理论模型，实证分析能源行业下游企业自生能力对要素市场扭曲影响能源企业 TFP 损失程度的干扰作用，并将数据样本分成国有与非国有、不同区域、电力行业与煤气燃气行业，讨论能源企业自生能力是否会因企业异质性而产生不同效果。在此基础上讨论能源企业自生能力的调节效应，相关结果如表 7 - 2 所示。

表 7 - 2　能源企业自生能力纠正要素市场扭曲对 TFP 损失的影响结果

变量	(1)	(2)	(3)	(4)
lerner	-1.731***	-1.736***	-1.536***	-1.475***
	(0.220)	(0.220)	(0.304)	(0.304)
viability	-34.05***	-34.07***	-25.40***	-25.69***
	(7.248)	(7.256)	(9.788)	(9.805)
lerner × *viability*	40.62***	40.62***	30.35***	30.66***
	(8.588)	(8.598)	(11.60)	(11.62)
distK	-0.0078**		-0.01846**	
	(0.00346)		(0.00712)	
distL	0.139***		0.173***	
	(0.0129)		(0.0182)	
$distK^2$	3.49×10^7		6.18×10^7	
	(2.62×10^7)		(1.72×10^6)	

续表

变量	(1)	(2)	(3)	(4)
$distL^2$	1.92×10^{6} *		1.92×10^{6} *	
	(1.12×10^{6})		(1.15×10^{6})	
截距项	2.464***	2.497***	2.244***	2.256***
	(0.186)	(0.186)	(0.258)	(0.258)
控制变量	控制	控制	控制	控制
企业规模	控制	控制	控制	控制
年份效应	控制	控制	控制	控制
行业效应	控制	控制	控制	控制
区域效应	控制	控制	控制	控制
R^2	0.004	0.002	0.005	0.001
id	21636	21636	13257	13257

资料来源：本表根据Stata17.0计算的样本结果；括号内核心变量待估参数的稳健标准差；除特别说明外，本表认为市场势力、要素市场扭曲、企业自生能力等待估系数均显著的通过检验（***、***），而要素市场扭曲二次项待估系数部分未通过显著性检验。

表7-2给出了能源企业自生能力影响企业TFP损失的实证结果。模型（1）和模型（2）未考虑加入控制变量，且模型（3）未加入要素市场扭曲，模型（3）加入控制变量及要素市场扭曲。从模型（1）与模型（4）可以看出，能源企业自生能力对企业TFP损失程度的影响系数在-25~-34之间变化，且均在1%的统计水平上通过检验，这就表明能源企业自生能力越高，越有助于降低企业TFP损失程度，即能源企业自生能力在一定程度上纠正了要素市场扭曲对TFP损失程度的影响，验证了本书的研究假设3.4。从整体估计结果来说，能源行业中企业自生能力能够有效改善要素市场扭曲，通常而言，企业自生能力越高，说明能源行业下游企业中国有企业占比并不高，且市场化程度较高，那么对于下游企业来说，获得资源配置、减少生产过程中的成本与不确定性的能力增加，从而在一定程度上纠正要素市场扭曲，提高能源企业TFP。市场势力与能源企业自生能力交互项估计结果表明依据市场地位反而不利于企业自生能力纠正能源企业TFP损失。因此，能源企业自生能力对企业TFP损失程度的影响，会因企业面临的市场势力而呈现出截然不同的结果。

从加入要素市场扭曲的估计结果来看，能源企业自生能力对企业TFP损失会因要素市场扭曲产生变化，这说明能源下游生产环节行业中非国有控股企业不再依赖于社会主义市场经济体制内的宏观经济和社会发展环境，如此可有效降低国有企业获得政策“偏袒”力度，从而促使能源下游企业直面激烈的市场竞争。因此，能源企业自生能力在要素市场扭曲情形下对企业 TFP 损失程度仍然存在差异。从模型估计可以看出，在市场竞争激励下，能源企业自生能力越强则越有利于纠正能源企业 TFP 损失程度，但在要素市场扭曲情形下其纠正程度会降低。

为验证能源企业自生能力是否会通过市场势力从而影响企业 TFP 损失，即企业自生能力是否因市场势力而影响企业 TFP 损失，模型（1)—模型（4）均加入了市场势力与能源企业自生能力的交乘项。从模型估计结果可知，能源企业市场势力与企业自生能力的交乘项系数均在 1% 的水平上显著通过检验，且未加入控制变量的模型（1）和模型（2）估计系数是一致的，均为正向影响，加入控制变量后影响系数有所降低，但估计系数均通过检验，即能源企业市场势力与能源企业自生能力交互项提高均会提高能源企业 TFP 损失程度，这就说明市场势力的作用降低了企业自生能力，使非国有企业沿袭国有企业的“偏袒”，在获取生产要素、利用市场竞争优势获得较高的市场利润存在便利，这种便利会降低能源企业自生能力，从而使能源企业自生能力扩大企业 TFP 损失程度。

为了考察能源企业自生能力对企业 TFP 损失的影响，图 7－1 绘制了总体样本能源企业自生能力影响企业 TFP 损失的平均边际效应（Average Marginal Effect，简称 AME）曲线。横轴表示能源企业自生能力面临的市场势力，纵轴表示能源企业自生能力影响 TFP 损失的线性预测值，AME 的绝对值越大，说明能源企业自生能力对企业 TFP 损失纠偏效应越大。根据模型（1)—模型（4）的估计结果，图 7－1 给出了能源企业自生能力在不同分位数的市场势力下影响企业 TFP 损失平均边际效应。按照有无要素市场扭曲及控制变量的估计结果，能源企业自生能力的 ATE 曲线如图 7－1 所示。从平均处理效应（ATE）来看，能源企业自生能力考虑要素市场扭曲及控制变量后的 ATE 范围为（－20，10），剔除控制变量后的 AME 范围为（－20，10），这就说明能源企业自生能力对企业 TFP 损失的纠偏效应比较明显。从 AME 曲线来看，能源企业面临的市场势力较低时，能源企业自生能力对企业 TFP 纠偏的效应高达 30%。随着能源企业市场势力的升高，能源企业自生能力对 TFP 纠偏效应量下降较快。这是由于能源企业根据市场势力可以获得更多的资金、政策、规模等优势，市场势力越低，能源企业面临更为激烈的市场竞争，国有企业占比低于非国有企业，企业自生能力则越高，因而对 TFP 损失的纠偏效应更大。

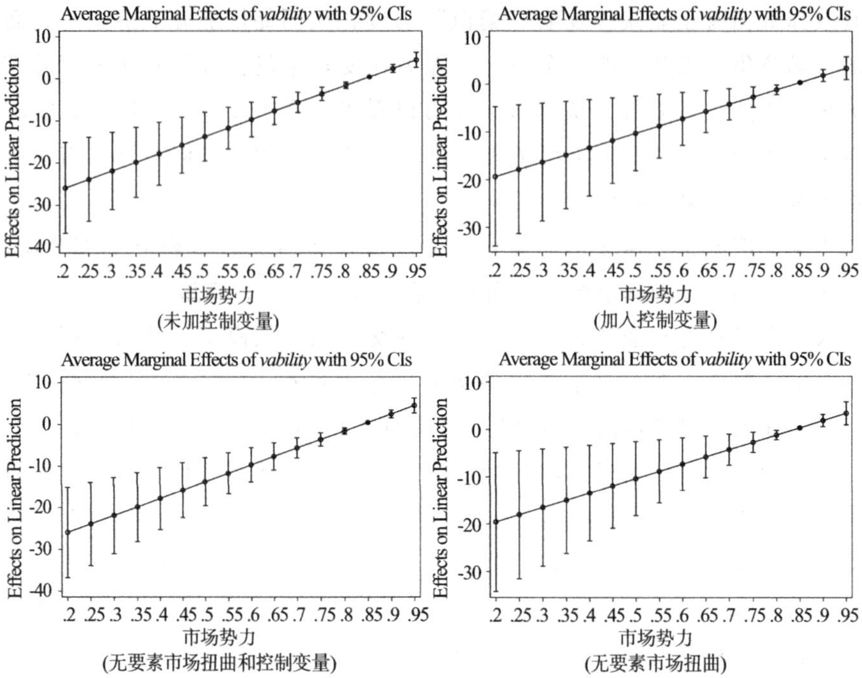

图 7－1 基准模型下的企业自生能力对能源企业 TFP 的边际影响

7.4.2 内生性问题讨论与异质性分析

由于企业自生能力所在的行业与政府偏袒存在很大关联（陈诗一等，2019），从前文的描述性分析和基准回归结果发现：从能源行业层面来看，企业数量越少、国企比重越高，企业的自生能力越大，所获得的市场地位更高，对扩大企业利润有所裨益；从企业所有制来看，国企的市场势力最大，与企业自生能力密切相关。这些证据表明政府干预确实可以帮助企业所在行业获得额外的自生能力。因而，我们需要考虑遗漏了政府干预对本章回归结果的影响。

由于使用 FE 回归，但如果政府干预能源下游环节的企业生产活动不随时间而变化，那么本节的回归结果没有内生性问题。然而，如果政府干预能源下游环节的企业生产活动随时间而变化，则可能导致严重的内生性问题。在遗漏政府干预变量的情况下，能源企业自生能力的系数显著为负，因此，我们的基本结论能源企业自生能力对 TFP 损失有负向影响是可靠的。

由于现阶段很难获取能源下游环节企业自生能力和企业全要素生产率损失的工具变量，因此，本章参考郑洁和付才辉（2020）的研究成果，通过极少受政府干预的子样本回归减缓遗漏变量的内生性问题。王芃和武英涛（2014）具体区分了能源子行业的要素相对扭曲，从分阶段、分区域以及分企业类型等角度深度剖析了要素扭曲现状。刘宗明和吴正倩（2019）仅从煤炭开采与洗选业、石油和天然气开采业等行业讨论中间产品市场扭曲对能源产业全要素生产率的影响。

以上分析考察了能源企业自生能力对要素市场扭曲影响企业 TFP 损失可能存在的内生性影响效应，但毋庸置疑的是能源企业自生能力对企业 TFP 损失的纠偏影响可能因为异质性的存在而产生内生性差异。因此，参照第 4 章、第 5 章对四位数代码能源行业整理的基础上，进一步引入能源下游环节的企业异质性因素，以揭示能源企业自生能力对能源企业 TFP 损失的影响。

1. 区域异质性

下游环节能源企业匹配后的省市由于面临不同的资源要素禀赋，且不同省市的经济发展水平和地理、文化等存在显著差异，参照前文设定，本节通过国家统计局的分值讨论能源下游环节企业自生能力对纠正要素市场扭曲影响企业 TFP 损失的效果①，相应的地区分样本回归结果如表 7－3 所示。

表 7－3　不同区域地理条件下能源企业自生能力对企业 TFP 损失的纠偏影响

变量	（1）东部地区	（2）中部地区	（3）西部地区	（4）东北地区
lerner	－0.895	－2.739***	－1.139**	－2.486*
	(0.819)	(0.627)	(0.457)	(1.419)
viability	－10.75	－21.48	－121.2***	－59.41**
	(12.75)	(32.12)	(32.89)	(28.19)
lerner × *viability*	12.63	26.02	146.5***	70.99**
	(15.09)	(37.99)	(39.11)	(33.48)
distK	0.00121	－0.00194***	－0.00199*	2.86×10^{5}
	(0.00152)	(0.000658)	(0.00107)	(0.00360)

① 按照国家统计局公布的地理分区，东部地区包括广东、福建、浙江、北京、天津、上海、海南、河北、江苏以及山东，中部地区包括安徽、河南、湖北、湖南、江西和山西，西部地区包括甘肃、广西、内蒙古、宁夏、陕西、四川、重庆、青海、贵州、新疆和云南，东北地区包括黑龙江、吉林和辽宁。具体可参考 http：//www.stats.gov.cn/ztjc/zthd/sjtjr/dejtjkfr/tjkp/201106/t20110613_71947.htm。

续表

变量	(1) 东部地区	(2) 中部地区	(3) 西部地区	(4) 东北地区
distL	0.0649	0.192***	0.262***	0.200
	(0.0584)	(0.0265)	(0.0359)	(0.480)
distK^2	-9.16e-09	4.58×10^5	3.25×10^6	-0.000164
	(6.38×10^5)	(5.76×10^5)	(2.00×10^5)	(0.000593)
distL^2	-0.00635	-0.00410	2.05×10^5	0.0348
	(0.0377)	(0.00484)	(1.30×10^6)	(0.0731)
截距项	1.730**	3.125***	1.991***	3.162***
	(0.701)	(0.534)	(0.384)	(1.210)
控制变量	控制	控制	控制	控制
企业规模	控制	控制	控制	控制
年份效应	控制	控制	控制	控制
行业效应	控制	控制	控制	控制
R-squared	0.001	0.010	0.014	0.009
id	2906	4939	4000	934

资料来源：本表根据Stata17.0计算的样本结果；括号内核心变量待估参数的稳健标准差；除特别说明外，本表认为分区样本中中部、西部和东北地区的市场势力、要素市场扭曲、企业自生能力等待估系数部分结果显著的通过检验（***、***、*），而东部地区的样本估计系数基本不显著。

从表7-3可以看出：首先，西部地区能源企业自生能力对能源企业全要素生产率错配影响为显著负向影响，且绝对值远超东部（-10.75）、中部（-21.48）和东北地区（-59.41），均在1%的水平上通过显著性检验；而东部地区和中部地区的能源企业自生能力对能源企业TFP的影响虽然为负，但均不显著。这就表明西部地区能源行业下游企业自生能力对TFP损失的纠偏效应远高于其他地区。从 *lerner* × *viability* 交互项估计结果来看，市场势力与能源企业自生能力的正向作用远高于自生能力的单独作用。

按照能源企业所在地理位置的不同，将企业划分为东部、中部、西部和东北地区，并估计了企业自生能力影响TFP损失的AME曲线，如图7-2所示。从平均边际效应（AME）来看，东部地区的AME范围为（-10，0），中部地区的AME范围为（-20，0），西部地区的AME范围为（-100，50），而东北地区的AME在（-50，20）之间波动，因此，从地理分区来看，西部地区的AME远高于东部、中部和东北地区的AME值。四大区域的AME随着市场势力的提高，其绝对值均有所减小，即不同地理区域的能源企业自生能力对TFP损失的纠偏效应随着市场势力的提高而降低。

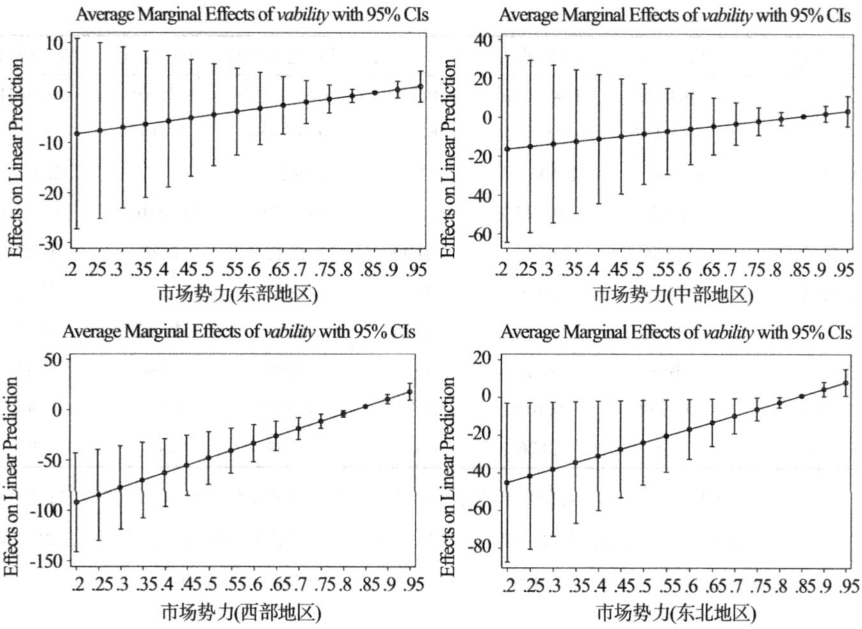

图 7－2　不同地理分区的企业自生能力边际效应变化

2. 行业异质性

为了探究行业异质性背景下企业自生能力对能源企业 TFP 损失的不同影响，本节按照能源下游行业代码划分为六种类型，计算结果如表 7－4 所示。

表 7－4　不同行业类型下能源企业自生能力对企业 TFP 损失的纠偏影响

变量	(1) 火力	(2) 水力	(4) 核力	(5) 电力供应	(6) 煤气	(7) 燃气
lerner	－9.527***	－1.515***	4.289	－1.632***	2.199	0.366
	(1.660)	(0.479)	(12.07)	(0.622)	(8.105)	(15.64)
viability	－142.7***	－288.4***	－2230	－72.62***	4305**	－671.6
	(39.43)	(79.65)	(4683)	(25.15)	(1684)	(2931)
lerner × *viability*	168.7***	348.2***	2488	86.84***	－5115**	775.5
	(46.48)	(93.88)	(5498)	(29.89)	(1999)	(3482)
distK	－0.000216	0.00198	－0.0805	－0.0115***	－0.0398	0.198
	(0.00229)	(0.00250)	(0.220)	(0.00344)	(0.0655)	(0.181)
distL	0.304**	0.0300	0.332	0.274***	－0.806	－0.491
	(0.119)	(0.0417)	(3.400)	(0.0344)	(1.543)	(2.355)
distK^2	－0.000101	－5.10 × 10^5	5.356	0.00804*	0.495	－2.427
	(0.000200)	(4.85 × 10^5)	(7.184)	(0.00427)	(0.871)	(1.977)

续表

变量	(1) 火力	(2) 水力	(4) 核力	(5) 电力供应	(6) 煤气	(7) 燃气
$distL^2$	0.0392	1.47×10^6	0.706	5.89×10^5	-0.735	-0.0841
	(0.0427)	(1.25×10^6)	(6.261)	(0.000954)	(2.861)	(1.802)
截距项	8.896***	2.543***	-1.170	2.602***	-1.839	2.564
	(1.420)	(0.411)	(10.15)	(0.520)	(6.870)	(13.97)
控制变量	控制	控制	控制	控制	控制	控制
企业规模	控制	控制	控制	控制	控制	控制
年份效应	控制	控制	控制	控制	控制	控制
区域效应	控制	控制	控制	控制	控制	控制
R - squared	0.017	0.010	0.196	0.022	0.077	0.062
Number of id	1552	2626	46	1969	248	79

资料来源：本表根据Stata17.0计算的样本结果；括号内核心变量待估参数的稳健标准差；除特别说明外，本表认为分行业（火力、水力、电力供应）市场势力、要素市场扭曲、企业自生能力等待估系数显著的通过检验（***、***），而核力、煤气、燃气样本中的待估系数基本不显著。

由表7-4可以看出火力发电行业、水力发电行业以及电力工业行业的企业自生能力对能源企业TFP损失的影响显著为负，均在1%水平上显著，但核力发电行业企业自生能力对TFP损失的影响不显著，这就表明核力发电行业有国有企业运作，其特殊性决定了企业盈利能力不是主要目标。不同于电力行业中的自生能力影响，煤气和燃气生产与供应企业自生能力对能源企业TFP损失的影响均存在较大差异。表7-4中的估计结果与全样本估计结果（如表7-2所示）总体一致，但相较于表7-2的基准回归结果，煤气行业的企业自生能力并未对企业TFP损失产生显著影响，而燃气的自生能力估计结果不显著，这说明燃气企业并未形成一定的影响力，而煤气生产与供应均能有效利用传统技术，借助上游行业的技术溢出提高市场占有率，因而反映在煤气、燃气生产与供应行业中企业自生能力带来的影响各不相同。交互项方面，火力发电、水力发电和电力供应的市场势力与自生能力交互能够产生显著影响，但其影响效应决定显著低于煤气行业，说明煤气行业市场化改革取得一定成效，这为其纠正要素市场扭曲对企业TFP损失的影响提供了能力和基础，所以劳动力要素市场扭曲对煤炭企业TFP的显著性作用要高于其他能源行业企业。

按照能源行业的不同，将能源下游环节划分为电力生产与供应及煤气、燃气生产与供应企业，并估计了企业自生能力影响TFP损失随市场势力变化的平均边际效应（AME）曲线，如图7-3所示。从AME值来看，煤气、燃气产业的 AME 绝对值最高，而煤气的绝对值又高于燃气，从纠偏效应来看，燃气企业自生能力纠正了要素市场扭曲带来的 TFP 损失，但随着企业市场势力提升呈现下降趋势；煤气企业的自生能力表现则刚好相反。不考虑统计显著性前提下，燃气企业自生能力带来的纠偏作用要大于煤气企业。电力行业方面，AME 绝对值较高的是电力供应业与水力发电业。当市场势力较低时，电力供应业与水力发电业企业自生能力带来的纠偏作用要大于火力及核力发电业，这是由于市场势力低部分电力供应企业自生能力依靠政府取得资金、政策，扩大规模优势。但随着电力供应与水力发电业企业获得市场势力足够大时，上述行业对 TFP 错配的纠偏由正向作用变为负向，且效应远超火力发电业和核力发电业。

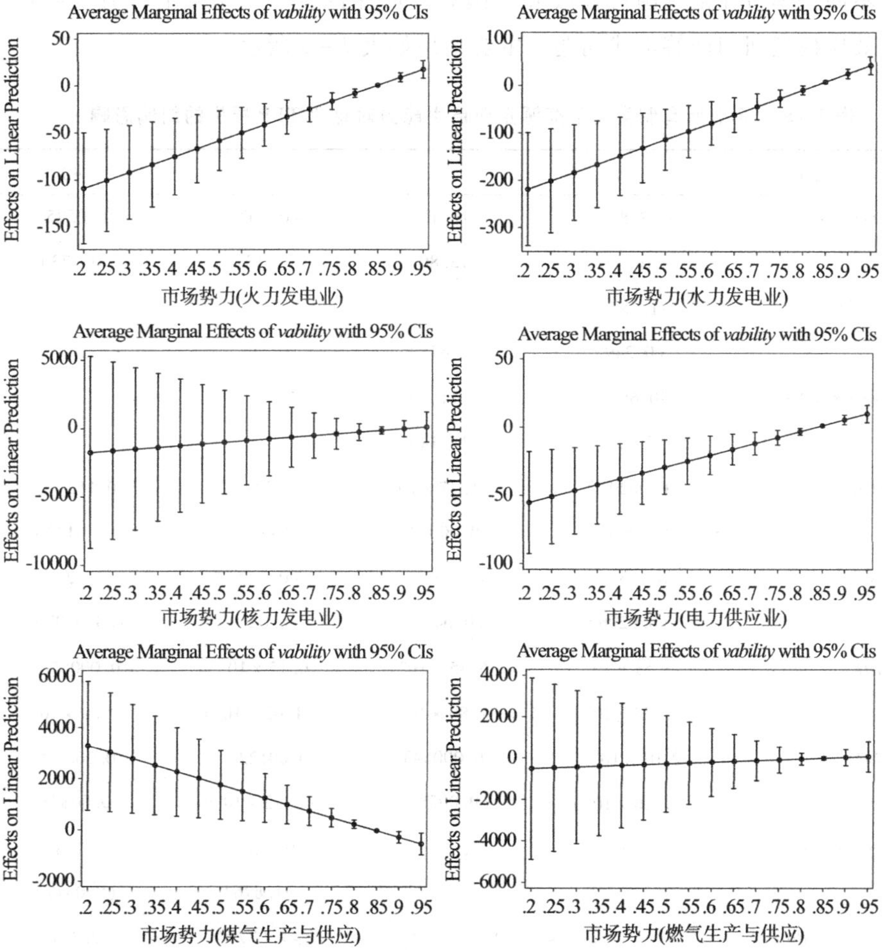

图 7－3　行业异质性下的能源企业自生能力边际效应变化

3. 下游环节能源企业所有制异质性实证结果分析

按照林毅夫的观点，企业自生能力根源于企业所有制带来的差异，国有控股与非国有控股企业在获取政府及宏观经济社会发展资源要素及政府政策“偏袒”方面存在明显不同（Lin，1999；林毅夫、付才辉，2019），例如中石油、中海油和中石化等部分国有控股能源企业凭借“角色”优势，在生产、经营过程中长期受到政策“偏袒”，在进口和出口过程中存在市场优先行为。而下游生产环节的非国有控股能源企业同样受到自身身份特征影响，在能源市场竞争中长期处于不公平竞争状态。在区分下游环节能源企业所有制之后，企业自生能力对国有制与非国有制控股能源企业的全要素生产率损失影响有何不同？本节在筛选国有控股和非国有控股能源企业的基础上，通过面板固定效应模型回归回答上述问题，主要结果如表 7 – 5 所示。

表 7 – 5　企业所有制类型下能源企业自生能力对企业 TFP 损失的纠偏影响

变量	(1)	(2)	(3)	(4)
lerner	–67.84***	10.17	–0.402***	0.0585
	(16.51)	(12.80)	(0.131)	(0.173)
viability	–1.485***	–2.153***		
	(0.349)	(0.675)		
lerner × *viability*	80.68***	–11.55		
	(19.59)	(15.14)		
distK	–0.00201***	-1.47×10^{6}	0.0391***	0.162***
	(0.000656)	(0.00093)	(0.00574)	(0.0123)
distL	0.163***	0.193***	–0.770***	–2.522***
	(0.0206)	(0.0468)	(0.0239)	(0.0807)
$distK^2$	5.51×10^{7}	6.45×10^{6}	-6.15×10^{5}***	–0.000856***
	(1.75×10^{6})	(1.80×10^{5})	(1.02×10^{5})	(7.89×10^{5})
$distL^2$	2.01×10^{6}*	0.000643	0.00122***	0.200***
	(1.16×10^{6})	(0.00285)	(3.82×10^{5})	(0.00878)
viability × *distK*			10.03***	–0.158***
			(1.876)	(0.0377)
viability × *distL*			–4.037***	2.371
			(1.007)	(2.449)

续表

变量	(1)	(2)	(3)	(4)
截距项	2.301***	2.592***	2.476***	26.88***
	(0.296)	(0.575)	(0.0956)	(2.131)
控制变量	控制	控制	控制	控制
企业规模	控制	控制	控制	控制
年份效应	控制	控制	控制	控制
行业效应	控制	控制	控制	控制
R - squared	0.007	0.007	0.093	0.160
id	8393	6030	8820	6329

资料来源：本表根据 Stata17.0 计算的样本结果；括号内核心变量待估参数的稳健标准差；除特别说明外，本表认为分样本市场势力、要素市场扭曲、企业自生能力等待估系数显著的通过检验（***、***），而要素市场扭曲二次项的待估系数基本不显著。

与表 7－2 总体估计结果相比，国有控股企业自生能力带来的纠偏效果要优于非国有控股能源企业。如前所述，国有企业自生能力弱于非国有企业自生能力（郑洁和付才辉，2020），但表 7－5 的结果却表明国有控股能源企业的自生能力纠偏效果更优。针对这一疑问，本节将企业自生能力与资本及劳动力要素市场扭曲作交互项，主要是因为国有控股与非国有控股能源企业的要素市场扭曲存在较大差异，那么自生能力对不同企业所有制的要素扭曲可能存在不同敏感性，且国有控股企业本身具备天然的市场势力，因而需要排除市场势力的干扰，估计结果如表 7－5 的第（3）列和第（4）列。结果表明，国有企业自生能力对纠正要素市场扭曲影响企业 TFP 损失的效果更好。

按照能源企业所有制的不同，将企业划分为国有控股企业和非国有控股企业，并估计了两种样本企业自生能力的 AME 曲线，如图 7－4 所示。从 AME 值来看，下游环节能源国有控股企业对全要素生产率损失的纠偏效果优于下游环节能源非国有控股企业的影响效果。从市场势力变化趋势来看，能源企业市场势力较低时，国有控股企业对企业 TFP 损失的纠偏效应绝对值远大于非国有控股企业。随着市场势力值升高，国有控股企业 AME 值纠偏效应下降更快，在市场势力处于 0.85 附近，非国有控股企业对 TFP 损失的纠偏效果开始优于国有控股企业。但随着非国有控股企业的市场势力增加，国有企业与非国有企业平分秋色时，国有企业不再具备较高的优势，因而对 TFP 损失的纠偏耗费额外资源。

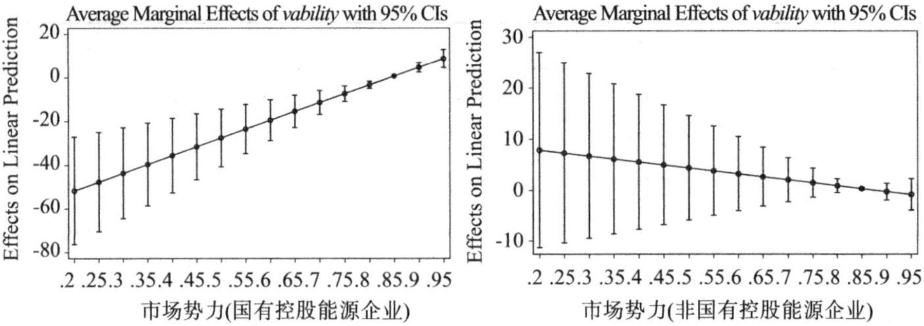

图 7-4 不同能源企业类型的企业自生能力边际效应变化

7.4.3 稳健性检验

本节从不同维度对研究假说进行稳健性检验，具体包括变量滞后性、指标替代等。为节省篇幅，本节仅说明估计结果，不报告回归结果。

稳健性检验结果表明：第一，考虑到企业自生能力在时间上可能存在持续性特征（林毅夫、刘培林，2001；林毅夫、付才辉，2019；郑洁、付才辉，2020；申广军，2016；林毅夫等，2017；Lin，1999），早期的能源下游环节企业自生能力水平可能影响当前能源企业自生能力水平，由此造成的能源企业自生能力滞后效应，会对回归结果产生偏误，因而，稳健性检验首先在基准回归模型基础上，通过采用能源下游环节的企业自生能力一阶滞后项作为解释变量，估算结果表明企业自生能力系数均显著为负，说明企业自生能力存在滞后效应，验证了基准回归结果的稳健性。第二，考虑到宏观变量往往存在一定的滞后性，为此，稳健性检验结果中考虑本章使用变量的滞后项，避免宏观变量可能存在的滞后性。FE 模型的回归结果显示：能源下游环节企业自生能力的待估参数仍然为显著负向效应，这就表明下游环节的能源企业自生能力对能源企业全要素生产率损失的影响存在时间效应。第三，根据企业自生能力原理，由于缺乏自生能力的企业在缺乏外部补贴优惠等“偏袒”政策情形下，是无法获得正常利润的（林毅夫、刘培林，2001；林毅夫、付才辉，2019；郑洁、付才辉，2020；申广军，2016；林毅夫等，2017；Lin，1999；Liang et al.，2012；Lin，1999）。无法获得企业政策利润，将会导致部分企业出现亏损，进而导致企业退出市场。鉴于此，稳健性检验根据能源下游环节出现的国有控股工业企业亏损数据及企业退出数据[①]，构建国有企业亏损比例指数，模型的回归结果仍然表明企业自生能力的估计系数基本显著为负，在一定程度上识别了下游生产环节能源企业自生能力对其全要素生产率损失的效果。

7.5　进一步分析：企业自生能力的调节效应

前述，本章根据企业自生能力的具体作用，从理论角度探讨企业自生能力存在的调节效应。为了直观地展示企业自生能力的调节作用，本书分别以市场势力和企业自生能力作为核心解释变量，绘制了市场势力与企业自生能力作为调节变量时对应的交互效应图。如图 7－5 所示，无论是能源下游行业中市场势力高还是市场势力低的企业，能源企业自生能力对要素市场扭曲影响 TFP 损失的纠偏调节作用均存在正向作用，但随着市场势力提升，这种调节作用显著下降，也验证了第 7.1 节的主要结论的稳健性。同时，由图 7－5 可知，自生能力高的能源企业斜率的绝对值大于自生能力低的企业的斜率的绝对值。这就意味着，对于自生能力高的能源行业下游企业而言，市场势力越高越不利于纠正 TFP 损失。

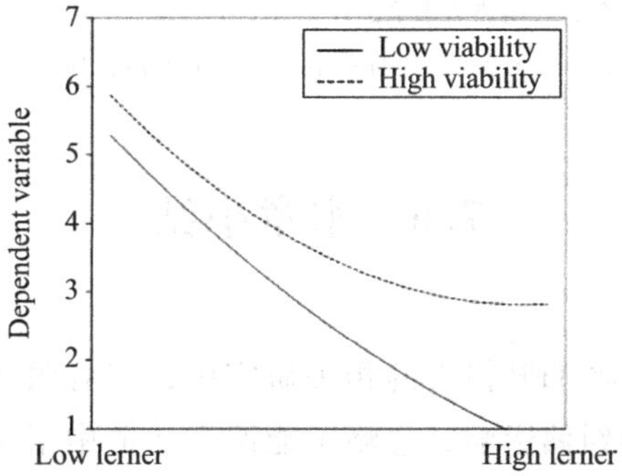

图 7－5　市场势力下能源企业自生能力调节效应变化

资料来源：根据样本计算绘制；图中横坐标是能源企业市场势力高（低）水平情形。其中，低能源企业市场势力水平＝能源企业市场势力水平的均值－1 个标准差，高能源企业市场势力水平＝能源企业市场势力水平的均值＋1 个标准差，纵坐标是能源企业 TFP 损失程度。

---

① 国家统计局提供了国有控股工业企业亏损企业单位数和国有控股工业企业单位数的数据，感兴趣读者可自行查阅了解。

此外，由于企业自生能力源于国有企业与非国有企业的差异化表现，因此，本节在图 7－5 基础上讨论国有控股能源企业与非国有控股能源企业自生能力的调节效应，相应结果如图 7－6 所示。由图 7－6 可知，下游环节的国有能源企业与非国有能源企业自生能力调节要素市场扭曲对企业 TFP 损失的影响结果与图 7－5 变化类似。图 7－5 和图 7－6 的结果均表明能源企业自生能力对要素市场扭曲影响 TFP 损失具有一定的调节作用，验证了本书的研究假设 3.5。

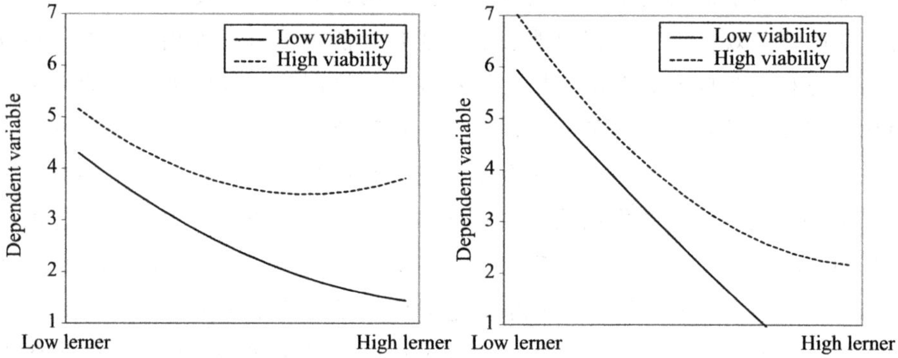

图 7－6　市场势力下能源企业所有制差异的企业自生能力调节效应变化

资料来源：根据样本计算绘制；图中横坐标是能源企业市场势力高（低）水平情形。其中，低能源企业市场势力水平＝能源企业市场势力水平的均值－1 个标准差，高能源企业市场势力水平＝能源企业市场势力水平的均值＋1 个标准差，纵坐标是能源企业 TFP 损失程度。

7.6　本章小结

目前国内关于能源 TFP 损失的相关研究中，多着眼于宏观条件等因素对能源行业 TFP 损失的纠偏影响，忽略了能源产业链中下游企业自生特性对能源企业 TFP 损失的影响。本章延续了前文思路，立足于能源行业下游企业自生能力这一典型事实，在面板固定效应模型的基础上，利用 1998—2014 年中国能源下游企业微观数据考察了企业自生能力对要素市场扭曲影响能源企业 TFP 损失的纠偏效应，主要结论包括：

第一，能源企业自生能力越高，越有助于降低企业 TFP 损失程度，即能源企业自生能力在一定程度上纠正了要素市场扭曲对 TFP 损失程度的影响。从整体估计结果来说，能源行业中企业自生能力能够有效改善要素市场扭曲，通常而言，企业自生能力越高，说明能源行业下游企业中国有企业占比并不高，且市场化程度较高，那么对于下游企业来说，获得资源配置、减少生产过程中的成本与不确定性的能力增加，从而一定程度上纠正要素市场扭曲，提高能源企业 TFP。

第二，相比东部地区，西部地区能源企业自生能力对能源企业全要素生产率错配影响为显著负向影响，且绝对值远超东部、中部和东北地区；而东部地区和中部地区的能源企业自生能力对能源企业 TFP 的影响虽然为负，但均不显著。这就表明西部地区能源行业下游企业自生能力对 TFP 损失的纠偏效应远高于其他地区。

第三，火力发电行业、水力发电行业以及电力工业行业的企业自生能力对能源企业 TFP 损失的影响显著为负，但核力发电行业企业自生能力对 TFP 损失的影响不显著，这就表明核力发电行业有国有企业运作，其特殊性决定了企业盈利能力不是主要目标。不同于电力行业中的自生能力影响，煤气和燃气生产与供应企业自生能力对能源企业 TFP 损失的影响均存在较大差异。煤气行业的企业自生能力并未对企业 TFP 损失产生显著影响，而燃气的自生能力估计结果不显著，这说明燃气企业并未形成一定的影响力，而煤气生产与供应均能有效利用传统技术，借助上游行业的技术溢出提高市场占有率，因而反映在煤气、燃气生产与供应行业中企业自生能力带来的影响各不相同。

第四，相比下游环节国有能源企业，资本及劳动力要素市场价格扭曲降低了非国有能源企业自生能力对其全要素生产率损失的纠偏效果。从资本扭曲的估计结果来看，下游环节的国有能源企业倾向于大量使用资本要素，但其主要用于投资短、收益高的投机活动，这就导致资本要素未获得良好的配置效率，不利于提高下游环节的能源企业自生能力；从劳动力扭曲的回归结果来看，劳动扭曲有助于改善下游环节能源企业被“锁定”在技术创新低端情形，但也应注意到，长期的劳动力要素扭曲会使下游环节能源企业过度使用廉价劳动力，易被“锁定”在能源下游行业中的劳动密集型生产环节，制约下游环节能源企业经济产出。

从自生能力对企业 TFP 损失的影响看，自生能力高的下游企业意味着能够获得较高的正常利润，那么要素市场扭曲的会向下游环节的能源企业生产传递错误的市场信号，并由此影响企业的生产供给活动。此外，企业自生能力会通过影响企业市场势力，进一步对要素市场扭曲影响企业 TFP 损失产生作用。当企业自生能力较强时，企业会依据市场势力获取的利润，根据正确的价格信号安排下游环节的能源生产，优化要素配置，改善能源企业的生产及盈利模式，企业 TFP 也因此受益，但这种机制的变化会因企业异质性而产生不同结果。

第8章

能源要素配置改革对行业全要素生产率的影响

8.1 引　言

能源要素市场扭曲主要表征在能源价格上（陈彦斌等，2015；李言等，2019，2020；杨冕等，2017；Yang et al.，2018），而只有完全竞争的市场能够支撑能源价格市场化（范必，2018；曹虹剑等，2019）。这是因为完全竞争市场，才能够形成市场出清（均衡）条件下的能源市场价格，如此，才能够通过市场供求关系反映要素价格变化以及能源供应程度。但当前能源市场无法满足竞争需求：一方面，能源行业领域内的政府垄断带来管理效率低下、阻碍能源行业企业的投资和创新、腐败和收入分配不公等问题（Asker et al.，2019；陈诗一等，2019；林伯强、杜克锐，2013；杨冕等，2017；Yang et al.，2018）。另一方面，现阶段居民对能源行业不断上涨的产品价格产生较强的抵触情绪，原因在于能源企业通过政府“偏袒”获得额外利润，但仍然实施涨价策略以达到获取高额利润的目标是不公平行为。这就表明能源市场仍然无法破除垄断竞争，很难通过涨价梳理已有的要素市场扭曲机制，只要能源市场垄断情形不变，通过推行价格机制很难接受来自居民或舆论的支持（Asker et al.，2014，2019；Banerjee et al.，2011；Zhao et al.，2012）。此外，能源行业部分民营企业在海外投资的新迹象显示，石油行业和天然气行业企业经过40年的快速发展，能源行业民营企业面临的资源要素禀赋和比较优势形势悄然改变，资本密集型的能源行业发展已具备可行性。

综上分析，考虑到经济和社会的可持续发展，以及“碳达峰”“碳中和”

的调控目标，在未来能源要素市场化分配改革需要打破能源领域现行的行政垄断和价格控制态势，同时采用市场化方法，梳理能源价格的传导机制，纠正能源行业要素市场扭曲，让价格真实反映能源要素的稀缺性。能源要素的市场化配置改革既有可能提高也有可能（因竞争导致效率提升）降低能源行业要素价格。如何有效厘清能源行业要素配置改革对优化能源企业资源配置、提升能源企业 TFP 至关重要。本书通过检索文献发现，国内对能源要素配置研究不够丰富，部分学者主要选择对某个行业政策带来的变动进行评估，最常见的如电力行业“厂网分离”对电力企业生产率的影响，代表性文献如钱炳（2017）、谢伦裕等（2021）、郑世林（2021）等。这主要是因为：第一，覆盖全部能源行业的代表性政策少见，部分学者由于选择工业企业数据样本，而在 2012 年之前代表性政策几乎没有，所以选择单一能源行业进行评估是最节省的方式；第二，煤炭、石油、天然气和电力行业特征存在较大差别，尤其是上游环节和下游环节的表征差别较大，选择某个能源行业能够细致分析该行业发展规律，从而有助于把握该行业增长特征。但仅选择某个能源行业进行评估容易忽略能源发展的宏观背景，同时也忽略了其他能源替代效应的作用。鉴于此，本章选择国务院于 2014 年 11 月 19 日发布的《能源发展战略行动计划（2014—2020 年）》（国办发〔2014〕31 号，以下简称“31 号文件”），该文件提出深化能源体制改革的主要方向，从能源价格、重点领域、关键环节等角度推进能源要素配置，尤其规定了能源行业上游环节和下游环节的重点改革方向。“31 号文件”对能源要素配置产生何种影响？这种影响纠正了要素市场扭曲带来的 TFP 损失吗？评估“31 号文件”为进一步推进能源体制机制改革提供的事实依据，为如何实现能源行业健康发展提供建议。

8.2 研究设计

8.2.1 研究模型

双重差分（Difference - in - Differences，简称 DID）模型可以很大程度上避免相关变量引发的内生性问题，从而可以有效解决内生性问题造成的模型估计偏差困扰：“31 号文件”对于上游环节和下游环节的能源行业来说是外生变量，对行业全要素生产率损失而言是不存在逆向因果问题。此外，使用FE 估计方法可以在一定程度上缓解遗漏变量造成的模型待估参数偏误问题（唐为，2021；张天华、邓宇铭，2020；郑世林，2021；Faber，2014）。一般而言，使用传统 OLS/FE 等法评估政策影响效果，主要是通过设置政策发生与否的时间虚拟变量参与回归。相较而言，DID 模型设置更加科学，能更加准确地估计出政策效应。因此，本节选择 DID 模型评估能源行业“31 号文件”取得效果，基准模型设置评估模型如下所示：

$$TFP_{sd(it)} = \vartheta_0 + \vartheta_1 treat_i + \vartheta_2 period_t + \vartheta_3 treat_i \times period_t + \vartheta_4 X_{it} + \zeta_t + \nu_i + \varepsilon_{it} \tag{8-1}$$

公式 8 - 1 中的 $treat_i$ 为虚拟变量，表示受观测的能源行业与非能源行业分组：若样本中受“31 号文件”能源政策实施的影响，则归属处理组（治疗组，能源行业），对应的 $treat_i = 1$；若样本不受“31 号文件”能源政策实施的影响，则归属对照组（非能源行业），其中 $treat_i = 0$，即能源政策实施的行业为处理组（治疗组），其他为控制组。$period_t$ 为虚拟变量，“31 号文件”能源政策实施前 $period_t = 0$，之后有 $period_t = 1$。$treat_i \times period_t$ 为能源行业（或非能源行业）虚拟变量与“31 号文件”能源政策实施之前（或之后）虚拟变量的交互项，虚拟变量的交互项系数反映了“31 号文件”能源政策实施的净效应，相关描述如表 8 - 1 所示。$TFP_{sd(it)}$ 表示上游环节和下游环节能源行业 TFP 损失程度。

表 8 - 1　　DID 模型的核心系数解释

系数解释	政策实施前（$period_t = 0$）	政策实施后（$period_t = 1$）	差分
控制组（$treat_i = 0$）	ϑ_0	$\vartheta_0 + \vartheta_2$	ϑ_2
处理组（$treat_i = 1$）	$\vartheta_0 + \vartheta_1$	$\vartheta_0 + \vartheta_1 + \vartheta_2 + \vartheta_3$	$\vartheta_2 + \vartheta_3$
差分	ϑ_1	$\vartheta_1 + \vartheta_3$	ϑ_3

8.2.2 数据来源及说明

不同于第 4 章至第 7 章使用的工业企业数据，本章结合工业企业 4 位数代码行业，通过 *EPS* 数据库工业经济数据整理形成 1998—2007 年、2011—2019 年中国能源行业数据库，具体包括四位数代码能源子行业，见表 4 - 7。

8.2.3 描述性统计

本节主要报告相关变量控制组（*obs*（0））和处理组（*obs*（1））的 *T* 统计量检验，结果如表 8-2 所示。此外，本节也报告了主要变量的两种相关性系数分布，如图 8-1 所示。本节以 1998—2019 年中国工业能源行业数据库为研究样本，研究国家实施能源行业发展战略行动对要素市场扭曲造成的能源企业 *TFP* 损失水平的影响效果。由于 2014 年 11 月国务院发布了实施能源行业发展战略行动指导新政策，本节将 2015 年能源行业视作处理组，将研究期间不满足上述条件的其他行业视作对照组。本章为减少样本中可能存在的异常值影响，需要对能源行业面板数据做 1% 和 99% 的缩尾处理，剔除异常值。如此，本章最终使用的能源行业面板样本数为 209 个，其他行业在此不作介绍。

表 8-2　　核心变量 T 检验

行业类型	变量	obs（0）	mean（0）	obs（1）	mean（1）	mean - diff
煤炭	TFP 损失	152	1.0567	57	1.0122	0.0445*
	劳动生产率	152	0.1719	57	-0.0170	0.1889***
	资本生产率	152	0.0302	57	0.0390	-0.0088
石油	TFP 损失	171	1.0159	38	1.1736	-0.1578***
	劳动生产率	171	0.1245	38	0.1018	0.0227
	资本生产率	171	0.0306	38	0.0417	-0.0111
天然气	TFP 损失	171	1.0578	38	0.9849	0.0729*
	劳动生产率	171	0.0619	38	0.3837	-0.3218***
	资本生产率	171	0.0308	38	0.0409	-0.0101
电力	TFP 损失	133	1.0505	76	1.0341	0.0164**
	劳动生产率	133	0.1314	76	0.1011	0.0303
	资本生产率	133	0.0403	76	0.0192	0.0212***

资料来源：本表根据 Stata17.0 统计结果汇总整理，相关代码参考附录 B；分组变量的差分 T 统计量显著性水平 ***、** 和 * 分别表示 $p<0.01$，$p<0.05$，$p<0.1$。

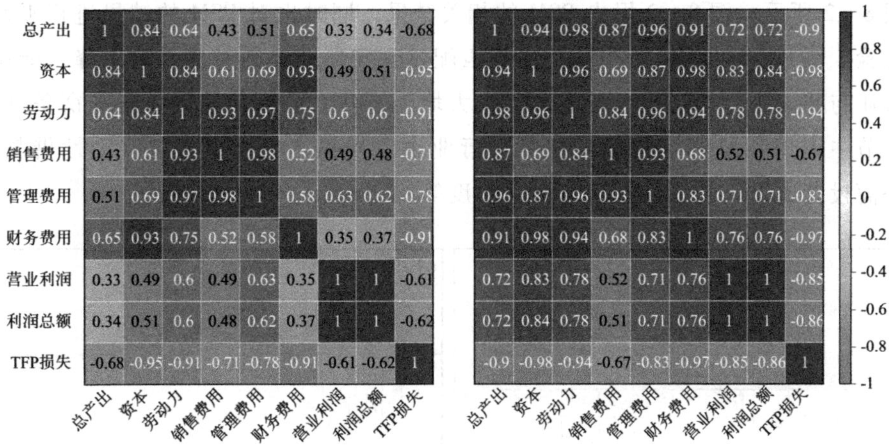

图 8－1　能源行业主要变量及 TFP 顺序之间的相关性

注：A 报告的是 Pearson's 相关系数，B 报告的是 Spearman's 相关系数；相关性系数对应的 p 值均在 1% 的水平上通过检验。

8.3　实证结果分析

8.3.1　基准回归结果

1. PSM 与平行趋势检验

国家实施能源行业发展战略行动政策（“31 号文件”）实施对上游环节或下游环节的能源行业全要素生产率损失水平的影响可能受制于本章的样本选择问题。国家实施能源行业发展战略行动政策时，会综合考虑诸如借款、行业规模等控制变量。因此，为了防止由于自我选择而导致的估计系数内生性误差，本节参考了步晓宁等（2019）、黄玖立等（2013）、李力行和申广军（2015）、施炳展和李建桐（2020）、张天华和邓宇铭（2020）、Wang（2013）和 Wu（2018）等研究成果，使用倾向评分匹配法（Propensity Score Matching，简称 PSM）筛选出在各个方面与能源行业发展类似的样本①，匹配得分结果如

① 包括制造业和采掘业其他行业，为节省篇幅，本书未报告相关行业类型，但可以参 EPS2011 年中国工业经济数据库公布的其他四位数代码行业类型。

图 8-2 所示。图 8-2 报告 PSM 的相关结果，同时也对 PSM 的结果进行平衡检验。图 8-2 的结果表明相关变量匹配后，其标准差绝对值显著下降，能源行业与非能源行业分组差异显著，大大增强了两组的可比性，符合平衡条件。本节中用于匹配的控制变量包括：行业出口规模、长期借款、流动性借款、外商投资比重、行业规模、行业集中度等。

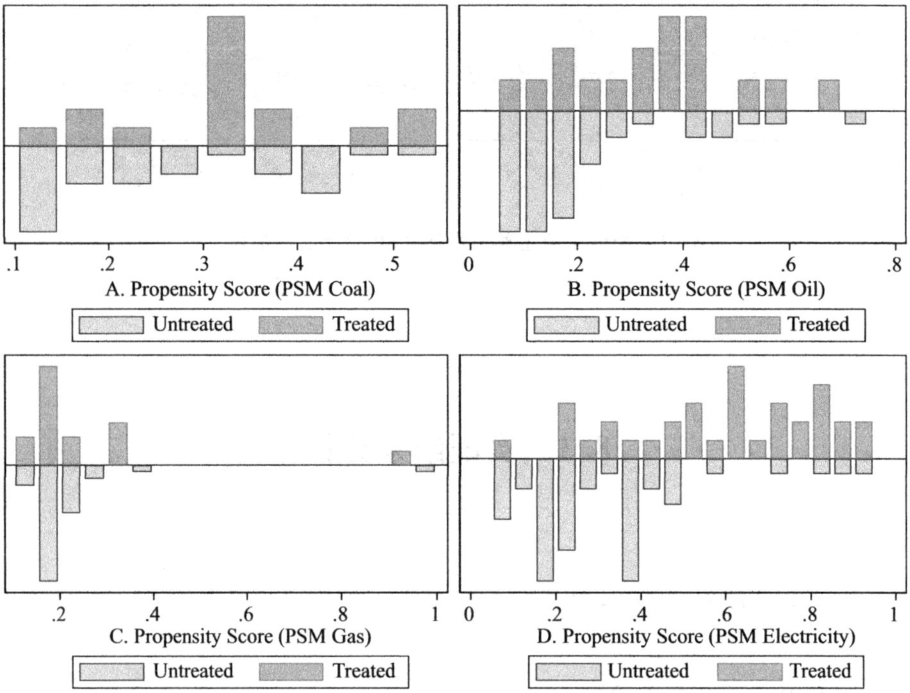

图 8-2 能源行业 PSM 结果分布

注：A、B、C、D 分别代表煤炭、石油、天然气和电力行业的 PSM 结果。

能源行业"31 号文件"平行趋势检验的结果表明，国家实施能源行业发展战略行动政策发生之前的估计值均不显著（政策实施前系数及 95% 置信区间均在 0 附近上下波动），这就意味着国家实施能源行业发展战略行动政策对能源企业 TFP 损失水平不存在显著差异；而政策发生之后的估计值显著为正。PSM 的匹配结果验证了模型的平行趋势假定，并且为 DID 方法的有效性提供了事实依据支撑。

2. 基准回归结果分析

在基准回归结果分析中，本节采用倾向得分匹配双重差分模型检验能源行业发展战略行动政策实施对能源企业 TFP 损失程度。此外，为进一步检验核心变量待估参数及结论的稳健性，本节在表 8 - 3 中还对比 1998—2019 年能源行业样本 OLS 法、FE 法和两阶段普通最小二乘法（Two - stage Least Squares，简称 2SLS）回归结果，其中 2SLS 估计中将资本、劳动力要素扭曲作为工具变量参与回归。

表 8 - 3　　基准回归结果汇总

变量	全样本		匹配样本				
	(1) OLS	(2) FE	(3) OLS	(4) FE	(5) FE	(6) FE	(7) 2SLS
did	-0.0116	-0.125*	-0.0291	-0.122*	-0.128*	-0.127*	-0.240***
	(0.0733)	(0.0715)	(0.0721)	(0.0713)	(0.0714)	(0.0714)	(0.0847)
time	0.729***	1.208***	0.817***	1.268***	1.274***	1.273***	0.896***
	(0.0125)	(0.0218)	(0.0126)	(0.0221)	(0.0231)	(0.0231)	(0.0148)
treated	-0.545***	-0.0729	-0.478***	-0.0784	-0.872***	-0.0645	-0.171***
	(0.0523)	(0.194)	(0.0514)	(0.193)	(0.309)	(0.193)	(0.021)
其他控制变量	控制	控制	控制	控制	控制	控制	控制
时间效应	未控制	控制	未控制	控制	控制	控制	控制
行业固定	未控制	未控制	未控制	未控制	控制	控制	控制
Constant	0.836***	0.919***	0.772***	0.895***	1.153***	0.932***	0.827***
	(0.0294)	(0.0487)	(0.0297)	(0.0493)	(0.0996)	(0.0534)	(0.0549)
R - squared	0.014	0.008	0.009	0.008	0.009	0.009	

资料来源：本表根据 Stata17.0 概括汇总，括号中的值为标准误差；显著性水平 ***、** 和 * 分别表示 $p<0.01$，$p<0.05$，$p<0.1$。

表 8 - 3 第（1）列 ~ 第（2）列为全样本估计，其中第（1）列仅控制主要控制变量，第（2）列加入时间个体效应；第（3）列 ~ 第（7）列为 PSM 匹配后的样本估计，其中第（3）列仅控制主要控制变量，第（4）列控制时间个体效应，第（6）列控制行业固定效应，第（3）列 ~ 第（6）列使用 PSM - DID 固定效应估计，第（7）列使用 2SLS 估计。表 8 - 3 显示，无论是否控制控制变量，$did = time \times treated$ 的系数始终为负且显著（10%）。这说明，国家实施能源行业发展战略行动政策实施之后，能源行业 TFP 损失程度显著降低。

从表 8 - 3 的倾向评分匹配估计结果来看，国家实施能源行业发展战略行动政策显著地影响了能源行业 TFP 损失幅度。从第（1）~（4）列可以看出，未完全控制相关个体效应前提下，国家实施能源行业发展战略行动政策系数显著为正（1%）；从第（5）~（6）列可以看出，在控制主要个体效应和相关变量的情况下，$did = time \times treated$ 系数显著（1%）为负，这也就意味着，国家实施能源行业发展战略行动政策显著地降低了行业 TFP 损失程度。从上述研究可以看出，在基准回归结果中，国家实施能源行业发展战略行动政策对行业 TFP 损失程度的影响显著为负，且基于能源企业要素市场扭曲水平工具变量回归和倾向评分匹配回归的结果均显示，国家实施“31 号文件”显著改善了能源行业 TFP 损失状况。

参考 Faber（2014），本节根据要素市场扭曲为基础生成国家实施能源行业发展战略行动政策的工具变量拟解决 DID 模型内生性问题。本节通过这种方式处理的逻辑在于：上游环节和下游环节能源行业要素扭曲水平是实施市场化改革的重要依据，符合相关性要求；对能源行业存在的要素市场扭曲特征属于既定客观现实，满足外生性前提条件。此外，由表 8－3 第（7）列 2SLS 的相关估计结果可知，工具变量的回归与基准回归估计结果保持一致，$did = time \times treated$ 的系数仍然为负且显著，国家实施“31 号文件”政策表现出显著的扩大效应，同时 F 值有效拒绝弱工具变量原假设，表明国家实施能源行业发展战略行动政策工具变量的有效性。

3. 稳健性检验

第一，安慰剂对照测试。为进一步缓解能源行业政策实施和全要素生产率损失之间因特有的能源行业异质性及难以在双重差分模型中加入不可观测变量对“净效应”产生的扰动影响，本章还通过以下做法对 DID 模型的“净效应”结果进行安慰剂检验：首先，本节将 2015 年正式实施国家实施能源行业发展战略行动政策（“31 号文件”）的实际执行时间向前调整 2 年［did_1，表 8－4 第（2）列 PSM 匹配结果］和 1 年［did_2，表 8－4 第（3）列 PSM 匹配结果］。其次，在模拟的能源行业要素配置政策（“31 号文件”）提前的检验中，因本节保持了纳入了行业出口规模、长期借款、流动性借款、外商投资比重、行业规模、行业集中度等控制变量和估计方法的设定，可以预期，如果本节的基本结论是能源行业政策实施和行业全要素生产率损失之间因异质性及不可观测变量所影响，那么即使提前政策执行时间仍可以得到相似结果。表 8－4 给出了相应的回归结果，可以发现交互项 did_1，did_2 不显著，这表明本节基本结果受能源行业特有异质性因素及不可观测因素的干扰相对较小。

表 8－4　　DID 模型稳健性检验

变量	(1) PSM 匹配 FE	(2) PSM 匹配 政策提前 2 年	(3) PSM 匹配 政策提前 1 年	(4) PSM 匹配 控制组唯一性	(5) PSM 匹配 政策唯一性
did	−0.128*				
	(0.0714)				
time	−0.0902***				
	(0.0116)				
treated	0.357*				
	(0.216)				
did_1		−0.0619			
		(0.0483)			
did_2			0.0362		
			(0.0513)		
did_3				−0.0758***	
				(0.0116)	
did_4					−0.100***
					(0.0114)
其他控制变量	控制	控制	控制	控制	控制
时间效应	控制	控制	控制	控制	控制
行业固定	控制	控制	控制	控制	控制
Constant	1.153***	0.896***	0.894***	0.894***	0.901***
	(0.0996)	(0.0492)	(0.0492)	(0.0491)	(0.0491)
R－squared	0.009	0.008	0.008	0.010	0.011

资料来源：本表根据 Stata17.0 概括汇总，括号中的值为标准误差；显著性水平 ***、** 和 * 分别表示 $p<0.01$，$p<0.05$，$p<0.1$。

第二，随机划分处理组（治疗组）和对照组。为了进一步减少随时间变化的宏观因素对“净效应的”的影响，强化“31 号文件”政策与能源行业全要素生产率损失程度之间的因果关系，本节随机选择未受到国家实施能源行业发展战略行动政策影响的其他行业，以表明样本选择的唯一性，结果如表 8－4 第（4）列（did_3 所示）。可以发现交互项 did_3 的回归系数并不显著，这表明随机指定样本面板数据在国家实施能源产业发展战略行动政策（“31 号文件”）后，对照组能源行业全要素生产率损失水平变化无显著差异，这就有助于缓解本章中使用的样本选择偏差因素对“净效应”的干扰，从而表明能源行业多重政策叠加可能导致要素配置的行政效率低下情形，也可能存在重复建设等浪费要素配置的情况。

第三，消除其他政策的干扰。影响 DID 估计结果可靠性的另一个因素是在单个政策估计中混合了其他政策干扰，最终导致估计出的 DID 结果不是净效应（如表 8－1 所示）。特别地，第 2 章第 2.2 节中的图 2－1、图 2－3 和图 2－5 等先后在 2015 年前后公布实施一批能源政策，如 2015 年后中国分行业精细化应对能源发展战略行动，2015 年 3 月国务院发布“9 号文件”，继续深化电力行业市场化改革；2016 年国家发改委出台深化石油天然气体制改革等，这一时间段正好与国家实施能源行业发展战略行动政策重合。为了排除这些政策对回归结果的影响，本章在样本中仅使用 2016 年样本，重新进行 PSM－DID 回归，回归结果见表 8－4（did_4）。表 8－4 显示，剔除了相关样本后，交互项回归系数 did_4 虽然显著，但是相较于 did 估计结果，系数绝对值明显变小。

8.3.2 异质性分析

表 8－3 和表 8－4 均表明了国家实施能源行业发展战略行动政策在总体上减轻了行业 TFP 损失，由于前文从煤炭、石油、天然气和电力行业讨论市场化改革历程，因此本节将讨论国家实施能源行业发展战略行动政策对四种能源行业的单独影响，分样本统计结果分别如表 8－5（煤炭行业）、表 8－6（石油行业）、表 8－7（天然气行业）和表 8－8（电力行业）所示。当然，本节延续第 8.3.1 节的 PSM 方法，最终结果在表 8－5 第（5）列、表 8－6 第（5）列、表 8－7 第（5）列和表 8－8 第（5）列中报告，主要观测值个数见表 8－1。

1. 煤炭行业

从表 8－5 的估计结果来看，对煤炭行业而言，国家实施能源行业发展战略政策显著地影响了煤炭行业的 TFP 损失幅度。从第（1）~（4）列可以看出，在未完全控制相关效应的前提下，仅固定效应估计结果表明国家实施能源行业发展战略政策系数显著为负（1%）；从第（5）列可以看出，在控制主要个体效应和相关变量的情况下，国家实施能源行业发展战略政策系数显著（1%）负向增加，这也就意味着，国家实施能源行业发展战略政策显著地缩减了煤炭行业 TFP 的损失程度。从上述研究可以看出，结合基准回归结果，国家实施能源行业发展战略行动政策对煤炭行业 TFP 损失程度的影响显著为负，且基于倾向评分匹配回归的结果均显示，国家实施能源行业发展战略行动政策改善了煤炭行业 TFP 损失状况。

表8-5 煤炭行业DID结果汇总

变量	(1) OLS	(2) FE	(3) PSM-OLS	(4) PSM-FE	(5) PSM-FE
did	-0.0341	-0.0529***	-0.0140	-0.0204	-0.0748***
	(0.0767)	(0.0161)	(0.0479)	(0.0495)	(0.00526)
time	0.106***	0.0570***	0.00358	-0.00729	0.0752***
	(0.0401)	(0.00630)	(0.0288)	(0.0523)	(0.00746)
treated	-0.0355	-0.856**	-0.0182	-0.0156	-0.109***
	(0.0393)	(0.387)	(0.0368)	(0.0382)	(0.0131)
Constant	1.029***	1.085***	1.005***	0.968***	0.816***
	(0.0205)	(0.0488)	(0.0471)	(0.0575)	(0.0214)
控制变量	控制	控制	控制	控制	控制
行业效应	未控制	未控制	未控制	未控制	控制
时间效应	未控制	控制	未控制	控制	控制
R-squared	0.046		0.526		

资料来源：本表根据Stata17.0概括汇总，括号中的值为标准误差；显著性水平***、**和*分别表示 $p<0.01$，$p<0.05$，$p<0.1$。

表8-6 石油行业DID结果汇总

变量	(1) OLS	(2) FE	(3) PSM-OLS	(4) PSM-FE	(5) PSM-FE
did	0.123	-0.0453***	0.0221	0.0462	0.0425***
	(0.0850)	(0.0166)	(0.0583)	(0.0570)	(0.0136)
time	0.0743**	0.0435***	0.112***	0.207***	0.109***
	(0.0362)	(0.00483)	(0.0340)	(0.0534)	(0.0138)
treated	0.125***	-0.987***	0.235***	0.246***	0.243***
	(0.0436)	(0.193)	(0.0443)	(0.0427)	(0.0169)
Constant	0.996***	1.036***	0.927***	0.870***	0.795***
	(0.0186)	(0.0368)	(0.0391)	(0.0529)	(0.0180)
控制变量	控制	控制	控制	控制	控制
行业效应	未控制	未控制	未控制	未控制	控制
时间效应	未控制	控制	未控制	控制	控制
R-squared	0.122		0.700		

资料来源：本表根据Stata17.0概括汇总，括号中的值为标准误差；显著性水平***、**和*分别表示 $p<0.01$，$p<0.05$，$p<0.1$。

表 8－7　天然气行业 DID 结果汇总

变量	(1) OLS	(2) FE	(3) PSM－OLS	(4) PSM－FE	(5) PSM－FE
did	0.213**	－0.0461***	－0.0101	－0.0413	0.0172
	(0.0870)	(0.0178)	(0.0490)	(0.0504)	(0.0139)
time	0.0580	0.0434***	0.0400	0.178***	0.106***
	(0.0371)	(0.00531)	(0.0273)	(0.0664)	(0.0178)
treated	－0.129***	－1.182***	0.0793**	0.0929**	0.0196
	(0.0446)	(0.233)	(0.0381)	(0.0385)	(0.0235)
Constant	1.043***	1.055***	0.925***	0.907***	1.114***
	(0.0190)	(0.0516)	(0.0282)	(0.0428)	(0.0217)
控制变量	控制	控制	控制	控制	控制
行业效应	未控制	未控制	未控制	未控制	控制
时间效应	未控制	控制	未控制	控制	控制
R－squared	0.081		0.756		

资料来源：本表根据 Stata17.0 概括汇总，括号中的值为标准误差；显著性水平***、**和*分别表示 $p<0.01$，$p<0.05$，$p<0.1$。

表 8－8　电力行业 DID 结果汇总

变量	(1) OLS	(2) FE	(3) PSM－OLS	(4) PSM－FE	(5) PSM－FE
did	－0.187***	－0.0695***	0.0142	0.0227	－0.01000**
	(0.0701)	(0.0141)	(0.0465)	(0.0469)	(0.00592)
time	0.165***	0.0537***	0.0348	0.0959*	0.0923***
	(0.0423)	(0.00692)	(0.0330)	(0.0501)	(0.00961)
treated	0.0328	－1.651***	－0.104***	－0.123***	－0.264***
	(0.0360)	(0.296)	(0.0377)	(0.0385)	(0.0138)
Constant	1.007***	1.123***	1.043***	1.043***	1.096***
	(0.0217)	(0.0543)	(0.0441)	(0.0533)	(0.0238)
控制变量	控制	控制	控制	控制	控制
行业效应	未控制	未控制	未控制	未控制	控制
时间效应	未控制	控制	未控制	控制	控制
R－squared	0.071		0.326		

资料来源：本表根据 Stata17.0 概括汇总，括号中的值为标准误差；显著性水平***、**和*分别表示 $p<0.01$，$p<0.05$，$p<0.1$。

2. 石油行业

从表 8－5 石油行业的倾向评分匹配估计结果来看，国家实施能源行业发展战略政策显著地降低了石油行业的 TFP 损失幅度。从第（5）列可以看出，在控制主要个体效应和相关变量的情况下，*did* = *time* × *treated* 的系数显著（1%）正向增加，这也就意味着，国家实施 31 号文件政策显著地扩大了石油行业 TFP 的损失程度。从上述研究可以看出，国家实施 31 号文件政策对石油行业 TFP 损失程度的影响显著为正，且基于倾向评分匹配回归的结果都显示，国家实施 31 号文件并未改善石油企业 TFP 损失状况。

3. 天然气行业

从表 8－7 的倾向评分匹配估计结果来看，国家实施能源行业发展战略政策并未显著地降低天然气行业的 TFP 损失幅度。从第（1）~（4）列可以看出，未完全控制相关个体效应前提下，国家实施能源行业发展战略政策系数仅固定效应估计显著为负（1%）；从第（5）列可以看出，在控制主要个体效应和相关变量的情况下，*did* = *time* × *treated* 系数正向增加，但并不显著，这也就意味着，国家实施能源行业发展战略政策对天然气行业 TFP 的损失程度并不具备统计意义。

4. 电力行业

从表 8－8 的倾向评分匹配估计结果来看，国家实施能源行业发展战略政策显著地降低了电力行业的 TFP 损失幅度。从表 8－8 第（1）~（4）列可以看出，未完全控制相关个体效应前提下，国家实施能源行业发展战略政策系数显著为负（1%，OLS 和 FE 估计）；从第（5）列倾向评分匹配回归结果可以看出，在控制主要个体效应和相关变量的情况下，*did* = *time* × *treated* 系数绝对值显著（1%）减小，即国家实施能源行业发展战略政策显著地缩小了电力企业 TFP 的误配程度。

8.4 讨论

总体来说，国家实施能源行业发展战略行动在一定意义上缩减了能源行业 TFP 损失，其要素配置得到有效提升；分行业来看，该战略行动推行的要素配置改革有效缩减了煤炭和电力行业的 TFP 损失，但对石油和天然气行业的影响却并不明显。

煤电行业对国家实施能源行业发展战略行动的反馈取得一定成效，这可能是由于：第一，政府放宽了电力—煤炭行业企业的市场化改革定价权限。可以观测到的事实是：近年来相关企业生产中获取电力能源的成本降低。当前，电力交易市场火力发电量显著提高，通过电煤市场化改革，扩大火力发电参与市场竞争的比重，尽管政府逐步取消掉煤电联动，但能源市场中电煤参与市场化竞争形成了有效沟通。

第二，上游环节和下游环节能源行业的要素配置市场化改革减少了政府对电力行业企业售电和用电行为的行政干预。相对于煤炭和电力行业要素配置改革的成熟度而言，我国石油和天然气行业领域的市场化改革相对滞后（见第2章第2.6节），不仅企业本身利益有所下降，而且还严重影响能源市场的经济竞争力及能源安全性。石油和天然气行业的产业集中程度高（王俊豪、王建明，2007；王俊豪、程肖君，2017；范必，2018），上游和下游环节的油气企业业务基本实现一体化经营，分开对油气企业上游环节或下游环节进行改革均无法达到最终的市场化目标（范必，2018；王芃、武英涛，2014）。此外，石油和天然气行业的上游环境及下游环节企业集成经营管理也扭曲了油气市场中的要素、产品的价格和供求关系。主要表现在：①矿权制约了国内油气供给能力的提高，限制了油气领域的对外开放，制约了上游市场的发展。②石油和天然气管道运输网络集中于少数大型央企（中石油、中石化等），且管道运输实行纵向一体化的经营模式。随着石油和天然气上游环境、下游环节中的市场主体逐步多元化，油气行业市场主体对石油和天然气管网改革的诉求也越来越强烈。

8.5 本章小结

能源行业要素市场扭曲在一定条件影响能源企业高质量可持续发展，政府也一直在对能源行业进行“渐进式改革”，以纠正要素扭曲引发的TFP损失。就改革效果来看，煤炭、电力行业要素配置改革效果取得明显成效，在一定程度上有效降低了行业要素市场扭曲引致的TFP损失程度，而石油和天然气要素配置改革效果并不显著。这也表明了作为石油和天然气市场化改革还有很长的路要走，任重而道远。基于此，本书认为上述行业需要吸收借鉴西方发达国家改革的成功经验及失败教训，为能源行业“渐进式改革”提供支撑。在此基础上，本章总结了西方发达国家部分能源行业可行的“渐进式改革”经验：一是追求改革成本最小化，完善增量改革和试点推广；二是积极培育能源行业的市场主体，发挥要素配置的市场决定作用。

第9章

研究结论、对策建议与展望

要素市场扭曲是影响能源行业高质量可持续发展的重要障碍，而TFP是探索和解读中国能源市场的重要视角，而纠正资本、劳动力以及中间投入品等的市场扭曲对改善能源全要素生产率的损失以实现能源市场健康可持续发展至关重要。本书基于Hsiech and Klenow（2009）模型，从行业异质性视角出发，引入能源行业的市场势力，构建产业链上涵盖要素市场扭曲、市场势力、专业化分工与企业自生能力的统一框架，从微观机理研究纠正能源企业TFP损失的提升路径，并使用1998—2014年中国能源工业企业数据库对理论框架进行检验。本章对能源行业市场化改革梳理（第2章）、数理模型分析（第3章）以及主要实证部分（第4章至第8章）的结论进行归纳，依据主要研究结论提出相应对策建议，最后总结本书的研究不足与未来展望。

9.1 研究结论

本书以资源错配理论与产业组织理论为基础，尝试建立由特殊到一般包含要素市场扭曲、市场势力与全要素生产率的研究框架，从微观视角实证探究要素市场扭曲与市场势力对能源企业TFP损失的影响，主要研究结果如下：

第一，参考Hsiech and Klenow（2009）模型，基于垄断竞争市场中异质性能源企业要素扭曲的理论框架，假定上游环节和下游环节的能源企业存在要素市场扭曲，结果表明要素市场扭曲受制于要素价格，特别是资本要素的价格。总的来说，能源企业在不考虑异质性和所处生产环节差异下，面临的市场势力和要素市场扭曲水平越高，能源企业全要素生产率损失程度越低。从上下游角度来看，专业化分工会使上游能源企业倾向于扩张核心优势的产品，抢占市场份额，改变企业市场势力，优化资源配置。此外，专业化分工越高越有助于提升上游环节能源企业全要素生产率。而当要素扭曲水平不变时，下游能源行业全要素生产率更高的能源企业边际成本更低，从而面临的市场价格更低；当能源下游行业的全要素生产率水平不变时，更高的加总全要素生产率是由于更高的价格指数造成的，同时也意味着更高的扭曲程度。

第二，煤炭开采业、能源加工业以及电力生产与供应行业都呈现出规模报酬递减的特征，煤气、燃气生产与供应业则呈现规模报酬递增的特征。全要素生产率与资本和劳动生产率的相关性较低，说明能源企业产出增长过程中非要素投入因素发挥了重要作用。TFP对能源企业工业增加值增量的贡献率显著高于资本要素的贡献率，而资本要素的贡献率又显著高于劳动力要素贡献率。基于上游环节的能源行业的企业全要素生产率测算研究表明，油气开采业中的企业的全要素生产率较高，且油气行业整体的全要素生产率增长率也远高于煤炭行业，而煤炭开采行业的企业全要素生产率及其增长率均较低。从上游环节和下游环节企业匹配后的地区层面结果来看，1998—2014年，中国能源企业全要素生产率区域差异始终存在。

第三，样本期内中国两位数代码的能源行业资本要素扭曲整体存在很大差别，其中扭曲程度最高的行业为煤炭开采业，达到4.9262；其次为石油加工与炼焦业，为1.5653，前两位行业的资本要素扭曲程度差别较大；而石油与天然气开采业，电力生产与供应业，煤气、燃气生产与供应业的资本要素市场扭曲依次为0.7806、0.9626、0.9234。从整体均值来看，上游环节和下游环节的能源行业面临的资本要素扭曲水平高于劳动要素市场扭曲水平。劳动力要素扭曲水平最高的仍然为煤炭开采与洗选业，其次为电力生产与供应业和煤气、燃气生产与供应业，而劳动力要素市场扭曲水平值最低的行业为石油加工与炼焦业。相比于劳动要素市场扭曲，上游环节和下游环节的能源企业资本要素市场扭曲均值更高，并且在不同能源行业之间表现出较大的差异。此外，东部、中部、西部和东北部地区内劳动要素价格扭曲在具体的省市之间差异逐渐缩小，存在“小俱乐部”集聚趋势，但东中西和东北地区资本要素市场扭曲的差异逐渐扩大。

第四，资本要素市场扭曲程度对能源企业TFP损失程度的影响系数为负，劳动力要素市场扭曲缩小将减少能源企业TFP损失程度。加入市场势力后，资本要素市场扭曲对能源企业TFP损失程度的估计系数仍然不显著，特别是加入要素市场扭曲与市场势力的交互项后，资本要素市场扭曲的估计系数有所增加，但仍未通过检验。劳动力要素市场扭曲程度提升会强化能源企业TFP损失等扩张作用；加入劳动力要素市场扭曲与市场势力指数的交互项后，劳动力扭曲为负向，而劳动扭曲和市场势力交互项的估计系数则显著为正，说明能源企业面临的市场势力程度会弱化劳动力市场扭曲对TFP损失的负向作用。引入资本偏祖的中介效应后，资本要素扭曲的系数显著为正，可以通过显著降低资本偏祖程度，进而作用于能源企业TFP损失，资本扭曲虽然在能源市场反映为资本要素配置最优化过程中的一种偏离，但这种偏离改变了能源市场面临的资本密集程度，从而通过资本偏祖的调整重构了资本的可选择性，进而作用于能源企业TFP。

第五，从时序特征看，能源企业的TFP潜在收益比例（潜在损失比例）呈现先上升后下降的趋势，这与刘宗明和吴正倩（2019）的计算结果一致。具体来说，经过一段时间的上升后，2001年的TFP潜在收益比例降低，此后总体呈现上升趋势，并在2003年达到最高值。这是因为，2001—2003年能源市场化程度加快，先后出台多个能源行业市场化改革文件，这种政策上变动势必影响该领域的要素投入，2003年后能源行业市场化改革效果开始显现。

第六，从专业化分工视角讨论其是否会改善能源企业全要素生产率损失，结果发现：其一，石油加工与炼焦业的专业化分工水平最高（0.7808），其次为燃气、煤气生产与供应业（0.7760），专业化分工水平最低的能源子行业为煤炭开采业，仅为0.4704。从总的分工水平可知，能源加工和供应专业化分工远高于能源开采，且各能源行业之间的专业化分工水平差异较大。其二，专业化分工可以通过改善要素市场总的扭曲程度提高对TFP损失的影响，从而纠正能源上游企业TFP损失。上游环节的能源企业专业化分工使其资本要素市场扭曲对企业全要素生产率损失的影响由-0.412变为0.411，下降了0.1%，资本扭曲二次项系数则增加了0.01个百分点；劳动力扭曲对TFP损失的影响增加了7个百分点，而劳动要素扭曲的二次项系数下降了4.1%。由此可见，专业化分工均纠正了要素市场扭曲对TFP损失的影响，使要素市场扭曲对能源行业上游企业的影响更为集中，一方面纠正了资本要素扭曲对能源企业TFP损失的叠加效应，另一方面则减轻了劳动力扭曲对TFP损失的直接影响。此外，专业化分工在纠正要素市场扭曲影响能源行业上游企业TFP损失过程中还会受制于异质性影响，具体包括企业所有制、行业特征以及企业所在地理位置等。其三，专业化分工与能源上游企业TFP损失的影响存在门槛变化，当市场势力高于0.8386时，专业化分工影响能源企业TFP损失的系数并不显著，而仅劳动扭曲显著为负，但资本扭曲及二次项系数均未通过显著性检验，表明专业化分工与能源企业TFP损失之间存在非线性关系，伴随能源上游企业市场势力的增强，专业化分工在纠正劳动力要素市场扭曲方面呈现先减缓后增大的特征。

第七，能源企业自生能力越高，越有助于降低下游企业TFP损失程度，即能源企业自生能力在一定程度上纠正了要素市场扭曲对TFP损失程度的影响。从整体估计结果来说，能源行业下游企业自生能力能够有效改善要素市场扭曲，通常而言，企业自生能力越高，说明能源行业下游企业中国有企业占比并不高，且市场化程度较高，那么对于下游企业来说，获得资源配置、减少生产过程中的成本与不确定性的能力增加，从而一定程度上纠正要素市场扭曲，提高能源企业TFP。相比东部地区，西部地区能源企业自生能力对能源企业全要素生产率错配影响为显著负向影响，且绝对值远超东部、中部和东北地区；而东部地区和中部地区的能源企业自生能力对能源企业TFP的影响虽然为负，但均不显著。这就表明西部地区能源行业下游企业自生能力对TFP损失的纠偏效应远高于其他地区。火力发电行业、水力发电行业以及电力工业行业的企业自生能力对能源企业TFP损失的影响显著为负，但核力发电行业企业自生能力对TFP损失的影响不显著，这就表明核力发电行业有国有企业运作，其特殊性决定了企业盈利能力不是主要目标。不同于电力行业中的自生能力影响，煤气和燃气生产与供应企业自生能力对能源企业TFP损失的影响均存在较大差异。煤气行业的企业自生能力并未对企业TFP损失产生显著影响，而燃气的自生能力估计结果不显著，这说明燃气企业并未形成一定的影响力，且煤气生产与供应均能有效利用传统技术，借助上游行业的技术溢出提高市场占有率，因而反映在煤气、燃气生产与供应行业中企业自生能力带来的影响各不相同。与国有企业相比，下游环节的非国有能源企业扩大了资本和劳动力要素价格扭曲对全要素生产率的损失程度。具体来看：资本要素市场扭曲方面，下游环节的能源企业倾向于使用过多的资本，结果是不利于提升下游环节能源企业自生能力；劳动力要素市场扭曲方面，劳动扭曲有助于改善下游环节能源企业所处的技术创新低端境地，但劳动要素市场扭曲对下游环节的能源企业不能反馈真实的市场配置，相应的能源企业容易被“锁定”在粗放的生产环节，这降低了下游环节的能源企业自生能力，从而限制了能源下游企业产出。

9.2 对策建议

本书所引申政策含义是，要纠正能源行业要素市场扭曲带来的企业 TFP 损失、实现能源企业高质量可持续发展，既需要改善不同能源行业和企业所有制类型之间、不同区域之间的要素市场扭曲带来的 TFP 损失，促进上游环节和下游环节的能源企业生产要素资源的快速流动，不同生产环节、不同企业所有制、不同区域和不同能源子行业之间遵从低效率能源企业或行业流向高效率的企业规律，也需要不断降低能源产业链上游和下游之间的 TFP 损失程度。从这点意义来说，努力纠正要素市场扭曲带来的能源企业 TFP 损失对实现新时期能源安全战略具有重要意义。据此，本书从以下四个方面论述如何纠正能源行业要素市场扭曲带来的企业 TFP 损失、实现能源企业高质量可持续发展的政策实施路径。

9.2.1 优化要素投入配置与 TFP 增长模式

中国经济进入国内国际双循环后，能源消费对经济转型升级的影响日益增强，而同时暴露的要素市场扭曲、能源企业资源错配等一系列问题进一步凸显，能源行业资本和劳动生产率对产出的贡献逐年降低，当前中央政府要素市场化配置及劳动生产率的追求[①]，也逐渐打破学术界取得的一些原有共识[②]。对于能源企业要取得高质量可持续发展，除了依靠政府获得要素配套支持外，还需要实现企业自身。长期持续的能源市场经济增长只能通过提高能源上游环节和下游环节企业全要素生产率水平。

1. 优化要素投入配置

第一，着力提高劳动投入质量，提升上游环节和下游环节能源企业劳动生产率。本书的实证结果表明专业化分工能够在一定条件下纠正要素市场扭

---

① 2021 年 3 月，中央政府工作报告提出“十四五”期间劳动生产率增长高于国内生产总值增长的目标，这表明了当前劳动生产率趋于内生性增长的方向，即政府越来越重视劳动力质量。

② 学术界对于目前现状的普遍研究结论认为：根据以往的经济发展经验，当实际产出小于潜在产出时，通过刺激需求的经济发展策略，可以有效使实际产出提升并无限靠近潜在产出水平，但从长期来看，并没有提高潜在产出水平。

曲对能源企业 TFP 产生的错配影响，而劳动力市场扭曲对 TFP 损失产生显著影响。基于此，能源企业若要提升 TFP，必须提高劳动要素投入质量，提升劳动力生产率。结合 2021 年政府工作报告提出的相关目标①，能源行业除了需要针对性地加强能源短缺行业（如新能源行业）的劳动力数量，还要提高劳动力质量，发挥内生性增长。

第二，在能源行业资本投资方面，严格限制资本过多投入某一行业，减少政府“偏见”带来的“寻租”便利，更多地需要发挥市场经济规律，通过市场机制调节能源行业中的资本流动。本书的实证结果表明，能源行业资本扭曲对企业 TFP 损失具有放大效应。能源下游行业资本投资门槛放开后，部分行业资本投入过度，这就需要对该类型的行业资本投资进行控制。除此之外，对于技术密集型等能源行业资本要素扭曲与 TFP 损失的估计结果而言，该行业仍然需要一定的资本要素投入，尽管该行业存在细分行业，如电力生产与供应行业，不可简单地缩减资本要素投入。同时，要素市场化改革过程中也存在能源行业之间不区分边界，导致存在过度的政策改革福利，这就需要有针对性地区分政府和市场边界，在维护良好市场秩序的基础上减少资本的干预，从而优化资本要素投入。

第三，梳理区分能源行业生产要素市场化改革的关联性。现有能源行业市场化改革效果表明，部分能源行业的改革效果差异很大，且不同产业之间的改革存在很强的关联性，这就导致要素市场化改革的政策红利存在范围覆盖或冲突抵消，那么对于要素市场而言，存在边界不清和过度粘连等现象。这种关联的发展局面容易导致参与要素市场化改革的能源产业消极发展，失去继续改革的动力。因此，为了投入要素利用最大化，需要梳理、区分能源行业之间的关联性，注意能源行业之间的边界。

2. 优化 TFP 增长模式

第 4 章的测算结果表明，能源企业产出增长主要依靠 TFP 的贡献，而资本和劳动力要素等贡献率偏低，甚至部分行业要素贡献率为负。此外，从部分行业 TFP 的测算结果可知，技术水平占比较高的能源行业完全忽略劳动和资本生产率带来的贡献。但正如实证结果及 2021 年政府工作报告所提出的那样，要达到这一经济增长目标即要求要素配置效率提升、纠正要素市场扭曲

① 2021 年政府工作报告提出“十四五”时期，要实现“全员劳动生产率增长高于国内生产总值增长”的目标。

带来的TFP损失，从而获得TFP的提升。此外，针对部分行业TFP（如D45行业等）贡献率低于劳动力及资本贡献率的情况，首要任务是提高TFP。但随着可劳动人口红利消失及资源要素获取难度升级，提高TFP以促进能源企业高质量发展是最紧迫和唯一的途径。图5-1~图5-5的结果表明，能源行业的TFP虽然总体呈现上升趋势，但部分年份行业加总TFP出现了相当程度的放缓和停滞，对能源企业总产出的贡献大幅下降。因此，在当前经济下行压力增加情况下，提高能源企业TFP，是实现能源市场高质量发展的最优选择。从第5章至第8章的实证结果及进一步讨论主要聚焦在能源上游环节和下游环节的企业TFP增长贡献及要素扭曲，其结果表明，TFP提升能源企业总产出增量的贡献仍有很大的提升空间，加快优化资本、劳动等要素的生产配置效率，能够进一步改善要素市场扭曲对TFP损失的情况，从而实现能源企业TFP的经济增长模式可持续性转变。充分认识经济发展的新常态增长轨迹，为获得能源企业高质量增长的持续动力，就要采取TFP的增长模式：重视劳动力生产率的提升与相关要素的使用效率。

3. 协调区域发展政策

本书对能源企业TFP及其贡献率的测算结果表明，在样本期内省、市、区域之间具有大致相同的TFP增长和集聚态势，但由于区域异质性以及能源资源要素禀赋存在较大差异，上游环节和下游环节的能源企业关注重点也存在差别，由此而导致的能源企业主营业务及TFP带来的增长各不相同。因此，统筹协调不同区域、不同环节的能源企业TFP增长，对整个能源经济高质量发展具有重要意义。根据第4章区域能源企业TFP及其贡献率分布特征可知，部分区域内的能源企业存在被长期“锁定”在生产水平底端的情况。鉴于此，东部地区的能源企业TFP较高，所在东部地区的能源企业应该继续发挥其生产、加工等附加值高的优势，进一步增加上游环节和下游环节的能源企业要素配置效率，加快推进能源资源市场化建设，提高资本、劳动、技术等生产要素的流动，更新上游环节和下游环节的能源企业生产技术。同时，对于中部省份而言，应着力制定或实施上游环节或下游环节能源行业全要素生产率增长的追赶战略，学习东部地区较高能源企业生产率发展经验和模式。随着更高层次的发展优势地区凸显，缩小发展差距、努力促进地区与地区之间的合作关系，发挥要素资源的互补优势，加强地区能源企业和各方面的交流。通过学习能源企业TFP较高的、要素资源配置具备优势地区的先进经验，借鉴历史在能源市场发展过程的总结经验教训，吸收来自优势地区的溢出辐射，结合本地区的区域发展特点及能源企业要素禀赋，有效利用市场机制，不断提高上游环节和下游环节能源企业的生产率水平。

同时对处于西部地区的能源企业而言，上游环节和下游环节 TFP 低的能源企业，一方面，根据差异化的企业生产要素情形，科学、合理、系统、规范地开发利用本地区丰富的自然资源，在严格控制生态环境破坏和污染治理成本的基础上，逐步延伸本地区上游环节和下游环节企业的价值链，通过分工比较优势，提高资本、劳动力、土地、技术等生产要素的流动配置。另一方面，厘清西部地区上游环节和下游环节能源企业 TFP 增长缓慢的症结，在此基础上，正视与其他地区的能源市场化发展差距，改善当地疲软的经济基础及相对落后的生产技术水平。融合地区间的发展经验优势，避免对东部地区能源市场的机械化模仿，避免“污染避难所”的跨区域转移。

9.2.2 加快要素市场化改革

本书第 4 章至第 7 章的实证结论说明了在上游和下游生产环节不同能源行业企业所在地理区域下，资本或劳动要素扭曲水平对能源企业全要素生产率损失的影响存在较大差异，比如部分能源行业存在劳动力、资本投入不足，部分企业则过度投入资本或劳动力要素，一部分企业依据市场势力获得额外利润，另一部分企业则因自生能力无法获得正常利润。因此，上游环节或下游环节的能源企业需要认清能源市场中要素扭曲背后的影响逻辑和根源，对症下药。从本书的实证结果来看，能源企业 TFP 要素市场扭曲差异背后的原因有很多，主要包括企业所有制差异、政府“偏袒”、区域经济资源禀赋以及产业链长度差异等。因而提升能源企业 TFP 难点在于梳理要素市场扭曲背后的症结所在，不能够笼统地一概而论。

第 2 章的研究结果表明了能源行业要素市场化改革滞后，第 5 章实证分析结果表明了能源企业间要素市场扭曲导致的 TFP 配置效率低下的直接原因。根据本书的研究结论，要素市场扭曲不仅降低了企业 TFP，而且扭曲了企业的资本和劳动生产率，进一步扩大了能源行业全要素生产率的损失。因此，加快市场化改革过程的能源产业的关键因素是提高 TFP。充分发挥市场在上游环节和下游环节能源企业生产过程中的价值规律，兼顾政府的“守夜人”角色，避免“一刀切”。对此，应采取的主要措施包括：

1. 加强政府对上游环节和下游环节能源企业管理能力

根据中国能源行业市场化改革历程来看，能源企业要素市场扭曲形成过程与政府推行的能源产业政策制度安排紧密相关。根据第 5 章对能源企业面临的要素市场扭曲水平估计及第 8 章对能源行业要素市场化配置改革评估来看，上游环节和下游环节的能源企业要素市场扭曲程度各不相同，市场化配置效果也因行业异质性而呈现多样性。鉴于此，本书认为纠正要素市场扭曲、深化能源要素市场化改革需要从政府制度决策安排和跨区域管理水平出发，具体包括：

首先，提升政府对上游环节和下游环节能源企业生产经营管理的决策能力。上游环节和下游环节中的能源行业企业所有权、地理位置等产生的差异或多或少与政府政策相关联，因而要纠正要素市场扭曲对能源企业 TFP 损失的影响，需要政府积极构建多元能源市场主体，积极有效参与上游环节和下游环节能源企业对生产要素的优化配置。现阶段政府对上游环节和下游环节的能源企业管理主要集中在财政拨款等手段上，而过度依赖财政政策手段导致能源行业竞争性领域的政策补贴或税收优惠出现浪费，这些政策补贴或税收优惠政策既不能满足多元化的能源市场主体对改善要素错配导致的企业 TFP 损失的迫切需要，也不能为市场对能源行业起决定性作用提供更广阔的空间。各级政府应着力做好顶层设计，既要保证能源市场经济繁荣发展，也要促进整体经济增长。因而政府需要在尽量采取不干涉市场价值规律发生机制作用前提下，弥补上游环节和下游环节能源市场功能的不完善性而采取行政手段，充分考虑能源产业空间政策差异性与有侧重的管理措施对能源主体的宏观影响，更要考虑到对每一个能源类型市场主体与行业发展之间的生产积极性与效率影响。鉴于能源企业 TFP 及其贡献率所表现出来的异质性差异，政府应该继续深化上游环节和下游环节能源企业面临的不同发展体制改革，针对上游环节和下游环节不同能源企业建设公平、公正、合理的竞争市场环境，提高不同环境能源企业生产过程中的要素自由流动，尽可能实现生产要素在上游环节和下游环节中的自由配置，尊重价值规律，积极维护能源行业市场竞争秩序，减少过度干预。

其次，有效提高政府对能源企业的跨区域管理水平。根据能源企业 TFP 分布及贡献率区域特征，不同省市、不同企业以及不同区域之间呈现显著的差异性，当然，这种差异背后的逻辑是能源企业 TFP 及要素配置的市场分割。因此，针对这种类型就需要上游环节和下游环节在区域之间建立协调管理能力，完善能源企业在不同省市之间的制度安排，探索不同环节的能源企业在各级政府、多元市场主体之间的合作沟通方式，解决地区能源要素分配的体制机制问题。

2. 推进全国性能源市场一体化建设

打破能源市场经济中存在的市场分割，破除阻碍能源市场建设及要素流通的体制机制障碍，通过探索建立能源一体化市场，对推进上游环节和下游环节能源行业的要素市场化改革至关重要。能源市场一体化建设能够有效发挥市场价值规律，实现不同环境的生产要素配置，对改善上游环节和下游环节能源企业 TFP 损失有着积极意义。国家实施西电东送、西气东输等能源工程是破除要素流动障碍的重要举措。促进国家层面的能源市场建设一体化，需要以加快跨地区处于不同产业链的能源市场经济整合为前提，充分认识到核心区域和不同产业链能源市场经济对市场一体化建设带来的溢出效应。

本书的实证研究以及相关结论表明，能源行业中存在的贸易流动壁垒、行政区域主导的市场分割、上游环节和下游环节要素不匹配、区域内能源行业资本及劳动力要素难以发挥比较优势等是阻碍全国能源市场一体化建设的重要弊端。因此，加快国家层面的能源市场一体化建设，需要逐步提高政府对跨区域、跨行业的能源企业指导管理能力，平衡企业内部不同环境、不同地方政府的经济增长目标。同时，加快国家层面的能源市场一体化建设，还需要政府在能源行业管理过程中，消除“偏袒”的负向作用，逐步减少上游环节和下游环节能源行业发展的政策障碍，弱化上游环节和下游环节能源资源要素禀赋中存在的市场分割、保护和排他性的意识，建立更广泛的、容纳不同能源企业生产资料、资本、劳动力、技术、数据等要素的市场流通体系，加强能源企业所在地区内和区域间合作，强化全国性能源市场一体化内所有要素的紧密联系。

3. 重视能源行业核心要素市场化改革

虽然能源行业要素市场扭曲涉及面广，但从要素市场扭曲的内涵出发，发现要素市场化改革的重心在于营造兼顾公平和效率的市场环境，减少对上游环节和下游环节能源企业生产要素投入过程中的阻碍因素。本书的研究结果表明，自生能力原理要求能源企业仍然需要坚持以财务回报为核心目标，即企业是以盈利为目的，坚持从能源企业需求角度出发，而不是基于上游环节或下游环节能源企业面临的要素市场扭曲程度。具体内容如下：

对于能源行业资本要素市场化改革，一是要加快金融部门的市场化改革，降低针对能源企业国有与非国有所有制的信贷歧视，二是要拓宽能源企业面临的融资渠道。由于能源行业的特殊性表现，部分银行等金融机构仍对能源企业表现出信贷歧视现象，这主要是因为能源企业投资规模大、回报周期长，不符合银行等金融机构投资回报周期短、利润率高的产业的要求，这就要求银行等金融部门强化能源市场要素市场化改革的重要意识，改善对能源企业的金融偏好。二是充分认识上游环节和下游环节能源企业的直接、间接融资渠道及当前融资难易程度，完善非国有控股资本对于能源行业的进入退出机制，充分发挥非公有制经济对能源资本要素市场化改革的重要补充作用。

对于能源行业劳动要素市场改革，首先要放开能源企业之间的劳动力要素流动，避免因市场分割等造成的桎梏，建立健全上游环节和下游环节能源企业之间劳动要素自由流动的体制机制；其次要完善上游环节和下游环节能源行业中的劳动力市场运行机制，在加强政府和上一级能源部门监督的前提下发挥能源行业劳动中介的重要角色，越来越多的能源企业偏好引入劳动中介，这就需要严格保护能源生产的劳动权益；最后要重视能源产业链的专业化分工，提高经济体内整体的劳动力价值。

4. 构建有效竞争的能源市场

除了构建能源市场一体化措施外，还需要培育多元市场主体，打破能源要素资源垄断，部分能源行业放宽准入，鼓励能源市场化竞争，积极参与国际能源要素流动，提高能源资源配置效率和公平性。具体要点包括：

第一，支持培养多种能源市场主体。积极完善多种能源市场主体参与要素市场化建设的多元格局，设立能源市场主体的负面清单制度。深化改革石油和天然气行业的勘探和开采制度，逐步放开石油和天然气勘探以及开采市场，依据负面清单制度探索建立能源行业勘探、开采等领域严格的进入与退出机制。继续深化实施石油和天然气管道网络运行机制改革，实现油气资源管道运输和销售业务的分离。对于电力行业，稳步推进电力供应企业的供给侧结构性改革，有序开放电力企业的配售电业务，激发电力行业生产与供应企业活力。

第二，构建包含上游环节和下游环节、竞争有序的能源要素市场化体系。基于煤炭、石油、天然气和电力等能源的不同特征，建设并逐步完善相关能源品种的交易平台，促进不同能源品种供给和需求之间的互联互通。

5. 完善主要由市场决定能源价格的机制

从要素市场扭曲的表征来看，要素扭曲纠正 TFP 损失需要盯住能源价格，能源价格是观测能源市场是否存在扭曲的“窗口”。因此，无论是能源市场一体化建设，还是构建“有为市场”，最终仍将与“有效政府”相结合。这就要求政府在纠正能源要素市场扭曲时，需要按照“管住中间、放开两头”总体思路，在兼顾能源安全情况下，稳步放开能源行业竞争性领域和环节的市场价格，使能源产品价格及时传导能源市场供求、引导能源要素有效配置，推进上游环节和下游环节能源企业生产要素及产品的科学合理定价透明化。具体包括：

第一，有序放开上游环节和下游环节能源行业竞争性环节要素与产品价格。习近平总书记在能源领域内提出的四方面“革命”，要求政府需要结合新的国际形势，政府需要稳步推动通过市场化方式确定能源产品交易价格，进一步深化煤炭、电力定价机制改革，继续实施“基准价 + 上下浮动”的市场化价格机制。稳步推进以市场化方式形成跨省跨区能源产品价格，完善成品油价格形成机制，推进天然气价格市场化改革。完善油气进出口政策，积极参与国际油气市场的市场化竞争。

第二，科学核定垄断环境的能源行业要素及产品价格。按照要素成本加允许企业合理利润的原则，政府与市场应该积极合理地建设电网、管网，统筹确定电网、油气管网价格。同时严格制定价格调整制度，依法依规确定电网和油气管网周期内的能源传输和分配价格。

第三，统筹深化上游环节石油和天然气勘查—开采体制机制改革。积极促进矿产资源管理体制机制改革，开展勘探、开采合规制度，对能够满足能源市场的多元需求主体开放石油和天然气的勘探及开发准入许可证。此外，需要特别实施更为严厉的能源行业领域内的准入与退出机制，加快实行能源行业，特别是煤炭、石油和天然气行业内的企业退出机制，继续推进石油和天然气企业的管网改革，促进能源行业上游环节和下游环节内的公平市场竞争。

9.2.3　发挥能源行业分工比较优势

当前，我国已实施的能源产业政策，如“5 号文件”“27 号文件”“31 号文件”等，这些政策文件多表现为政府对上游环节及下游环节能源市场机制的替代性和规制性内容。政府通过这些能源政策，将行政式命令触及能源行业各个环节，而这也成为能源市场要素市场扭曲及企业全要素生产率损失的根源之一。所以，政府合理引导布局能源行业上游环节和下游环节的产业结构，通过相应能源政策调整、纠偏原有政策对能源企业面临的要素市场扭曲及 TFP 损失的干扰，是提高上游环节及下游环节能源企业 TFP 的前提条件。政府在指导能源行业的产业结构布局改造过程中，需以维护能源市场公平竞争的市场目标，减少“偏袒”性能源政策。第 6 章的结果表明能源行业专业化分工能够有效纠正要素市场扭曲对企业 TFP 损失的影响。基于此，本节详细讨论如何发挥能源产业专业化分工比较优势。

1. 统筹能源行业布局

不同的能源产业和不同能源企业所在地区都有自己的禀赋特征和发展方向，上游环节和下游环节能源企业应该重点关注所在行业及所在地区的禀赋优势，正视未来能源行业潜在的增长优势，通过发挥比较优势，减少在上下游环节可能存在的障碍，逐渐形成集勘探、开采、加工、运输、存储为一体的行业产业链；基于能源上游环节和下游环节潜在的增长点，优化布局能源上下游产业链，从而改进能源产业 TFP。此外，在统筹能源行业产业布局过程中，还需要注意宏观经济发展环境，科学合理谋篇布局，引导能上游和下游环节的能源企业生产要素合理配置。

顺应经济结构转型阶段的新特点，统筹推进能源行业布局，需要努力转变以 TFP 为支撑的经济高质量发展模式。这就要求能源企业需要：第一，充分发挥市场机制的作用，改善区域性能源要素自由流动的贸易壁垒，避免出现能源行业的市场分割问题，通过区域间要素协作交流平台，加快上游环节和下游环节能源企业生产过程所需资源要素的流动。第二，上游环节和下游环节的能源企业应尽量避免对产业结构调整的直接干预，在此过程中能源企业提供的产品市场不应过度扰乱政府采购，规避可能的“寻租”情形，不应因上游环节和下游环节的能源企业异质性而区别对待。第三，严格落实政府对能源行业产业布局的顶层设计，上游环节和下游环节的能源企业应加强对重点产业发展布局的落实程度，结合能源企业自身的资源要素禀赋，充分发挥企业的比较优势，为能源产业布局和结构转型提供基础。

2. 改善能源产业结构

能源下游企业重点承接上游产品及消费者，因此研究下游环节能源企业供给结构调整与改善对整个能源行业布局具有重要意义。在改善能源产业结构布局时，上下游环节的能源企业应该科学、合理地规划减少浪费传统生产要素，如减少劳动要素，升级能源产业中的劳动密集型生产环节；提高资本要素生产配置效率；升级改造上游环节及下游环节的固定资产设备，淘汰落后产能。全面提高能源上游环节和下游环节中技术型引领能源产业布局的新局面，大力发展技术创新储备，在传统生产要素满足生产时，扩大技术要素在能源企业生产中的要素投入比重，如此才能够为能源产业布局提供基石。

9.2.4 提高企业市场获利能力

下游环节的能源企业仍然是以盈利为目的“经济人”，因而只有正常获利的下游环节能源企业才会考虑如何高质量可持续发展，所以纠正要素市场扭曲带来的错配、实现能源企业 TFP 增长的核心在于提高能源企业获利能力。根据经济发展理论与实证结果，能源企业获利能力与市场势力及企业自生能力密切相关。因此下游环节的能源企业作为参与能源市场经济建设的主体，引导并支持企业获利、实现自生能力增长、降低市场势力的必要性和重要程度不言而喻。

1. 构建良好营商环境

本书的研究表明，对于能源企业能否获得正常利润，主要取决于企业自生能力和市场势力，而自生能力与市场势力与营商环境密不可分。因此，面对能源企业非国有资本占比低、投入周期长等困境，需要政府积极营造良好的营商氛围来激励上游环节及下游环节能源企业通过要素投入获取正常利润。

从政府角度看，一方面，政府需要继续加大力度鼓励上游或下游环节的能源企业扩大再生产，协同银行等金融机构提供对不同产业链的能源企业的信贷担保或风险投资，提高能源市场化改革水平，完善对进入能源领域的新企业税收及政策制度安排，激励上游环节和下游环节的能源企业生产积极性、提升全要素生产率。随着能源企业生产动力增加、比例提高，生产要素得到优化配置，随之提升整体的生产率水平，有效降低要素市场扭曲带来的损失程度；另一方面，政府应加快完善促进能源企业投资的财政税收政策、经济政策与金融支持政策等，对不同所有制下的能源企业营造良好的营商宏观政策环境与保障体系，在保障能源安全供应前提下不过度干涉能源企业生产的方向和细节，不代替能源企业感受市场需求和决策利弊。

从市场角度营造企业良好营商氛围的角度来看，结合本书的研究结论，即能源市场竞争机制在企业 TFP 的增长过程当中，上游环节和下游环节并未明显发挥能源市场机制作用，能源企业面临的要素市场扭曲的结果也表明能源市场在许多方面产生负面影响，这也反映了当前加强建设能源市场机制及纠正要素市场扭曲对能源企业 TFP 损失的重要性和迫切性。现阶段政府通过财政政策或行政政策管控能源企业，这种“偏袒”虽然认可上游或者下游环节能源企业承担的企业社会责任，但未必能获得来自市场的政策利润。鉴于此，政府在能源领域持续充当“守夜人”角色，发挥市场在能源领域内的“看不见的手”作用，积极完善能源市场中的激励机制，促进能源企业高质量开展生产活动。

2. 确立上游环节和下游环节的能源企业市场主体地位

上游环节和下游环节的企业作为能源市场主体，不断提高不同环节的能源企业投入产出指标质量及数量。当前上游环节和下游环节能源企业 TFP 和要素配置水平表明，虽然相关生产要素资源投入逐年递增、行业整体发展不断扩大，但中国能源企业相比世界发达国家水平仍有不小的差距，上游环节和下游环节的能源企业要素投入与产出的比例不协调，能源企业自给自足仍有待提升。由于上游环节和下游环节的能源行业特殊性，当前能源企业的生产仍具有较强的行政导向，这就要求当前政府应该具体问题具体分析，逐渐放松对不同产业链上的能源企业的精细管理，允许部分能源行业中存在民营资本。但对能源生产保障体系而言，政府需要积极完善能源企业的监管和服务体系建设，重点关注能源企业主导的生产行为和活动。同时还需要关注能源企业在宏观经济市场供需的主体地位培养，从能源企业技术研发、生产过程与产品生产销售环节上，避免与市场脱节及与能源企业实际需求脱节，改善要素的实际市场利用程度。

上游环节和下游环节的企业作为能源市场主体，应提高加强了解宏观经济市场需求的能力，缩小上游或下游环节能源企业获取利润的生产能力，同时能够发挥比较优势弥补“短板”，从而获取超额利润。在此过程中需要上游环节及下游环节的能源企业不断调整适应市场的能力，积极扩充参与市场信息处理的力量，积极纠正要素市场扭曲带来的由信息不对称问题产生的偏差，同时在适当情况下开展技术的升级更新，提高技术储备能力及部分生产要素的储备。此外，由于处于不同产业链上的能源企业利润和被认可的市场过程是“黑箱”，要素市场扭曲长期存在，这就需要能源企业整合内部和外部资源，集成生产技术和人员。

9.3　研究展望

受研究所学及可用资料所限，本书还有很多不足及改进之处，因而在未来研究中还将从以下几点进行深入探讨：

一是现有的讨论基于 Hsiech and Klenow（2009）框架研究能源行业，本书放宽了能源部分行业规模报酬不变的假定，但行业生产函数仍然使用 CES 函数。根据现有文献的理论研究，现实中产业结构不一致，不可将其放置在同一生产函数。由于目前关于这方面的研究不深入，且未有实证研究提供参考，因此本书仍然在行业中使用 CES 生产函数讨论能源行业的一般规律。

二是本书基于传统增长核算估计了要素生产弹性及其贡献率，并未详细分解诸如技术诱导等对能源行业特别是核力发电等行业的贡献，后续研究将通过新增长核算法分解 TFP，这样能够进一步识别能源企业产出增长的“黑箱”。

三是本书分别从上游和下游视角讨论专业化分工及企业自生能力对纠正 TFP 损失的影响，对外部影响因素诸如创新、技术引进等的冲击关注不够，下一步尝试考虑外生因素冲击对纠正要素市场扭曲影响企业 TFP 损失的纠偏程度。

四是能源行业要素配置行动政策评估方法的选择问题。当前关于政策评估虽然成熟，且方法多样，但正如反对使用 DID 等方法来评估政策的学者所言，政策评估涉及的社会宏观环境变化多样，不能够有效评估政策的“净”效应，也不能够剥离其他政策的叠加，因此对能源市场体制机制改革只能选择关键节点政策佐证，用以说明要素配置改革政策的效果。当然，依据每个阶段的样本“反事实”变系数也是一种潜在的估计多种政策实施效果评估的方法选择，这也是接下来重点尝试的方向，但对如何剥离多种因素的影响仍然是目前多种政策评估的障碍所在。

后　　记

本书是博士论文的修订版本。

行文至此，感慨颇多。本书欲近落笔处，却也难收离别情。想时，地大的五年半弹指瞬息；写时，学业即成将作别。

我要感谢肖建忠教授的慷慨支持和指导。师者，传道、授业、解惑。十分荣幸能够在肖老师的指导下攻读经济学博士学位，在学业和生活中肖老师给了我慷慨支持和指导。学业上，得益于肖老师在能源价格扭曲方面多年的研究经验，在博士论文开题、论文选读、撰文成稿和修改的整个过程中，肖老师总能够给予及时关注和纠正，可以说，我的博士论文倾注老师太多心血。每当碰到论文观点与已有文献相左，难免心浮气躁，肖老师通过数次的沟通、交流和指导，给我的论文提供了建设性意见。生活中，肖老师尽可能帮助我，因为疫情无法回国，肖老师通过电话联系，关心我的国外生活情况。感激之情，心中无可磨灭。

我十分感谢易明教授给我的鼓励和启发。初入地大，是易老师的耳提面命，让我左右采获，受益颇多。在易老师的鼓励下，硕士阶段的迷茫和疲惫现在似乎已是财富。在这几年的研究生时光里，易老师的鼓励让我看到了当下科研生活的另一种，很多种。

我还要感谢宋德勇教授、杨冕教授、程胜教授、李通屏教授、徐德义教授和杨树旺教授，他们在预答辩中的评论和建议给了我很大的帮助。当然，我为余下的错误和未能及时修改的文字负责。在此感谢出席博士论文答辩委员会的李通屏教授、白永亮教授、程胜教授、金贵教授、杨树旺教授、於世为教授和我的恩师肖建忠教授。

我非常感谢人生路上遇到的各位老师和同学的帮助。有幸和张意翔老师一起在澳大利亚麦考瑞大学科学与技术学院 Jia Wu 那里访学、交流，疫情期间能够互帮互助；感谢外方导师 Jia Wu 在澳大利亚交流、学习、生活提供的指导与帮助，也感激疫情期间澳大利亚麦考瑞大学的 Sylvian Chow 和 Karena Geldard 为我办理签证提供的便利；感谢王腾老师和唐鹏程老师的解惑，感谢张莲、吴超、郑悠、吴婷、田梦、彭欣源、江奇胜、杨丽莎、孔维成、周迎、路祥翼、易杨、施文雨、康莉、温阳、董宇萱、王怡倩、卢莹、魏燕、翟子瑜等，各位同门师兄、师姐、师弟、师妹的包容和帮助使我获益匪浅。此外，感谢经管学院研究生办公室的王霜老师、王简辞老师和刘伟老师，他们在博士求学过程中为我提供了很多帮助。

我特别要感谢父母对我整个学生生涯的关怀和支持，他们对我无私的爱与照顾是我不断前进的动力。含辛茹苦的养育之恩，望子成龙的殷切期待，是你们给了我最无私的爱和最温馨的港湾。

心所念者，以“有崖”追寻“知无涯”，希望尽最大的努力完成博士论文，希望后续完善论文修改、顺利毕业，希望毕业后能够成为一名合格教师，希望两位恩师保重身体，希望前面的希望不再是希望！

参考文献

[1] 白俊红，卞元超．要素市场扭曲与中国创新生产的效率损失［J］．中国工业经济，2016，(11)：39—55.

[2] 步晓宁，张天华，张少华．通向繁荣之路：中国高速公路建设的资源配置效率研究［J］．管理世界，2019，35（05）：44—63.

[3] 蔡昉，王德文，都阳．劳动力市场扭曲对区域差距的影响［J］．中国社会科学，2001，(02)：4—14.

[4] 曹虹剑，王必哲，李科．能源行业资源配置扭曲测算：要素市场与产品市场的双重视角［J］．财经理论与实践，2019，40（04）：116—122.

[5] 常建新．企业要素错配、技术错配与全要素生产率［D］．西安：西北大学，2015.

[6] 常远，吴鹏．要素配置会扭曲技术进步偏向性对全要素生产率增长的影响吗？［J］．当代经济科学，2019，41（01）：20—34.

[7] 陈关聚．中国制造业全要素能源效率及影响因素研究——基于面板数据的随机前沿分析［J］．中国软科学，2014，(01)：180—192.

[8] 陈嘉，谢嘉欣．全要素生产率与资源错配问题研究——以广东省为例［J］．调研世界，2019，(12)：16—26.

[9] 陈经伟，姜能鹏．资本要素市场扭曲对企业技术创新的影响：机制、异质性与持续性［J］．经济学动态，2020，(12)：106—124.

[10] 陈琳．1998—2010中国能源工业全要素生产率走势及分析［J］．中国市场，2012，(42)：84—91.

[11] 陈诗一．资源误配、经济增长绩效与企业市场进入：国有与非国有部门的二元视角［J］．学术月刊，2017，49（01）：42—56.

[12] 陈诗一，陈登科．中国资源配置效率动态演化——纳入能源要素的新视角［J］．中国社会科学，2017，(04)：67—83.

[13] 陈诗一，刘朝良，冯博．资本配置效率、城市规模分布与福利分析[J]．经济研究，2019，54（02）：133—147.

[14] 陈彦斌，马啸，刘哲希．要素价格扭曲、企业投资与产出水平［J］．世界经济，2015，38（09）：29—55.

[15] 陈永伟，胡伟民．价格扭曲、要素错配和效率损失：理论和应用[J]．经济学（季刊），2011，10（04）：1401—1422.

[16] 程盈莹，王洪渊．国际垂直专业化对承接国技术溢出的影响——基于不同伙伴国和组织模式的视角［J］．经济问题，2014，(05)：77—82.

[17] 程中华，李廉水，刘军．生产性服务业集聚对工业效率提升的空间外溢效应［J］．科学学研究，2017，35（03）：364—371.

[18] 崔书会，李光勤，豆建民．产业协同集聚的资源错配效应研究［J］．统计研究，2019，36（02）：76—87.

[19] 戴魁早，刘友金．要素市场扭曲、区域差异与 R&D 投入——来自中国高技术产业与门槛模型的经验证据［J］．数量经济技术经济研究，2015，32（09）：3—20.

[20] 戴小勇．资源错配视角下全要素生产率损失的形成机理与测算［J］．当代经济科学，2018，40（05）：103—116.

[21] 丁建勋．要素价格扭曲、资本深化与我国劳动收入份额［J］．贵州财经大学学报，2017，(01)：1—13.

[22] 范必．中国能源市场化改革［M］．北京：中信出版社，2018.

[23] 傅元海，陈丽姗，尹硕．工业投入产出率对能源全要素生产率的影响研究——以珠三角地区为例［J］．江西财经大学学报，2017，(05)：14—21.

[24] 盖庆恩，方聪龙，朱喜，等．贸易成本、劳动力市场扭曲与中国的劳动生产率［J］．管理世界，2019，35（03）：64—80.

[25] 盖庆恩，朱喜，程名望，等．要素市场扭曲、垄断势力与全要素生产率［J］．经济研究，2015，50（05）：61—75.

[26] 盖庆恩，朱喜，程名望，等．土地资源配置不当与劳动生产率［J］．经济研究，2017，52（05）：117—130.

[27] 高鸿业．西方经济学（微观部分）［M］．北京：中国人民大学出版社，2010.

[28] 龚关，胡关亮．中国制造业资源配置效率与全要素生产率［J］．经济研究，2013，48（04）：4—15.

[29] 龚关，胡关亮，陈磊．国有与非国有制造业全要素生产率差异分析——基于资源配置效率与平均生产率［J］．产业经济研究，2015，(01)：93—100.

[30] 韩剑，郑秋玲．政府干预如何导致地区资源错配——基于行业内和行业间错配的分解［J］．中国工业经济，2014，(11)：69—81.

[31] 杭静，郭凯明，牛梦琦．资源错配、产能利用与生产率［J］．经济学（季刊），2021，21（1）：93—112.

[32] 胡昭玲．产品内国际分工对中国工业生产率的影响分析［J］．中国工业经济，2007，(06)：30—37.

[33] 季书涵，朱英明．产业集聚、环境污染与资源错配研究［J］．经济学家，2019，(06)：33—43.

[34] 季书涵，朱英明．产业集聚的资源错配效应研究［J］．数量经济技术经济研究，2017，34（04）：57—73.

[35] 季书涵，朱英明，张鑫．产业集聚对资源错配的改善效果研究［J］．中国工业经济，2016，(06)：73—90.

[36] 简泽．市场扭曲、跨企业的资源配置与制造业部门的生产率［J］．中国工业经济，2011，(01)：58—68.

[37] 简泽．从国家垄断到竞争：中国工业的生产率增长与转轨特征［J］．中国工业经济，2011，(11)：79—89.

[38] 蒋冰冰．产品内国际分工与中国产业发展［D］．武汉：华中科技大学，2012.

[39] 蒋含明，石明．要素市场扭曲对制造业出口能源消耗的影响研究［J］．华东经济管理，2019，33（01）：93—99.

[40] 鞠蕾，高越青，王立国．供给侧视角下的产能过剩治理：要素市场扭曲与产能过剩［J］．宏观经济研究，2016，(05)：3—15.

[41] 阚大学，吕连菊．要素市场扭曲加剧了环境污染吗——基于省级工业行业空间动态面板数据的分析［J］．财贸经济，2016，(05)：146—159.

[42] 孔祥智，张琛，张效榕．要素禀赋变化与农业资本有机构成提高——对1978年以来中国农业发展路径的解释［J］．管理世界，2018，34（10）：147—160.

[43] 黎峰．国内专业化分工是否促进了区域协调发展？［J］．数量经济技术经济研究，2018，35（12）：81—99.

[44] 李谷成，范丽霞，冯中朝．资本积累、制度变迁与农业增长——对1978~2011年中国农业增长与资本存量的实证估计［J］．管理世界，2014，(05)：67—79.

[45] 李广瑜．新产业革命背景下我国产业转型升级的体制机制创新研究［D］．上海：上海交通大学，2017.

[46] 李静，楠玉．人力资本错配下的决策：优先创新驱动还是优先产业升级？[J]．经济研究，2019，54（08)：152—166.

[47] 李静，楠玉．中国产业比较优势演进为何受阻——基于人力资本错配的视角［J］．财经科学，2016，(12)：67—76.

[48] 李静，楠玉，刘霞辉．中国经济稳增长难题：人力资本错配及其解决途径［J］．经济研究，2017，52（03)：18—31.

[49] 李俊青，苗二森．资源错配、企业进入退出与全要素生产率增长［J］．产业经济研究，2020，(01)：1—14.

[50] 李兰冰．中国能源绩效的动态演化、地区差距与成因识别——基于一种新型全要素能源生产率变动指标［J］．管理世界，2015，(11)：40—52.

[51] 李力行，申广军．经济开发区、地区比较优势与产业结构调整［J］．经济学（季刊)，2015，14（03)：885—910.

[52] 李小胜，安庆贤，申真．“十二五”时期中国能源全要素生产率研究［J］．系统工程理论与实践，2017，37（06)：1489—1498.

[53] 李学峰，杨盼盼．金融科技、市场势力与银行风险［J］．当代经济科学，2021，43（01)：45—57.

[54] 李雪冬，江可申，夏海力．供给侧改革引领下双三角异质性制造业要素扭曲及生产率比较研究［J］．数量经济技术经济研究，2018，35（05)：23—39.

[55] 李言．中国要素价格扭曲的成因、测度与经济效应［J］．当代经济管理，2020，42（07)：1—8.

[56] 李言．中国生产要素价格扭曲的变迁：2000-2016年［J］．经济学动态，2020，(01)：34—51.

[57] 李言，樊学瑞．中国地区生产要素价格扭曲的演变：1978~2016年［J］．数量经济技术经济研究，2020，37（01)：62—82.

[58] 李言，黄婷婷．中国生产要素价格扭曲的宏观经济效应——基于DSGE模型的分析［J］．广东财经大学学报，2019，34（02)：17—30.

[59] 李永，王砚萍，孟祥月．要素市场扭曲是否抑制了国际技术溢出 [J]. 金融研究，2013，(11)：140—153.

[60] 林伯强，杜克锐．要素市场扭曲对能源效率的影响 [J]. 经济研究，2013，48 (09)：125—136.

[61] 林毅夫．新结构经济学视角下的国有企业改革 [J]. 社会科学战线，2019，(01)：41—48.

[62] 林毅夫，蔡昉，李周．论中国经济改革的渐进式道路 [J]. 经济研究，1993，(09)：3—11.

[63] 林毅夫，付才辉．新结构经济学导论（上册）[M]. 北京：高等教育出版社，2019.

[64] 林毅夫，刘培林．自生能力和国企改革 [J]. 经济研究，2001，(09)：60—70.

[65] 林毅夫，向为，余淼杰．区域型产业政策与企业生产率 [J]. 经济学（季刊），2018，17 (02)：781—800.

[66] 刘庆林，高越，韩军伟．国际生产分割的生产率效应 [J]. 经济研究，2010，45 (02)：32—43.

[67] 刘小鲁．标准制订强化了市场势力吗：基于中国制造业企业数据的经验研究 [J]. 经济评论，2018，(04)：101—114.

[68] 刘永健，耿弘，孙文华．我国建设用地资源错配的测算、因素分解及产出损失研究 [J]. 系统工程理论与实践，2019，39 (09)：2263—2271.

[69] 刘宗明，吴正倩．中间产品市场扭曲会阻碍能源产业全要素生产率提升吗——基于微观企业数据的理论与实证 [J]. 中国工业经济，2019，(08)：42—60.

[70] 卢现祥，许晶．企业所有制结构与区域工业污染——基于我国2003～2009年的省级面板数据研究 [J]. 中南财经政法大学学报，2012，(01)：78—83.

[71] 鲁成军，周端明．中国工业部门的能源替代研究——基于对ALLEN替代弹性模型的修正 [J]. 数量经济技术经济研究，2008，(05)：30—42.

[72] 鲁晓东，连玉君．中国工业企业全要素生产率估计：1999—2007 [J]. 经济学（季刊），2012，11 (1)：541—558.

[73] 罗德明，李晔，史晋川．要素市场扭曲、资源错置与生产率 [J].

经济研究，2012，47（03）：4—14.

［74］罗浩．自然资源与经济增长：资源瓶颈及其解决途径［J］．经济研究，2007，（06）：142—153.

［75］马晓君，魏晓雪，刘超，等．东北三省全要素能源效率测算及影响因素分析［J］．中国环境科学，2017，37（02）：777—785.

［76］毛其淋．要素市场扭曲与中国工业企业生产率——基于贸易自由化视角的分析［J］．金融研究，2013，（02）：156—169.

［77］孟祺．垂直专业化对内资企业有技术溢出效应吗？［J］．科研管理，2010，31（04）：91—97.

［78］聂辉华，贾瑞雪．中国制造业企业生产率与资源误置［J］．世界经济，2011，34（07）：27—42.

［79］聂辉华，江艇，杨汝岱．中国工业企业数据库的使用现状和潜在问题［J］．世界经济，2012，35（05）：142—158.

［80］潘雄锋，彭晓雪，李斌．市场扭曲、技术进步与能源效率：基于省际异质性的政策选择［J］．世界经济，2017，40（01）：91—115.

［81］彭甲超，易明，付丽娜．中国农业全要素生产率的再检验——基于省级面板数据农业中间消耗品的分析［J］．中国管理科学，2021，29（06）：223—237.

［82］钱炳．自然垄断中的市场势力：对电力产业“厂网分开”的分析［J］．中央财经大学学报，2017，（07）：74—86.

［83］钱伟民，汤建光．能源使用效率与中国能源价格市场化［J］．经济问题探索，2009，（10）：76—80.

［84］秦炳涛，席小炎，郑义．中国能源消费与全要素生产率动态分解：2000-2010［J］．当代财经，2016，（02）：25—32.

［85］邵忍丽，贾明德．我国能源市场化改革探析［J］．价格月刊，2006，（09）：23—24.

［86］邵宜航，步晓宁，张天华．资源配置扭曲与中国工业全要素生产率——基于工业企业数据库再测算［J］．中国工业经济，2013，（12）：39—51.

［87］申广军．比较优势与僵尸企业：基于新结构经济学视角的研究［J］．管理世界，2016，（12）：13—24.

［88］沈春苗．垂直专业化分工对技能偏向性技术进步的影响——基于我国制造业细分行业的实证研究［J］．国际贸易问题，2016，（02）：77—87.

［89］沈春苗，郑江淮．资源错配研究述评［J］．改革，2015，(04)：116—124.

［90］盛仕斌，徐海．要素价格扭曲的就业效应研究［J］．经济研究，1999，(05)：68—74.

［91］盛誉．贸易自由化与中国要素市场扭曲的测定［J］．世界经济，2005，(06)：29—36.

［92］师博，沈坤荣．市场分割下的中国全要素能源效率：基于超效率DEA方法的经验分析［J］．世界经济，2008，(09)：49—59.

［93］施炳展，李建桐．互联网是否促进了分工：来自中国制造业企业的证据［J］．管理世界，2020，36（04）：130—149.

［94］施炳展，冼国明．要素价格扭曲与中国工业企业出口行为［J］．中国工业经济，2012，(02)：47—56.

［95］宋建，郑江淮．资本深化、资源配置效率与全要素生产率：来自小企业的发现［J］．经济理论与经济管理，2020，(03)：18—33.

［96］孙广生，杨先明，黄祎．中国工业行业的能源效率（1987—2005）——变化趋势、节能潜力与影响因素研究［J］．中国软科学，2011，(11)：29—39.

［97］谭洪波．中国要素市场扭曲存在工业偏向吗？——基于中国省级面板数据的实证研究［J］．管理世界，2015，(12)：96—105.

［98］唐为．要素市场一体化与城市群经济的发展——基于微观企业数据的分析［J］．经济学（季刊），2021，21（1）：1—22.

［99］陶小马，邢建武，黄鑫，等．中国工业部门的能源价格扭曲与要素替代研究［J］．数量经济技术经济研究，2009，26（11）：3—16.

［100］陶一桃．经济特区与中国特色“渐进式改革”的绩效［J］．广东社会科学，2020，(06)：19—29.

［101］王博峰，李富有，王可．金融结构与能源结构的关系研究［J］．西安交通大学学报（社会科学版），2014，34（02）：22—26.

［102］王俊豪．自然垄断产业市场结构重组的目标、模式与政策实践［J］．中国工业经济，2004，(01)：21—27.

［103］王俊豪，程肖君．网络瓶颈、策略性行为与管网公平开放——基于油气产业的研究［J］．中国工业经济，2017，(01)：117—134.

［104］王俊豪，金暄暄，刘相锋．电网企业纵向一体化、成本效率与主

辅分离改革［J］. 中国工业经济，2021，(03)：42—60.

［105］王俊豪，王建明. 中国垄断性产业的行政垄断及其管制政策［J］. 中国工业经济，2007，(12)：30—37.

［106］王宁，史晋川. 中国要素价格扭曲程度的测度［J］. 数量经济技术经济研究，2015，32（09）：149—161.

［107］王宁，史晋川. 要素价格扭曲对中国投资消费结构的影响分析［J］. 财贸经济，2015，(04)：121—133.

［108］王芃，武英涛. 能源产业市场扭曲与全要素生产率［J］. 经济研究，2014，49（06）：142—155.

［109］王伟. 现代西方经济学流派［M］. 北京：北京大学出版社，2002.

［110］王文珍，李平. 要素市场扭曲对企业对外直接投资的影响［J］. 世界经济研究，2018，(09)：77—92.

［111］王希. 生产要素价格扭曲程度测算方法综述［J］. 内蒙古财经学院学报，2011，(03)：43—48.

［112］王玉梅，芮源，孙欣. 能源要素价格扭曲影响碳强度的传导机制检验——基于能源结构的中介效应分析［J］. 统计与信息论坛，2016，31（09）：69—77.

［113］王珍珍. 价值链分工对我国制造业工业增加值的影响——基于1998～2005年Panel Data的分析［J］. 山西财经大学学报，2008，(11)：46—52.

［114］王中华，王雅琳，赵曙东. 国际垂直专业化与工资收入差距——基于工业行业数据的实证分析［J］. 财经研究，2009，35（07）：122—133.

［115］王忠，揭俐，曾伟. 矿业权重叠对我国煤炭产业全要素生产率的非线性影响［J］. 中南财经政法大学学报，2017，(05)：59—68.

［116］魏楚，沈满洪. 能源效率及其影响因素：基于DEA的实证分析［J］. 管理世界，2007，(08)：66—76.

［117］魏巍贤，高中元，彭翔宇. 能源冲击与中国经济波动——基于动态随机一般均衡模型的分析［J］. 金融研究，2012，(01)：51—64.

［118］文东伟. 资源错配、全要素生产率与中国制造业的增长潜力［J］. 经济学（季刊），2019，18（02）：617—638.

［119］吴利学. 中国能源效率波动：理论解释、数值模拟及政策含义［J］. 经济研究，2009，44（05）：130—142.

[120] 吴仁水，董秀良，钟山. 信贷约束、资源错配与全要素生产率波动 [J]. 宏观经济研究, 2019, (06): 30—44.

[121] 夏晓华，李进一. 要素价格异质性扭曲与产业结构动态调整 [J]. 南京大学学报（哲学. 人文科学. 社会科学版）, 2012, 49 (03): 40—48.

[122] 冼国明，石庆芳. 要素市场扭曲与中国的投资行为——基于省际面板数据分析 [J]. 财经科学, 2013, (10): 31—42.

[123] 冼国明，徐清. 劳动力市场扭曲是促进还是抑制了 FDI 的流入 [J]. 世界经济, 2013, 36 (09): 25—48.

[124] 谢伦裕，王宇澄，晋晶. 晋升激励、竞争驱动与产能扩张：来自中国电改的证据 [J]. 世界经济, 2021, 44 (08): 106—130.

[125] 徐毅，张二震. 外包与生产率：基于工业行业数据的经验研究 [J]. 经济研究, 2008, (01): 103—113.

[126] 徐长生，刘望辉. 劳动力市场扭曲与中国宏观经济失衡 [J]. 统计研究, 2008, (05): 32—37.

[127] 许家云，佟家栋，毛其淋. 人民币汇率、产品质量与企业出口行为——中国制造业企业层面的实证研究 [J]. 金融研究, 2015, (03): 1—17.

[128] 宣烨. 要素价格扭曲、制造业产能过剩与生产性服务业发展滞后 [J]. 经济学动态, 2019, (03): 91—104.

[129] 鄢萍. 资本误配置的影响因素初探 [J]. 经济学（季刊）, 2012, 11 (02): 489—520.

[130] 杨帆，徐长生. 中国工业行业市场扭曲程度的测定 [J]. 中国工业经济, 2009, (09): 56—66.

[131] 杨帆，周沂，贺灿飞. 产业组织、产业集聚与中国制造业产业污染 [J]. 北京大学学报（自然科学版）, 2016, 52 (03): 563—573.

[132] 杨福霞，杨冕，聂华林. 能源与非能源生产要素替代弹性研究——基于超越对数生产函数的实证分析 [J]. 资源科学, 2011, 33 (03): 460—467.

[133] 杨继生，邹建文. 居民消费平滑及其结构异质性——基于生命周期模型的分析 [J]. 经济研究, 2020, 55 (11): 121—137.

[134] 杨俊，李平. 要素市场扭曲、国际技术溢出与出口技术复杂度 [J]. 国际贸易问题, 2017, (03): 51—62.

[135] 杨冕，卢昕，杨福霞. 能源价格扭曲对中国能源效率影响研究

[J]. 经济问题探索, 2017, (11): 127—133.

[136] 杨小凯. 基于专业化报酬的分工理论: 一种微观经济学方法 [Z]. 苏良. 北京: 社会科学文献出版社, 2019.

[137] 杨校美. 生产性服务业集聚与资源配置效率——基于地区、行业和城市规模异质性的分析 [J]. 上海对外经贸大学学报, 2020, 27 (06): 39—50.

[138] 杨洋, 魏江, 罗来军. 谁在利用政府补贴进行创新? ——所有制和要素市场扭曲的联合调节效应 [J]. 管理世界, 2015, (01): 75—86.

[139] 姚小剑, 杨光磊, 高丛. 绿色技术进步对全要素绿色能源效率的影响研究 [J]. 科技管理研究, 2016, 36 (22): 248—254.

[140] 姚星, 王博, 王磊. 区域产业分工、生产性服务进口投入与出口技术复杂度: 来自"一带一路"国家的经验证据 [J]. 国际贸易问题, 2017, (05): 68—79.

[141] 姚洋. 非国有经济成分对我国工业企业技术效率的影响 [J]. 经济研究, 1998, (12): 29—35.

[142] 余壮雄, 米银霞. 地区产业转型中的企业行为与资源错配 [J]. 中国工业经济, 2018, (06): 98—116.

[143] 袁晓玲, 景行军, 张江洋. 资源错配与中国能源行业全要素生产率 [J]. 湖南大学学报 (社会科学版), 2016, 30 (03): 77—84.

[144] 袁晓玲, 张江洋, 赵志华. 能源、资本与产出三重扭曲对中国制造业全要素生产率的影响 [J]. 陕西师范大学学报 (哲学社会科学版), 2016, 45 (01): 126—138.

[145] 袁志刚, 解栋栋. 中国劳动力错配对 TFP 的影响分析 [J]. 经济研究, 2011, 46 (07): 4—17.

[146] 原毅军, 刘浩. 中国制造业服务外包与服务业劳动生产率的提升 [J]. 中国工业经济, 2009, (05): 67—76.

[147] 张丹, 陈乐一. 环境规制、产业结构升级与经济波动——基于动态面板门槛模型的实证研究 [J]. 环境经济研究, 2019, 4 (02): 92—109.

[148] 张江洋, 袁晓玲. 能源扭曲对全要素生产率的影响及对策研究 [J]. 经济问题探索, 2015, (11): 63—71.

[149] 张杰, 周晓艳, 李勇. 要素市场扭曲抑制了中国企业 R&D? [J]. 经济研究, 2011, 46 (08): 78—91.

[150] 张杰, 周晓艳, 郑文平, 等. 要素市场扭曲是否激发了中国企业

出口 [J]. 世界经济, 2011, 34 (08): 134—160.

[151] 张秋菊, 朱钟棣. 跨国外包的承接与我国技术进步关系的实证分析——基于 VECM 的长, 短期因果关系检验 [J]. 世界经济研究, 2008, (06): 74—79.

[152] 张少华, 张天华. 企业规模分布"中间迷失"现象研究进展 [J]. 经济学动态, 2017, (04): 142—150.

[153] 张少辉, 余泳泽. 土地出让、资源错配与全要素生产率 [J]. 财经研究, 2019, 45 (02): 73—85.

[154] 张曙光, 程炼. 中国经济转轨过程中的要素价格扭曲与财富转移 [J]. 世界经济, 2010, 33 (10): 3—24.

[155] 张天华, 邓宇铭. 开发区、资源配置与宏观经济效率——基于中国工业企业的实证研究 [J]. 经济学 (季刊), 2020, 19 (04): 1237—1266.

[156] 张向达, 吕阳. 中国自然资源价格扭曲现象研究 [J]. 财政研究, 2006, (09): 34—37.

[157] 张小蒂, 孙景蔚. 基于垂直专业化分工的中国产业国际竞争力分析 [J]. 世界经济, 2006, (05): 12—21.

[158] 张艳芳, 付一夫, 夏宜君, 等. 能源消费困境: 促进工业增长与阻碍结构调整并存——生产要素贡献和能源强度分解双重视角的实证分析 [J]. 西部论坛, 2017, 27 (04): 93—104.

[159] 张屹山, 胡茜. 要素质量、资源错配与全要素生产率分解 [J]. 经济评论, 2019, (01): 61—74.

[160] 张钟文, 陈永伟, 许宪春. 国内外关于资源错配的研究观点述评 [J]. 经济纵横, 2016, (5): 124—128.

[161] 赵志耘, 吕冰洋. 资本流动、资本供给和区域经济不平衡发展 [J]. 中国软科学, 2007, (12): 152—160.

[162] 赵志耘, 吕冰洋. 政府生产性支出对产出-资本比的影响——基于中国经验的研究 [J]. 经济研究, 2005, (11): 46—56.

[163] 赵自芳, 史晋川. 中国要素市场扭曲的产业效率损失——基于 DEA 方法的实证分析 [J]. 中国工业经济, 2006, (10): 40—48.

[164] 郑洁, 付才辉. 企业自生能力与环境污染: 新结构经济学视角 [J]. 经济评论, 2020, (01): 49—70.

[165] 郑世林. 中国电力体制改革与电网企业生产率 [J]. 产业经济评

论，2021，(03)：5—18.

［166］郑玉，郑江淮，王高凤．国际生产分割生产率效应的空间溢出——基于跨国空间面板杜宾模型的实证分析［J］．产业经济研究，2017，(06)：103—116.

［167］郑照宁，刘德顺．考虑资本—能源—劳动投入的中国超越对数生产函数［J］．系统工程理论与实践，2004，(05)：51—54.

［168］钟昌标，黄远浙，刘伟．外商直接投资最佳行业渗透水平——基于溢出效应视角的实证分析［J］．南开经济研究，2013，(06)：19—36.

［169］钟廷勇，安烨．要素错配与全要素生产率损失前沿文献评述［J］．税务与经济，2014，(02)：25—30.

［170］周杰琦，夏南新，梁文光．外资节能技术溢出、要素市场扭曲与能源效率［J］．华东经济管理，2018，32（10）：34—44.

［171］周杰琦，徐国祥．全球化对绿色经济增长是“诅咒”还是“福音”？——基于要素市场扭曲视角的分析［J］．财贸研究，2020，31（08）：14—27.

［172］周倩玲，方时姣．地区能源禀赋、企业异质性和能源效率——基于微观全行业企业样本数据的实证分析［J］．经济科学，2019，(02)：66—78.

［173］朱喜，史清华，盖庆恩．要素配置扭曲与农业全要素生产率［J］．经济研究，2011，46（05）：86—98.

［174］Ackerberg D A, Caves K, Frazer G. Identification properties of recent production function estimators［J］. Econometrica, 2015, 83（6）: 2411 - 2451.

［175］Adamopoulos T, Restuccia D. The size distribution of farms and international productivity differences［J］. American Economic Review, 2014, 104（6）: 1667 - 1697.

［176］Aghion P, Burgess R, Redding S J, et al. The unequal effects of liberalization: Evidence from dismantling the License Raj in India［J］. American Economic Review, 2008, 98（4）: 1397 - 1412.

［177］Aghion P, Howitt P. A model of growth through creative destruction［J］. Econometrica, 1992, 60（2）: 323 - 351.

［178］Alcalá F, Ciccone A. Trade and productivity［J］. The Quarterly journal of economics, 2004, 119（2）: 613 - 646.

［179］Alfaro L, Chari A, Kanczuk F. The real effects of capital controls: Firm -

level evidence from a policy experiment [J]. Journal of International Economics, 2017, 108: 191 -210.

[180] Alonso - Ortiz, Jorge, Leal, et al. Cross - Subsidies, and the elasticity of informality to social expenditures: The case of Mexico's Seguro popular [J]. Review of income and wealth: Journal of the international association for research in income and wealth, 2018, 64 (2): 482 -512.

[181] Alvarez F, Shimer R. Search and rest unemployment [J]. NBER Working Papers, 2008, NO. 13772.

[182] Amiti M, Wei S J. Service offshoring, productivity, and employment: Evidence from the United States [J]. IMF Working Papers, 2006, 05 (238): 5475.

[183] Antweiler, Werner, Trefler, et al. Increasing returns and all that: A view from trade [J]. American Economic Review, 2002, 92 (1): 93 -119.

[184] Arellano M, Bover O. Another look at the instrumental variable estimation of error - components models [J]. Journal of Econometrics, 1995, 68 (1): 29 -52.

[185] Asker J, Collard - Wexler A, De Loecker J. (Mis) allocation, market power, and global oil extraction [J]. American Economic Review, 2019, 109 (4): 1568 -1615.

[186] Asker J, Collard - Wexler A, De Loecker J. Dynamic inputs and resource (mis) allocation [J]. Journal of Political Economy, 2014, 122 (5): 1013 - 1063.

[187] Attanasio O P, Kaufmann K M. Education choices and returns on the labor and marriage markets: Evidence from data on subjective expectations [J]. Journal of Economic Behavior & Organization, 2017, 140: 35 -55.

[188] Baily M N, Lawrence R Z. Do we have a new e - conomyo [J]. The American economic review, 2001, 91: 308 -312.

[189] Banerjee A V, Duflo E. Growth Theory Through the lens of development economics [J]. Social Science Electronic Publishing, 2005, 1 (05): 473 -552.

[190] Banerjee A V, Esther D, Kaivan M. The (Mis) Allocation of capital [J]. Journal of the European Economic Association, 2011 (2 -3): 484 -494.

[191] Banerjee A V, Munshi K. How efficiently is capital allocated? Evi-

dence from the Knitted Garment Industry in Tirupur [J]. Review of Economic Studies, 2004, 71 (1): 19 -42.

[192] Banerjee A V, Duflo E, Munshi K. The (mis) allocation of capital [J]. Journal of the European Economic Association, 2003, 1 (3): 484 -494.

[193] Banerjee A V, Moll B. Why does misallocation persist? [J]. American Economic Journal: Macroeconomics, 2010, 2 (1): 189 -206.

[194] Banerjee A, Munshi K. How efficiently is capital allocated? Evidence from the knitted garment industry in Tirupur [J]. The Review of Economic Studies, 2004, 71 (1): 19 -42.

[195] Baron D P, Besanko D. Regulation and information in a continuing relationship [J]. Information Economics & Policy, 1984, 1 (3): 267 -302.

[196] Bartelsman E, Haltiwanger J, Scarpetta S. Cross - country differences in productivity: The role of allocation and selection [J]. American economic review, 2013, 103 (1): 305 -334.

[197] Bello O D, Blyde J S, Restuccia D. Venezuela's growth experience [J]. Latin American Journal of Economics, 2011, 48 (2): 199 -226.

[198] Bento P, Restuccia D. Misallocation, establishment size, and productivity [J]. American Economic Journal: Macroeconomics, 2017, 9 (3): 267 - 303.

[199] Bhagwati J N. Lobbying and welfare [J]. Journal of Public Economics, 1980, 14 (3): 355 -363.

[200] Bhagwati J N. Optimal policies and immiserizing growth [J]. American Economic Review, 1969, 59 (5): 967 -970.

[201] Blundell R, Bond S. Initial conditions and moment restrictions in dynamic panel data models [J]. Journal of Econometrics, 1998, 87 (1): 115 - 143.

[202] Bond E W, Crucini M J, Potter T, et al. Misallocation and productivity effects of the Smoot - Hawley tariff [J]. Review of Economic Dynamics, 2013, 16 (1): 120 -134.

[203] Buera F J, Oberfield E. The global diffusion of ideas [J]. Econometrica, 2020, 88 (1): 83 -114.

[204] Buera, Francisco, J., et al. Financial frictions and the persistence of

history: A quantitative exploration [J]. Journal of Political Economy, 2013, 121 (2): 221 - 272.

[205] Bustos P. Trade liberalization, exports, and technology upgrading: Evidence on the impact of Mercosur on Argentinian firms [J]. American economic review, 2011, 101 (1): 304 - 340.

[206] Caner M, Hansen B E. Instrumental variable estimation of a threshold model [J]. Econometric Theory, 2004, 20 (5): 813 - 843.

[207] Cao K H, Birchenall J A. Agricultural productivity, structural change, and economic growth in post - reform China [J]. Journal of Development Economics, 2013, 104 (3): 165 - 180.

[208] Chen, Fu, Wedge, et al. Uncertainty of capital productivity and declining discount rates [J]. Applied Economics Letters, 2019, 26 (21): 1779 - 1784.

[209] De Loecker J, Eeckhout J, Unger G. The rise of market power and the macroeconomic implications [J]. The Quarterly Journal of Economics, 2020, 135 (2): 561 - 644.

[210] De Loecker J, Goldberg P K, Khandelwal A K, et al. Prices, markups, and trade reform [J]. Econometrica, 2016, 84 (2): 445 - 510.

[211] Dickens W T, Lang K. A test of dual labor market theory [J]. The American Economic Review, 1985, 75 (4): 792 - 805.

[212] Dollar D, Wei S J. Das (Wasted) Kapital: Firm ownership and investment efficiency in China [J]. NBER Working Papers, 2007. https: //doi. org/10. 3386/w13103.

[213] Du L, He Y, Yan J. The effects of electricity reforms on productivity and efficiency of China's fossil - fired power plants: An empirical analysis [J]. Energy Economics, 2013, 40 (11): 804 - 812.

[214] Du L, Mao J, Shi J. Assessing the impact of regulatory reforms on China's electricity generation industry [J]. Energy Policy, 2009, 37 (2): 712 - 720.

[215] Dunning J H. Location and the multinational enterprise: A neglected factor? [J]. Journal of International Business Studies, 1998, 29 (1): 45 - 66.

[216] Epifani P, Gancia G A. Trade, migration and regional unemployment [J]. Regional Science and Urban Economics, 2005, 35 (6): 625 - 644.

[217] Epifani P, Gancia G. Trade, markup heterogeneity and misallocations [J]. Journal of International Economics, 2011, 83 (1): 1 - 13.

[218] Eslava M, Haltiwanger J, Kugler A D, et al. The Effect of Structural Reforms on Productivity and Profitability Enhancing Reallocation: Evidence from Colombia [J]. Journal of Development Economics, 2004, 75 (2): 333 - 371.

[219] Fare R, Grosskopf S, Norris M, et al. Productivity growth, technical progress, and efficiency change in industrialized countries [J]. American Economic Review, 1994, 84 (1): 66 - 83.

[220] Figura A, Barnichon R. The effects of unemployment benefits on unemployment and labor force participation: Evidence from 35 years of benefits extensions [J]. Finance & Economics Discussion, 2014, 19 (1): 59 - 72.

[221] Foster L, Haltiwanger J C, Krizan C J. Aggregate productivity growth: Lessons from microeconomic evidence [M]. New Developments in Productivity Analysis, National Bureau of Economic Research, Inc. , 2001, 303 - 372.

[222] Foster L, Haltiwanger J, Syverson C. Reallocation, firm turnover, and efficiency: selection on productivity or profitability? [J]. American Economic Review, 2008, 98 (1): 394 - 425.

[223] Gamtessa S, Olani A B. Energy price, energy efficiency, and capital productivity: Empirical investigations and policy implications [J]. Energy Economics, 2018, 72: 650 - 666.

[224] Gao H, Biesebroeck J V. Effects of deregulation and vertical unbundling on the performance of China's electricity generation sector [J]. The Journal of Industrial Economics, 2014, 62 (1): 41 - 76.

[225] Goerg H, Hanley A. International outsourcing and productivity: evidence from the Irish electronics industry [J]. North American Journal of Economics & Finance, 2005, 16 (2): 255 - 269.

[226] Gopinath G, Kalemli - özcan Ş, Karabarbounis L, et al. Capital allocation and productivity in South Europe [J]. The Quarterly Journal of Economics, 2017, 132 (4): 1915 - 1967.

[227] Greenwood J, Jovanovic B. Financial development, growth, and the distribution of income [J]. Journal of political Economy, 1990, 98 (5): 1076 - 1107.

[228] Griliches Z, Regev H. Firm productivity in Israeli industry 1979 - 1988 [J]. Journal of Econometrics, 1995, 65 (1): 175 -203.

[229] Grossman G M, Rossi - Hansberg E. Task Trade between similar countries [J]. Econometrica, 2012, 80 (2): 593 -629.

[230] Grossman, Gene M, Helpman, et al. Integration versus outsourcing in industry equilibrium [J]. The Quarterly Journal of Economics, 2006, 117 (1): 85 - 120.

[231] Guner N, Ventura G, Xu Y. Macroeconomic implications of size - dependent policies [J]. Review of Economic Dynamics, 2008, 11 (4): 721 -744.

[232] Ha J, Howitt P. Accounting for trends in productivity and R&D: A schumpeterian critique of semi - endogenous growth theory [J]. Journal of Money, Credit and Banking, 2007, 39 (4): 733 -774.

[233] Hansen B E. Sample splitting and threshold estimation [J]. Econometrica, 2000, 68 (3): 575 -603.

[234] Hayashi F, Prescott E C. The 1990s in Japan: A lost decade [J]. Review of Economic Dynamics, 2002, 5 (1): 206 -235.

[235] Hobijn C B. Technology diffusion and postwar growth [J]. Social Science Electronic Publishing, 2011, 25 (1): 209 -246.

[236] Hopenhayn H A. Exit, selection, and the value of firms [J]. Journal of Economic Dynamics and Control, 1992, 16 (3 -4): 621 -653.

[237] Hopenhayn H A. Firms, misallocation, and aggregate productivity: A review [J]. Annual Review of Economics, 2014, 6 (1): 735 -770.

[238] Howitt, Peter. Endogenous growth and Cross - Country income differences [J]. American Economic Review, 2000, 90 (4): 829 -846.

[239] Hsieh C, Klenow P J. Relative prices and relative prosperity [J]. American Economic Review, 2007, 97 (3): 562 -585.

[240] Hsieh C, Klenow P J. Misallocation and manufacturing TFP in China and India [J]. The Quarterly journal of economics, 2009, 124 (4): 1403 -1448.

[241] Inklaar R, Lashitew A A, Timmer M P. The role of resource misallocation in cross - country differences in manufacturing productivity [J]. Macroeconomic Dynamics, 2017, 21 (3): 733 -756.

[242] Just R E, Schmitz A, Zilberman D. Technological change in agriculture

[J]. Science, 1979, 206 (4424): 1277 - 1280.

[243] Kalemli - Ozcan S, Sørensen B E. Misallocation, property rights, and access to finance: Evidence from within and across Africa [M]. Chicago: University of Chicago Press, 2014: 183 - 211.

[244] Klenow P J, Rodriguez - Clare A. Externalities and growth [J]. Social Science Electronic Publishing, 2006, 1 (05): 817 - 861.

[245] Klenow P, Rodríguez - Clare A. The Neoclassical revival in growth economics: Has it gone too far? [J]. NBER working paper. 1997, 12 (12): 73 - 103.

[246] Kremer S, Bick A, Nautz D. Inflation and growth: new evidence from a dynamic panel threshold analysis [J]. Empirical Economics, 2013, 44 (2): 861 - 878.

[247] Laffont J J, Tirole J. The regulation of multiproduct firms: Part Ⅱ: Applications to competitive environments and policy analysis [J]. Journal of Public Economics, 2004, 43 (1): 37 - 66.

[248] Lagos R. A model of TFP [J]. The Review of Economic Studies, 2006, 73 (4): 983 - 1007.

[249] Levinsohn J, Petrin A. Estimating production functions using inputs to control for unobservables [J]. The Review of Economic Studies, 2003, 70 (2): 317 - 341.

[250] Lileeva A, Trefler D. Improved access to foreign markets raises plant - level productivity [J]. The Quarterly Journal of Economics, 2010, 125 (13297): 1051 - 1099.

[251] Lin B, Chen Z. Does factor market distortion inhibit the green total factor productivity in China? [J]. Journal of Cleaner Production, 2018, 197: 25 - 33.

[252] Lin J Y. Rural reforms and agricultural growth in China [J]. American Economic Review, 1992, 82 (1): 34 - 51.

[253] Lucas R E. Unemployment policy [J]. American Economic Review, 1978, 68 (2): 353 - 357.

[254] Lucas R E. Why Doesn't capital flow from rich to poor countries? [J]. The American Economic Review, 1990, 80 (2): 92 - 96.

[255] Medlock K B, Jaffe A M, O'sullivan M. The global gas market, LNG

exports and the shifting US geopolitical presence [J]. Energy Strategy Reviews, 2014, 5: 14 - 25.

[256] Meier G M. The old generation of development economists and the new [J]. The Quarterly Journal of Economics, 1897, 11 (2): 115 - 135.

[257] Melikoglu M. Shale gas: Analysis of its role in the global energy market [J]. Renewable and Sustainable Energy Reviews, 2014, 37: 460 - 468.

[258] Melitz M J. The impact of trade on intra - industry reallocations and aggregate industry productivity [J]. Econometrica, 2003, 71 (6): 1695 - 1725.

[259] Melitz M J, Ottaviano G I. Market size, trade, and productivity [J]. The Review of Economic Studies, 2008, 75 (1): 295 - 316.

[260] Midrigan V, Xu D Y. Finance and misallocation: Evidence from plant - level data [J]. American Economic Review, 2014, 104 (2): 422 - 458.

[261] Mu X, Ye H. Towards an integrated spot LNG market: An interim assessment [J]. Energy Journal, 2018, 39 (1): 211 - 233.

[262] Olley G S, Pakes A. The dynamics of productivity in the telecommunications equipment industry [J]. Econometrica, 1996, 64 (6): 1263 - 1297.

[263] Pack A H, Saggi B K. Vertical technology transfer via international outsourcing [J]. Journal of Development Economics, 2001, 65 (2): 389 - 415.

[264] Pavcnik G N. Trade reforms and wage inequality in Colombia [J]. Journal of Development Economics, 2004, 74 (2): 331 - 366.

[265] Peng J, Xiao J, Wen L, et al. Energy industry investment influences total factor productivity of energy exploitation: A biased technical change analysis [J]. Journal of Cleaner Production, 2019, 237. https: //doi. org/10. 1016/j. jclepro. 2019. 117847.

[266] Peng J, Xiao J, Zhang L, et al. The impact of China's 'Atmosphere Ten Articles' policy on total factor productivity of energy exploitation: Empirical evidence using synthetic control methods [J]. Resources Policy, 2020, 65. https: // doi. org/10. 1016/j. resourpol. 2019. 101544.

[267] Piketty T, Saez E. Income Inequality in the United States, 1913 - 1998 [J]. The Quarterly Journal of Economics, 2003, 118 (1): 1 - 39.

[268] Restuccia D, Rogerson R. The causes and costs of misallocation [J]. Journal of Economic Perspectives, 2017, 31 (3): 151 - 174.

[269] Restuccia D, Rogerson R. Policy distortions and aggregate productivity with heterogeneous establishments [J]. Review of Economic dynamics, 2008, 11 (4): 707 -720.

[270] Sah R K, Stiglitz J E. The social cost of labor and project evaluation: A general approach [J]. Journal of Public Economics, 1985, 28 (2): 135 -163.

[271] Skoorka B M. Measuring market distortion: international comparisons, policy and competitiveness [J]. Applied Economics, 2000, 32 (3): 253 -264.

[272] Solow R M. A contribution to the theory of economic growth [J]. The Quarterly Journal of Economics, 1956, 70 (1): 65 -94.

[273] Song Z, Storesletten K, Zilibotti F. Rotten parents and disciplined children: A politico - economic theory of public expenditure and debt [J]. Econometrica, 2012, 80 (6): 2785 -2803.

[274] Srholec M. High - Tech exports from developing countries: A symptom of technology spurts or statistical illusion? [J]. Review of World Economics, 2007, 143 (2): 227 -255.

[275] Sven, W. , Arndt. Super - specialization and the gains from trade [J]. Contemporary Economic Policy, 1998, 16 (4): 480 -485.

[276] Syrquin M. Resource reallocation and productivity growth [J]. Economic Structure and Performance, 1984: 75 -101.

[277] Tombe T, Winter J. Environmental policy and misallocation: The productivity effect of intensity standards [J]. Journal of Environmental Economics and Management, 2015, 72: 137 -163.

[278] Uras B R. Corporate financial structure, misallocation and total factor productivity [J]. Journal of Banking & Finance, 2014, 39: 177 -191.

[279] Wooldridge J M. On estimating firm - level production functions using proxy variables to control for unobservable [J]. Economics Letters, 2009, 104 (3): 112 -114.

[280] Wooldridge J M. Estimating systems of equations with different instruments for different equations [J]. Journal of Econometrics, 1996, 74 (2): 387 -405.

[281] Wu G L. Capital misallocation in China: Financial frictions or policy distortions? [J]. Journal of Development Economics, 2018, 130: 203 -223.

[282] Xu B. Multinational enterprises, technology diffusion, and host country productivity growth [J]. Journal of Development Economics, 2000, 62 (2): 477 - 493.

[283] Yang M, Yang F, Sun C. Factor market distortion correction, resource reallocation and potential productivity gains: An empirical study on China's heavy industry sector [J]. Energy Economics, 2018, 69: 270 - 279.

[284] Yang X. A microeconomic approach to modeling the division of labor based on increasing returns to specialization [D]. Michigan: Princeton University, 1988.

[285] Zhao X, Lyon T P, Song C. Lurching towards markets for power: China's electricity policy 1985 - 2007 [J]. Applied Energy, 2012, 94: 148 - 155.

[286] Zhuang J. Estimating distortions in the Chinese economy: a general equilibrium approach [J]. Economica, 1996: 543 - 568.

[287] Ziebarth N L. Are China and India Backwards? Evidence from the 19th Century U. S. Census of Manufactures [J]. Review of Economic Dynamics, 2013, 16 (1): 86 - 99.

附录

A　国民经济能源行业分类及代码

门类	大类	中类	小类	类别名称	1998－2002 代码对照说明	
B				采矿业		
	6			煤炭开采和洗选业		
		61	610	烟煤和无烟煤开采洗选	610 620	变更/合并
		62	620	褐煤开采洗选	610	变更/分解
		69	690	其他煤炭采选	610	新增/分解
	7			石油和天然气开采业		
		71	710	石油开采	0710/0720 0730	合并
		72	720	天然气开采	0710	分解
	11			开采辅助活动		
		111	1110	煤炭开采和洗选辅助活动		
		112	1120	石油和天然气开采辅助活动		
		119	1190	其他开采辅助活动		
C				制造业		
	25			石油加工、炼焦和核燃料加工业		
		251		精炼石油产品制造		
			2511	原油加工及石油制品制造	2520/2530	合并
			2512	人造原油制造	2510	

续表

门类	大类	中类	小类	类别名称	1998 - 2002 代码对照说明	
C		252	2520	炼焦	2570	
		253	2530	核燃料加工	2676/3349 3387	新增
D				电力、热力、燃气生产和供应业		
	44			电力、热力生产和供应业		
		441		电力生产		
			4411	火力发电	4411	
			4412	水力发电	4412	
			4413	核力发电	4413	
			4419	其他电力生产	4419	
		442	4420	电力供应	4420	
		443	4430	热力生产和供应	4430	
	45			燃气生产和供应业		

注：B 代表采矿业；C 代表制造业；D 代表电力、热力、燃气及水生产和供应业。

B 章节代码

附录 B - 1 第 4 章 Stata 代码

```
******************************************************************
******************************** 第四章 ***************************
******************************************************************
cd D:\论文\博士论文相关资料\博士论文部分章节\筛选能源工业企业数据
use 非平衡能源行业工业企业数据 1998 - 2014. dta, clear
******************************************************************
encode industry_code, gen (hangye)   //包含字母字符型数据转为数值型
******************************************************************
```

```
destring area_code6,replace          //字符型转为数值型
****************************************************************
*定义非平衡面板命令
duplicates drop id year, force       //避免同一个个体出现了2个相同的时间的数据
tsset id year
****************************************************************
*面板数据均值补齐方法
replace employ_mean = (l.employ_mean + f.employ_mean)/2 if employ_mean == .
replace employ_mean = (l.employ_mean + f.employ_mean)/2 if employ_mean == 0
****************************************************************
************************** 筛选步骤 **************************
*step1:剔除了关键指标,例如总资产、职工人数、工业总产值、固定资产净值和销售额缺失的关键词职工人数小于8;利润率高于99% *
drop if employ_mean <8               //删除职工人数小于8
drop if employ_mean = = .            //删除职工人数缺失值
drop if fixed_asset = = .            //删除总资产效缺失值
drop if value_current = = .          //删除工业总产值缺失值
drop if value_sale = = .             //删除销售收入缺失值
drop if capital < =0                 //实收资本小于或等于0
*step2:不满足“规模以上”标准的观测值,规模以上要求企业每年的主营业务收入也就是销售额在500万元及其以上
drop if f143 <2000                   //删除2011年主营业务收入为2000万以下
*step3:总资产小于流动资产,总资产小于固定资产净值或累计折旧小于当期折旧的观测值
drop if asset < current_asset    //删除总资产小于流动资产
drop if depreciation_tot < depreciation_current    //删除累计折旧小于当期折旧
*step4:他们提出了关键指标的极端值,缩尾前后各0.5% *
drop if fixed_asset < =0
****************************************************************
******************************** TFP - OP ***********************
*变量选取:1. 被解释变量 y_add:工业增加值
```

```
*        2. 解释变量    劳动力 labor,资本 capital,投资 invest
*        3. 企业是否退出 exit
gen lny = log( value_add_new)
gen lnk = log( capital1 )
gen lnl = log( labor)
gen lninv = log( invest)
opreg lny, exit( exit) state( lnk) proxy( lninv) free( lnl) cvars( year) vce( boot-
strap, seed(1) rep(10))
gen tfp_op = lny - _b[ lnl] *lnl - _b[ lnk] *lnk
est store mop
sum tfp_op
********************************* TFP - LP ***************************
* lnzjtr 为购买商品、接受劳务支付的现金(千元)
levpet lny, free(lnl) proxy(lnzjtr) capital(lnk) i(id) t(year)
est store mlp
predict tfp,omega
gen lntfp_lp = ln(tfp)
********************************* TFP - FE ***************************
xtreg lny lnl lnk lninter,fe
est store mfe
gen lntfp_fe = lnzjz - _b[lnlabor] * lnlabor - _b[lncapital] * lncapital -_b[lnz-
jtr] * lnzjtr
summarize lntfp_fe
********************************* TFP - WRDG *************************
prodest lny, method(wrdg) free(lnl) proxy(lninter) state(lnk) valueadded id(id)
t(year) poly(2)
est store mwrdg
predict tfp_wrdg,resid
********************************* TFP - ACF **************************
* Robust standard errors using investment as proxy
gen age = year - open_year
drop if age <0
```

```
sum age
acfest lny, free(lnl) proxy(lninv) state(lnk age) robust invest
est store macf
predict tfp_acf, omega
* Value - added case and estimates of omega (after predict)
acfest lny, free(lnl) proxy(lnzjtr) state(lnk age) va second
predict tfp_acf, omega
sum lntfp_lp tfp_op lntfp_fe tfp_wrdg tfp_acf tfp_acf_ro
cor lntfp_lp tfp_op lntfp_fe tfp_wrdg tfp_acf tfp_acf_ro
**************************** TFP 回归结果可视化 *********************
coefplot ///
    (macfa, label("m1")), mcolor(black) msize(vsmall) by label("(a) ACF")|| ///
    (macfb, label("m2")), mcolor(black) msize(vsmall) by label("(b) OP")|| ///
    (macfc, label("m3")), mcolor(black) msize(vsmall) by label("(c) LP")|| ///
    (macfd, label("m4")), mcolor(black) msize(vsmall) by label("(d) WRDG")|| ///
    (macf6, label("m6")),  by label("(06) ACF")|| /// *以下分行业计算 TFP(未展示)
    (macf7, label("m7")),  by label("(07) ACF")|| ///
    (macf25, label("m25")), by label("(25) ACF")|| ///
    (macf44, label("m44")), by label("(44) ACF")|| ///
    (macf45, label("m45")), by label("(45) ACF")||, ///
    drop(_cons exit lninv year lninter) byopts(xrescale) ///
    ciopts(recast(rcap)) scheme(plotplain)
**************************************************************
***************************** TFP - 峰度偏度检验 *********************
*缩尾处理:参与回归和描述性统计均需缩尾处理,其他变量的缩尾处理方法参照该命令
winsor2 tfp_acf, replace cuts(1 99)
```

```
sktest tfp_acf
sktest tfp_op
sktest lntfp_lp
sktest tfp_wrdg
******************************************************************
*************************** TFP - 损失系数 **************************
************************** TFP - 损失百分位 90/10 ********************
bysort year city industry4_code:egen p10 = pctile(tfp_acf),p(10)
bysort year city industry4_code:egen p90 = pctile(tfp_acf),p(90)
gen mistfp_9010 = p90 - p10
duplicates drop year city industry4_code, force //删除重复四位数
save mistfp_acf_sd, replace
********************** 输出 TFP 损失系数描述性统计 *******************
astx mistfp_acf_sd,stat(mean median sd min max) ///
                  by(industry4_code) //四位数分类
astx mistfp_acf_sd,stat(mean median sd min max) ///
                  by(industry2_code) //两位数分类
astx mistfp_acf_sd,stat(mean median sd min max) by(hangye)   //行业分类
astx mistfp_acf_sd,stat(mean median sd min max) by(city)     //城市分类
astx mistfp_acf_sd,stat(mean median sd min max) by(province) //省市分类
```

附录 B-2 第 5 章 Stata 代码

```
*******************************************************************
******************************** 第五章 ***************************
*******************************************************************
clear all
set more off
graph set window fontface "Times New Roman"
set scheme s1color
use 能源 TFP 计算.dta,clear
```

```
*定义非平衡面板命令
duplicates drop id year, force  //避免同一个个体出现了2个相同的时间的数据
tsset id year
****************************************************************
******************************** LP - PK ****************************
*计算资本生产率和劳动生产率
gen PK = exp( lny/lnk)
gen LP = exp( lny/lnl)
sum PK LP
*输出LP - PK描述性统计结果
astx PK,stat( mean median sd min max cv tstat) by( industry4_code)//四位代码分类
astx LP,stat( mean median sd min max cv tstat) by( industry4_code)//两位代码分类
****************************************************************
*************************** 要素扭曲描述性统计 ********************
* distK/distL/tao 处理方式类似
astx distk_acf,stat( mean median sd min max tstat) ///
            by( industry4_code) //四位代码
astx distk_acf,stat( mean median sd min max tstat) ///
            by( industry2_code) //两位代码
astx distk_acf,stat( mean median sd min max tstat) ///
            by( hangye)           //行业门类
astx distk_acf,stat( mean median sd min max tstat) ///
            by( province_code) //省市分类
astx distk_acf,stat( mean median sd min max tstat) ///
            by( city_code)      //城市分类
astx distk_acf,stat( mean median sd min max tstat) ///
            by( year)           //年份均值
****************************************************************
****************************** 回归分析 *************************
global xlist " AGE EXPORT ROE TOBIN SHORTL LONGL FDI SCALE division via-
```

```
bility"
global dlist "distk distl distk2 distl2"
sum tfp_acf $dlist $xlist
xtreg mistfp_acf_sd $dlist, fe
est store mfe
xtreg mistfp_acf_sd $dlist $xlist, fe
est store mfevar
xtreg mistfp_acf_sd $dlist $xlist i.year, fe
est store mfeyear

************************ 稳定性使用一阶差分 **********************
gen dmistfp_acf_sd = d.mistfp_acf_sd
xtreg dmistfp_acf_sd $dlist, fe
est store mfed
xtreg dmistfp_acf_sd $dlist $xlist, fe
est store mfevard
xtreg dmistfp_acf_sd $dlist $xlist i.year, fe
est store mfeyeard
outreg2 [mfe mfevar mfeyear mfed mfevard mfeyeard] using file1, word replace

**************************** 内生性分析 **************************
* 内生性分析:mistfp_acf_sd 一阶/二阶/三阶做工具变量
* 一阶
xtreg mistfp_acf_sd l.mistfp_acf_sd $dlist, fe
est store mfel1
xtreg mistfp_acf_sd l.mistfp_acf_sd $dlist $xlist, fe
est store mfevarl1
xtreg mistfp_acf_sd l.mistfp_acf_sd $dlist $xlist i.year,fe
est store mfeyearl1
* 二阶
xtreg mistfp_acf_sd l2.mistfp_acf_sd $dlist,fe
est store mfel2
```

```
xtreg mistfp_acf_sd l2. mistfp_acf_sd $ dlist $ xlist, fe
est store mfevarl2
xtreg mistfp_acf_sd l2. mistfp_acf_sd $ dlist $ xlist i. year,fe
est store mfeyearl2
*三阶
xtreg mistfp_acf_sd l3. mistfp_acf_sd $ dlist,fe
est store mfel3
xtreg mistfp_acf_sd l3. mistfp_acf_sd $ dlist $ xlist , fe
est store mfevarl3
xtreg mistfp_acf_sd l3. mistfp_acf_sd $ dlist $ xlist i. year,fe
est store mfeyearl3
outreg2 [ mfel1 mfevarl1 mfeyearl1 mfel2 mfevarl2 mfeyearl2 mfel3 mfevarl3
mfeyearl3 ] using file2, word replace

******************************************************************
*************************** 引入市场势力 ************************
******************************************************************
gen lernerdistk = distk * lerner
gen lernerdistl = distl * lerner
xtreg mistfp_acf_sd lerner $ dlist lernerdistk,fe
est store mfellernerk
xtreg mistfp_acf_sd lerner $ dlist lernerdistk $ xlist i. year,fe
est store mfeyearlernerk
xtreg mistfp_acf_sd lerner $ dlist lernerdistl,fe
est store mfellernerl
xtreg mistfp_acf_sd lerner $ dlist lernerdistl $ xlist i. year,fe
est store mfeyearlernerl
xtreg mistfp_acf_sd lerner $ dlist lernerdistk lernerdistl,fe
est store mfellernerkl
xtreg mistfp_acf_sd lerner $ dlist lernerdistk lernerdistl $ xlist i. year,fe
est store mfeyearlernerkl
outreg2 [mfellernerk mfeyearlernerk mfellernerl mfeyearlernerl mfellernerkl mfeyear-
```

```
lernerkl] using file3, word replace
*****************************************************************
*************************** 固定效应反事实估计 ********************
fect mistfp_acf_sd, treat(treated) unit(id) time(year)
                            cov(lerner distk distl) se method("mc") ///
                            lambda(0.004) placeboTest nboots(100)
fect mistfp_acf_sd, treat(treated) unit(id) time(year)        ///
                            cov(distk distl) method("ife") r(2) se nboots(100)
fect mistfp_acf_sd, treat(treated) unit(id) time(year)       ///
                            cov(distk distl) method("both") r(4) nlambda(15)
*****************************************************************
******************************** 增长核算 ************************
* ACF 计算的劳动弹性为 0.487,资本弹性系数为 0.332
gen deltal = lnl - l.lnl
gen deltak = lnk - l.lnk
gen deltay = lny - l.lny
gen deltatfp_acf = tfp_acf - l.tfp_acf
gen zengzhanghesuanl = 0.487 * (deltal/deltay)
gen zengzhanghesuank = 0.332 * (deltak/deltay)
gen zengzhanghesuantfp = deltatfp_acf/deltay
astx zengzhanghesuantfp,stat(mean median sd tstat) ///
                        by(industry4_code) //四位数
astx zengzhanghesuantfp,stat(mean median sd tstat) ///
                        by(industry2_code) //两位数
astx zengzhanghesuantfp,stat(mean median sd tstat) ///
                        by(hangye)          //行业
astx zengzhanghesuantfp,stat(mean median sd tstat) ///
                        by(province_code)   //省市
astx zengzhanghesuantfp,stat(mean median sd tstat) ///
                        by(city_code)       //城市
astx zengzhanghesuantfp,stat(mean median sd tstat) ///
                        by(year)            //年份
```

附录 B-3 第6章 Stata 代码

```
******************************************************************
******************************* 第六章 ****************************
******************************************************************
clear all
set more off
graph set window fontface "Times New Roman"
set scheme s1color
use 能源 TFP 计算.dta,clear
duplicates drop id year, force
tsset id year

*************** 总扭曲的影响 ********
xtreg mistfp_acf_sd tao tao2,fe
est store m1
xtreg mistfp_acf_sd tao tao2  $xlist,fe
est store m11
xtreg mistfp_acf_sd tao tao2 division_all,fe
est store m2
xtreg mistfp_acf_sd tao tao2 division_all  $xlist,fe
est store m21
xtreg mistfp_acf_sd tao division_sale,fe
est store m3
xtreg mistfp_acf_sd tao tao2 division_sale  $xlist,fe
est store m31
xtreg mistfp_acf_sd tao division_management,fe
est store m4
xtreg mistfp_acf_sd tao tao2 division_management  $xlist,fe
est store m41
xtreg mistfp_acf_sd tao division_account,fe
```

```
est store m5
xtreg mistfp_acf_sd tao tao2 division_account  $ xlist,fe
est store m51
xtreg mistfp_acf_sd tao division_operating,fe
est store m6
xtreg mistfp_acf_sd tao tao2 division_operating  $ xlist,fe
est store m61
outreg2 [m1 m2 m3 m4 m5 m6 m11 m21 m31 m41 m51 m61] using file4, word replace
*************************************************************************
****************************** 分要素扭曲的影响 **********************
xtreg mistfp_acf_sd  $ dlist  $ xlist,fe
est store m11fen
xtreg mistfp_acf_sd  $ dlist division_all  $ xlist,fe
est store m21fen
xtreg mistfp_acf_sd  $ dlist division_sale  $ xlist, fe
est store m31fen
xtreg mistfp_acf_sd  $ dlist division_management  $ xlist, fe
est store m41fen
xtreg mistfp_acf_sd  $ dlist division_account  $ xlist, fe
est store m51fen
xtreg mistfp_acf_sd  $ dlist division_operating  $ xlist, fe
est store m61fen
outreg2 [m11fen m21fen m31fen m41fen m51fen m61fen] using file5, word replace
*************************************************************************
******************************** 异质性分析 **************************
********************************* 分区域 ****************************
*东部地区1,中部地区2,西部地区3,东北地区4的程序方法类似,以东部地区为例:
xtreg mistfp_acf_sd  $ dlist  $ xlist if area = =1,fe
est store m11e
xtreg mistfp_acf_sd  $ dlist  $ xlist division_all if area = =1,fe
```

```
est store m21e
xtreg mistfp_acf_sd $dlist $xlist division_sale if area==1,fe
est store m31e
xtreg mistfp_acf_sd $dlist $xlist division_management if area==1,fe
est store m41e
xtreg mistfp_acf_sd $dlist $xlist division_account if area==1,fe
est store m51e
xtreg mistfp_acf_sd $dlist $xlist division_operating if area==1,fe
est store m61e
outreg2 [m11e m21e m31e m41e m51e m61e] using file6, word replace
**************************** 分行业:开采-加工 *********************
*主要分为能源开采B06、B07和能源加工C25,以能源开采为例:
xtreg mistfp_acf_sd $dlist $xlist if hangye==6|hangye==7,fe
est store m11u
xtreg mistfp_acf_sd $dlist $xlist division_all if hangye==6|hangye==7,fe
est store m21u
xtreg mistfp_acf_sd $dlist $xlist division_sale if hangye==6|hangye==7,fe
est store m31u
xtreg mistfp_acf_sd $dlist $xlist division_management ifhangye==6|hangye==7,fe
est store m41u
xtreg mistfp_acf_sd $dlist $xlist division_account if hangye==6|hangye==7,fe
est store m51u
xtreg mistfp_acf_sd $dlist $xlist division_operating if hangye==6|hangye==7,fe
est store m61u
outreg2 [m11u m21u m31u m41u m51u m61u] using file7, word replace
************************* 企业性质:国企与非国企 *******************
*主要分为国有企业ownership=1和非国有企业ownership=0,以国有企业为例:
xtreg mistfp_acf_sd $dlist $xlist if ownership==1,fe
est store m11g
xtreg mistfp_acf_sd $dlist $xlist division_all if ownership==1,fe
est store m21g
```

```
xtreg mistfp_acf_sd  $dlist  $xlist division_sale if ownership = =1,fe
est store m31g
xtreg mistfp_acf_sd  $dlist  $xlist division_management if ownership = =1,fe
est store m41g
xtreg mistfp_acf_sd  $dlist  $xlist division_account if ownership = =1,fe
est store m51g
xtreg mistfp_acf_sd  $dlist  $xlist division_operating if ownership = =1,fe
est store m61g
outreg2 [m11g m21g m31g m41g m51g m61g] using file9, word replace
```

附录 B-4　第 7 章 Stata 代码

```
*****************************************************************
****************************** 第七章 ***************************
*****************************************************************
clear all
set more off
graph set window fontface "Times New Roman"
set scheme s1color
use 能源 TFP 计算.dta,clear
duplicates drop id year, force
tsset id year
***************** 绘制变量对被解释变量的平均边际效应图示 **********
*c. lerner##c. viability
xtreg tfp_acf_mis  $dlist c. lerner##c. viability,fe
sum lerner                                //查看 lerner 大小边界,确定下面
的范围
margins,dydx(viability) at (lerner = (0.2(0.05)0.99))  //最小值(间隔)最
大值
marginsplot
*****************************************************************
xtreg mistfp_acf_sd  $dlist c. lerner##c. viability, fe
```

```
est store m1
sum lerner distk distl tao
margins,dydx( viability) at (lerner = (0. 2(0. 05)0. 99))
marginsplot,scheme(lean1)
xtreg mistfp_acf_sd d $ dlist  $ xlist c. lerner##c. viability, fe
est store m11
margins,dydx( viability) at (lerner = (0. 2(0. 05)0. 99))
marginsplot,scheme(lean1)
xtreg mistfp_acf_sd c. lerner##c. viability,fe
est store m2
margins,dydx( viability) at (lerner = (0. 2(0. 05)0. 99))
marginsplot,scheme(lean1)
xtreg mistfp_acf_sd  $ xlist c. lerner##c. viability,fe
est store m21
margins,dydx( viability) at (lerner = (0. 2(0. 05)0. 99))
marginsplot,scheme(lean1)
graph combine 无控制变量的自生能力变系数.gph 有控制变量的自生能力变系数.gph 无控制变量无扭曲的自生能力变系数.gph 有控制变量无扭曲的自生能力变系数.gph
outreg2 [m1 m2 m11 m21] using myfile4, word replace
*********************************************************************
*********************************** 异质性分析 ***************************
*********************************** 分区域 *****************************
```

东部地区(code = 1/4/7/10/12/15/17/19/20)、中部地区(code = 9/11/16/18/21/22)、西部地区(code = 2/3/6/8/13/14/23/25/26/28/29/30)、东北地区(code = 5/27/31)的分析程序一致,以东部地区为例:

```
xtreg mistfp_acf_sd distk distl distk2 distl2  $ xlist c. lerner##c. viability ///
    if province_code = = 1 | province_code = = 4 | province_code = = 7 |      ///
      province_code = = 10 | province_code = = 12 | province_code = = 15 |  ///
      province_code = = 17 | province_code = = 19 | province_code = = 20,fe
est store m11east
margins,dydx( viability) at (lerner = (0. 2(0. 05)0. 99))
```

```
marginsplot,scheme(lean1)
**************************** 合并区域边际效应 ***********************
graph combine 东部 lerner. gph 中部 lerner. gph 西部 lerner. gph 东北 lerner. gph
*******************************************************************
*********************** 下游分行业:供应与服务 ********************
火电(D4411)、水电(D4412)、核电(D4413)、其他能源(D4419)、电力供应(D4420)、燃气生产(D4510)、燃气供应(D4520)分析一致,以火电为例:
xtreg mistfp_acf_sd $dlist $xlist c. lerner##c. viability ///
        if industry4_code = =4411,fe
est store mhuodian
margins,dydx(viability) at (lerner =(0. 2(0. 05)0. 99))
marginsplot,scheme(lean1)
************************** 合并 D44 边际效应 **********************
graph combine 火电 . gph 水电 . gph 核电 . gph 其他能源 . gph 电力供应 . gph
************************** 合并 D45 边际效应 **********************
graph combine 燃气生产与供应 . gph 燃气生产 . gph 燃气供应 . gph
*******************************************************************
************************* 企业性质:国企与非国企 *****************
* 国有企业 regist_code = 110 = 120 = 130 = 141 = 142 = 143 = 151,非国有企业 regist_code = 149 = 159 = 160 = 171 = 172 = 173 = 174 = 190 = 210 = 220 = 230 = 240 =310 =320 =330 =340
xtreg mistfp_acf_sd $dlist $xlist c. lerner##c. viability ///
        if regist_code = =110|regist_code = =120|regist_code = =130| ///
          regist_code = =141|regist_code = =143|regist_code = =151, fe
est store myes
margins,dydx(viability) at (lerner =(0. 2(0. 05)0. 99))
marginsplot,scheme(lean1)
*******************************************************************
****************************** 企业规模 ************************
大型企业 scale_dummny = 1/2/3/4/5、中型 scale_dummny = 6/7/8、小型 scale_dummny =9
xtreg tfp_acf_mis $dlist $xlist c. lerner##c. viability if scale_dummny = =2|scale_
```

```
dummny = 3 | scale_dummny = = 4 | scale_dummny = = 5 , fe
est store mdaxing
margins , dydx( viability) at (lerner = (0. 2(0. 05)0. 99))
marginsplot , scheme( lean1 )
************************************************************
**************************** 稳健性检验 **********************
xtreg mistfp_acf_sd l. mistfp_acf_sd $ dlist $ xlist c. lerner##c. viability , fe
est store wenjian1
xtreg mistfp_acf_sd $ dlist $ xlist c. lerner##c. viability , fe
est store wenjian2
xtreg mistfp_acf_sd $ dlist $ xlist c. lerner##c. viability_profit , fe
est store wenjian3
xtreg mistfp_acf_sd $ dlist $ xlist c. lerner##c. viability if year < = 2008 , fe
est store wenjian4
outreg2 [wenjian1 wenjian2 wenjian3 wenjian4] using myfile11 , word replace
************************************************************
*************************** 调节效应分析 *********************
************************************************************
ssc install center
center viability lerner, prefix(c_)  //变量中心化
reg mistfp_acf_sd viability lerner $ dlist
est store step1
reg mistfp_acf_sd viability lerner c. viability#c. lerner $ dlist
est store step2
reg mistfp_acf_sd viability lerner c. c_viability#c. c_lerner $ dlist
est store step3
reg mistfp_acf_sd c_viability c_lerner c. c_viability#c. c_lerner $ dlist
est store step4
* 国有企业
reg mistfp_acf_sd c_viability c_lerner c. c_viability#c. c_lerner $ dlist
    if regist_code = = 110 | regist_code = = 120 | regist_code = = 130 | ///
      regist_code = = 141 | regist_code = = 143 | regist_code = = 151
```

```
*非国有企业
reg mistfp_acf_sd c_viability c_lerner c. c_viability#c. c_lerner  $ dlist  ///
    if regist_code = = 149 | regist_code = = 159 | regist_code = = 160 |  ///
      regist_code = = 171 | regist_code = = 172 | regist_code = = 173 |  ///
      regist_code = = 174 | regist_code = = 190 | regist_code = = 210 |  ///
      regist_code = = 220 | regist_code = = 230 | regist_code = = 240 |  ///
      regist_code = = 310 | regist_code = = 320 | regist_code = = 330 | regist_code =
= 340
**************************** 调节效应绘图 *************************
reg mistfp_acf_sd viability lerner c. c_viability #c. c_lerner  $ dlist, r
est sto M3
*分别计算调节变量和自变量均值加减一个标准差
foreach j of var lerner viability {
        summarize `j' if e(sample)
        local low_`j' = r(mean) - r(sd)
        local high_`j' = r(mean) + r(sd)
}
est restore M3
margins, at (viability = (`low_w' `high_w') lerner = (`low_x' `high_x'))
marginsplot, xtitle("自变量名") ytitle("因变量名")                          ///
              xlabel( -0.3 " " `low_w' "Low" `high_w' "High " 2.3" " ) ///
              ylabel(50(15)110, angle(0) nogrid)                          ///
              legend(position(3) col(1) stack)                            ///
              title("交互项中各变量做了中心化处理后的情形") noci
```

附录 B-5 第 8 章 Stata 代码

```
*****************************************************************
******************************* 第八章 ***************************
*****************************************************************
clear all
set more off
```

```
graph set window fontface "Times New Roman"
set scheme s1color
use 能源行业.dta,clear
duplicates drop id year, force
tsset id year
*****************************************************************
******************************* DID 方法 *************************
*规模以上工业行业 TFP 损失同样运用 ACF 方法计算,数据来自 EPS 数据库.
global xlist "EXPORT ROE Tobin TOTALL FDI COST"
gen time = (yearnew >= 2015) & !missing(yearnew)//政策执行时间为 2014.11
gen treated = (oil ==1)                  //政策执行行业为能源行业
gen did = time * treated                 //这就是需要估计的 DID 交叉项
gen policy_year =2015 if hangye ==1
gen distance =year - policy_year
tab distance, missing
***************************** 平行趋势检验 ************************
*step1: 生成 d_j,在"tab distance, missing"中发现 distance 最小值是 -17:
forvalues i =1/17 {
gen d_`i' = 0
replace d_`i' = 1 if treat == 1 & distance == -`i'
}
* step2:生成 dj,在"tab distance, missing"中发现 distance 最大值是 5:
forvalues i =1/4{
gen d`i' = 0
replace d`i' = 1 if treat == 1 & distance == `i'
}
* step3:生成 current:
gen current = 0
replace current = 1 if treat == 1 & distance == 0
```

```
*step4:回归法进行平行趋势检验:
xtreg mistfp_sd d_17 d_16 d_15 d_14 d_13 d_12 d_11 d_10 d_9 d_8 d_7 d_6 d_5
d_4 d_3 d_2 d_1 current d1 d2 d3 d4 d5, re r
est store mtest
*step5:判别方法--若 d_'i'均不显著,则表明平行趋势假设成立.
coefplot,keep(d_17 d_16 d_15 d_14 d_13 d_12 d_11 d_10 d_9 d_8 d_7 d_6 d_5 d
_4 d_3 d_2 d_1 current d1 d2 d3 d4) levels(90) vertical lcolor(black) mcolor
(black) msymbol(circle_hollow) ytitle(回归系数, size(small)) ylabel(, labsize
(small) angle(horizontal) nogrid) yline(0, lwidth(vthin) lpattern(solid) lcolor
(black)) xtitle(政策实施相对时间, size(small)) xlabel(,labsize(small)) gra-
phregion(fcolor(white) lcolor(white) ifcolor(white) ilcolor(white)) ciopts(recast
(rcap)) xline(10.5, lwidth(vthin) lpattern(solid)lcolor(black))
******************************** 回归结果 **************************
reg mistfp_sd did time treated
est store mols
xtreg mistfp_sd did time treated $xlist, fe
est store mfe
****************************** PSM-DID 方法 ***********************
set seed 0001
gen tmp = runiform()
sort tmp
psmatch2 treated $xlist, out(mistfp_sd) logit ate neighbor(1) common caliper
(.05) ties
est store treatpsm
pstest $xlist, both graph
gen common = _support
drop if common == 0
psgraph
reg mistfp_sd did time treated $xlist
est store mols_psm
xtreg mistfp_sd did time treated $xlist i.year, fe
est store mfe_psm
```

```
xtreg mistfp_sd did time treated $ xlist i. year i. id, fe
est store mfe_psmscale
outreg2 [mols mfe mols_psm mfe_psm mfe_psmscale] using file12, word replace
********************** DID 方法需要满足的条件检验 ******************
** 共同趋势假设检验
tab year, gen(yrdum)
forval v = 1/23{
gen treated'v' = yrdum'v' * treated
}
xtreg mistfp_sd did treated *  i. year ,fe
est store mfenocontrol
xtreg mistfp_sd did treated *  $ xlist i. year ,fe
est store mfecontrol
outreg2 [mols_psm mfe_psm mfenocontrol mfecontrol] using file13, word replace
** 政策干预时间的随机性
gen time1  = (year > = 2014) & ! missing(year)                //政策执行时间提前
capture drop treated1
gen treated1 = (industry2_code <25)&! missing(industry2_code) //其他行业政策执行
gen did1  = time1 * treated1
gen time2  = (year > = 2011) & ! missing(year)                //政策执行时间提前
capture drop treated2
gen treated2 = (industry2_code > =45)&! missing(industry2_code)//其他行业政策执行
gen did2  = time2 * treated2
xtreg mistfp_sd did1  $ xlist i. year,fe
est store mfe_controlwu
xtreg mistfp_sd did2  $ xlist i. year,fe
est store mfe_yescontrol
** 控制组将不受到政策的影响
```

```
gen time3 = (year > = 2002) & ! missing(year)
capture drop treated3
gen treated3 = (industry2_code <25 & industry2_code >44)&! missing(industry2_code)
gen did3 = time3 * treated3
xtreg  mistfp_sd did3 $ xlist i. year,fe  //did3 不显著证明控制组不受政策影响
est store mkongzhizu
** 政策实施的唯一性,至少证明这个政策是主要影响因素
gen time4 = (year > = 2002) & ! missing(year)
capture drop treated4
gen treated4 = (industry2_code < =25)&! missing(industry2_code)
gen did4 = time4 * treated4
xtreg mistfp_sd did4 $ xlist i. year,fe
est store mweiyi
```